国家社科基金后期资助项目
出版说明

后期资助项目是国家社科基金设立的一类重要项目，旨在鼓励广大社科研究者潜心治学，支持基础研究多出优秀成果。它是经过严格评审，从接近完成的科研成果中遴选立项的。为扩大后期资助项目的影响，更好地推动学术发展，促进成果转化，全国哲学社会科学工作办公室按照“统一设计、统一标识、统一版式、形成系列”的总体要求，组织出版国家社科基金后期资助项目成果。

全国哲学社会科学工作办公室

国家社科基金
GUOJIA SHEKE JIJIN HOUQI ZIZHU XIANGMU
后期资助项目

我国社会救助立法的政策考量

Analysis on the Policy of China's Social Assistance Legislation

詹国旗 著

法律出版社
LAW PRESS·CHINA
——北京——

图书在版编目(CIP)数据

我国社会救助立法的政策考量 / 詹国旗著. -- 北京 : 法律出版社, 2021
ISBN 978-7-5197-5591-1

Ⅰ. ①我… Ⅱ. ①詹… Ⅲ. ①社会救济-立法-研究-中国 Ⅳ. ①D922.182.34

中国版本图书馆 CIP 数据核字(2021)第 082447 号

我国社会救助立法的政策考量
WOGUO SHEHUI JIUZHU LIFA DE ZHENGCE KAOLIANG

詹国旗 著

责任编辑 邓颖君
装帧设计 臧晓飞

出版发行 法律出版社
编辑统筹 学术·对外出版分社
责任校对 王晓萍
责任印制 陶 松
经 销 新华书店

开本 710 毫米×1000 毫米 1/16
印张 12.5 **字数** 212 千
版本 2021 年 9 月第 1 版
印次 2021 年 9 月第 1 次印刷
印刷 北京虎彩文化传播有限公司

地址:北京市丰台区莲花池西里 7 号(100073)
网址:www.lawpress.com.cn
投稿邮箱:info@lawpress.com.cn
举报盗版邮箱:jbwq@lawpress.com.cn
销售电话:010-83938349
客服电话:010-83938350
咨询电话:010-63939796

书号:ISBN 978-7-5197-5591-1
定价:58.00 元

凡购买本社图书,如有印装错误,我社负责退换。电话:010-83938349

基金项目
国家社会科学基金后期资助项目，项目批准号：19FFXB016

序

从一定意义上说，人类社会的发展史就是全世界人民挣脱资源束缚、与贫困斗争的历史。联合国将“无贫穷”“零饥饿”作为可持续发展的首要目标，一些国际组织也纷纷根据过去几十年的减贫经验提供了具有普适性的减贫途径，包括通过促进创业职业技能发展和创造就业机会、为弱势群体提供保险以抵御危机等。加强贫困人口自身的能力建设以及为贫困人口提供必要的社会保障是减贫的重要途径，这也成为各国应对贫困问题、实现可持续发展的重要挑战。我国精准脱贫取得了世界瞩目的成就，新时代脱贫攻坚目标如期完成、绝对贫困与区域性整体贫困得以消除，经济发展与社会发展的协调性显著增强。而如何巩固脱贫攻坚成果、消除相对贫困则是“十四五”时期一项重要的工作目标。社会救助法作为反贫困长期性制度安排，对于贫困问题的解决具有不可替代的作用。因而，如何完善我国社会救助立法、促进社会救助法治化进程，对脱贫攻坚成果的巩固、相对贫困的消除、贫困主体权益的保障以及社会可持续发展的维护均具有重要的理论与现实意义。

社会救助是我国社会保障的核心内容之一，既彰显着国家责任的履行，又隐含着对弱势群体的伦理关怀。对社会救助立法问题的关注与研究既是基于学者的时代使命，也是源于对提升民生福祉的高度责任感。近年来，我先后对“我国社会救助立法理念及其维度”“社会救助法与社会保险法的衔接与调适”“政府主导精准脱贫责任的法律解释”等问题展开了研究。作为我的学生，詹国旗博士以极大的热忱，投入到有关社会救助立法的研究中，不遗余力地助推我国社会救助制度走向成熟，体现了当代学者应有的担当，为师甚感欣慰。

《我国社会救助立法的政策考量》是詹国旗博士的首部学术专著，是在其博士论文的基础上经过进一步地修改、补充、完善而成的。本著作入选国家社科基金后期资助项目，既是对书稿质量的一种肯定，更是对年轻学者的鼓励。作为一本倾注作者心力的著作，本书研究的问题意识鲜明，视角新颖，视野开阔，思想具有新意，反映出作者对新时期中国社会问题的现实关照。现就本书及其研究的问题浅谈一点看法。

在选题上，本著作所选择的研究主题是我国社会救助立法研究中的真问题。虽然我国社会救助立法以暂行办法形式出台，理论界与实务部门亦在积极推动立法的完善，但现行社会救助立法依然存在立法位阶低、立法体例安排不合理、立法理念落后以及相关具体制度不完善等问题。而任何社会救助立法的自我建构，都需要立基于中国特有的法治场域和背景，才能找到其成长、发展和有效实施的土壤，从而发挥立法应有的功能。社会救助立法与政治、经济、文化、社会等多元系统间存在结构耦合性特征，政策是我国这些系统的方针、举措制度化的最普遍形式，是这些系统方针、举措中特定理念、价值、精神的承载，是推动我国社会救助立法更新的外在环境激扰因素。因此，通过对特定政策的考量，可以探寻出影响中国社会救助立法特有的场境，在此基础上提出社会救助立法的完善建议，不仅能提升立法的针对性、合理性和有效性，而且是对社会救助立法研究进路的一次有益尝试。

在进路上，本著作立足于法治思维与法治方式，以问题为中心，发挥领域研究范式下多部门法、多学科合作规制的优势。法治是治国的基本方略，更是推进社会救助法治化的必由之路。只有在法治思维与法治方式下，明确社会救助立法的现实困境与不足，深入分析问题产生的根源，才能提出切合实际、合理有效的改革策略和方案，进而推动社会救助法治化进程。值得注意的是，社会救助立法问题，整体上呈现研究目标综合性、研究对象特定性以及研究领域复杂性的特征，局限于任何一个学科系统都难以单独进行全面又精准的回应。面对各部门法精细化分工和社会救助立法复杂性间的矛盾，领域研究范式强调整合性思维，融多部门法与多学科规制于一体，可以有效克服传统部门法或学科单一适用的惯性路径，发挥多部门法与多学科交叉研究优势，推动社会救助法治化进程。

在内容上，著作立基于社会救助立法与政策的互动逻辑，针对性地选取人口计生政策、户籍政策、就业政策、社会保险政策以及财政政策，对我国社会救助立法的政策予以考量，进而提出了一系列社会救助立法的建设性建议：以国家法定职责的明确、社会组织救助能力的提升、家庭救助功能的激励为内容的社会救助多元供给机制；实质公平导向下，以管理体制变革、救助程序健全等为内容的城乡一体化救助立法的建构；激励与责任理念导向下，以救助类型化、就业救助、教育救助等为内容的造血救助方式的变革；以农村医疗救助与新农合医疗制度的衔接、社会保险基金与社会救助基金的调适、社会保险与社会救助权利救济程序共建为内容的社会保险与社会救助协调机制的建构；以及财权与支出责任相对等原则下社会救助资金保障机制建构等。虽然这些制度功能的真正实现仍然有待实践的检验,但这些制度建议无疑为我国社会救助立法的完善提供了可供选择的方向和参考,也体现出作者探求社会救助事实与规范间相契合的学术勇气和追寻社会救助法治图景的理想情怀。

2021 年是全面建设社会主义现代化国家新征程开启之年,也是巩固拓展脱贫攻坚成果起步之年。在此背景下,进一步完善社会救助法规制度,不断提升救助服务效能尤为重要。当下,社会救助立法领域仍存有许多研究工作尚待学界同仁的共同努力。例如,如何更合理实现救助主体间法权的重构;如何建构合理的社会救助供给绩效评估机制;如何完善社会救助问责机制;如何完善以社会权利为基础的社会行动诉讼机制以及如何科学地选择“社会救助法”的体例、提炼基本原则和设计具体规则等。我知道詹国旗博士一直在认真踏实地从事这方面的研究,希望他能够精耕细作、笔耕不辍,继续取得新的高水平成果,为打造中国特色社会救助理论体系,推动社会救助法治化、规范化、制度化贡献力量。

蒋悟真

2021 年 4 月 24 日

目 录 Contents

导　　论

一、论题缘起

“人类历史上最伟大的逃亡，是挣脱贫困和死亡的逃亡。”①随着文明的发展，人们抗风险的能力得到了前所未有的提高，但人类正“生活在文明的火山上”②，贫困问题总与文明相伴相随，仍然是一个世界性的难题。转型期我国经济快速增长与社会发展相脱节，弱势群体被甩到社会结构之外，呈现出“断裂”的特征。③ 社会救助法为弱势群体提供了最基本的生活保障，实现了对弱势群体基本生存权的维护，是公民权利保障的最后一道安全网。为此，如何建构合理科学的社会救助制度，以应对贫富分化，缓和社会矛盾，克服“福利依赖”与“贫困陷阱”，从而实现对弱势群体生存权与发展权的保障，成为当前我们必须面对的课题。特别是在国家多次强调统筹城乡社会保障体系，建立更加公平可持续的社会保障体系，实现公民社会权利保障法治化；坚决打赢脱贫攻坚战，建立相对贫困的长效解决机制；以及 2020 年后贫困时代来临的背景下，强调我国社会救助立法的合理建构将对弱势主体权益保障、社会救助法治化的推进、实质公平的实现以及和谐社会秩序的建构具有重要的理论与现实意义。④

---

① ［美］安格斯·迪顿：《逃离不平等：健康、财富及不平等的起源》，崔传刚译，中信出版社 2014 年版，第 3 页。

② ［德］乌尔里希·贝克：《风险社会》，何博闻译，译林出版社 2004 年版，第 13 页。

③ 参见蒋悟真：《我国社会救助立法理念及其维度——兼评〈社会救助法（征求意见稿）〉的完善》，载《法学家》2013 年第 6 期。

④ 2013 年 11 月 15 日发布的《中共中央关于全面深化改革若干重大问题的决定》提出实现发展成果更多更公平惠及全体人民，形成合理有序的收入分配格局，建立更加公平可持续的社会保障制度；2014 年 10 月 23 日发布的《中共中央关于全面推进依法治国若干重大问题的决定》强调建设中国特色社会主义法治体系，完善以宪法为核心的中国特色社会主义法律体系，加强重点领域立法，保障公民经济、文化、社会等各方面权利得到落实，实现公民权利保障法治化；2015 年 11 月 29 日中共中央、国务院《关于打赢脱贫攻坚战的决定》把精准扶贫、精准脱贫作为基本方略，并且 2017 年 10 月 18 日习近平总书记在《决胜全面建成小康社会　夺取新时代中国特色社会主义伟大胜利——在中国共产党第十九次全国代表大会上的报告》中进一步提出决胜全面建设小康社会、加强社会保障体系建设、坚决打赢脱贫攻坚战；2019 年 10 月 31 日中国共产党第十九届中央委员会第四次全体会议通过的《中共中央关于坚持和完善中国特色社会主义制度　推进国家治理体系和治理能力现代化若干重大问题的决定》提出坚持和完善统筹城乡的民生保障制度，坚决打赢脱贫攻坚战，巩固脱贫攻坚成果，建立解决相对贫困的长效机制。

自1994年始，我国社会救助立法经历了艰难的过程，先后被纳入第八届至第十三届全国人大常委会立法规划，并且2008年民政部公布《中华人民共和国社会救助法（征求意见稿）》、2014年原国务院法制办公室公布《社会救助暂行办法（征求意见稿）》，向社会征求意见，最终于2014年2月21日国务院以《社会救助暂行办法》（以下简称《暂行办法》）形式颁布，并于2019年修订。《暂行办法》的颁布和修订无疑是我国社会救助立法的巨大进步，是推动社会救助法治化的重要主角，但我国社会救助立法依然存在形式理性和价值理性双重不足的困境。① 之所以如此，关键在于我国社会救助立法未置身于中国特定的法治场域和意境。

改革开放后，面对社会救助制度滞后影响社会发展的客观现实，国家加大了对国际先进社会救助资源借鉴、吸收和移植的力度，大量国外社会救助先进理念、制度和经验引入中国，对我国社会救助制度的发展、成熟具有重大的促进作用，但同时亦面临着如何本土化的问题。我国社会救助立法至今未走向成熟，与此有着重大的关系。因为无论国外社会救助立法经验、理念及制度如何先进，只要脱离了我国的政治、经济、文化和社会结构，都会导致整个法律生活的断裂和社会的无序。② 法律应该和一国的自然状态、人民的生活方式、政制所能容忍的自由程度、立法者的目的以及作为法律建立基础的事物的秩序有关系，应从这些角度去考虑法律。③ 我国社会救助立法（法治化）之路应注重利用中国本土资源，注重中国特有的经济基础、社会结构以及法律文化传统和现实。唯有如此，才能真正建构深嵌于我国现代化体系、与我国现代化进程相适应的社会救助立法（法治）。

在计划经济时代，政策在国家事务管理和社会生活过程中，扮演着至关重要的角色。政策是最高的行为准则，是法律的灵魂，公权力机关依据政策而运行，当法律与政策相冲突时，往往依政策办事。对社会关系的规制，亦往往是先有相关政策，再依据政策制定法律。在此时期，社会救助制度的建构同样是以国家政策的形式进行。改革开放后，我国正从“阶级本

---

① 我国现行社会救助立法依然存在体例安排不合理、立法理念落后、具体制度不完善——作为对公民社会权利的保障，其他国家一般都会采取社会救助法的形式——等问题，影响着社会救助功能的真正实现。虽然2020年9月7日民政部、财政部根据全国人大常委会和国务院立法计划联合推出《中华人民共和国社会救助法（草案征求意见稿）》（以下简称《社会救助法（草案征求意见稿）》），但社会救助法何时才能真正出台仍未确定，更何况社会救助法本身的科学性也有待现实的检验。

② 参见张文显：《法哲学范畴研究》，中国政法大学出版社2001年版，第259页。

③ 参见［法］孟德斯鸠：《论法的精神》（上），张雁深译，商务印书馆1995年版，第7页。

位·政策法”时代向“国、民本位·混合法”时代转化,[①]法律的权威逐步树立,但由于法律文化传统和制度惯性,政策在国家治理和公民权利保障上,依然发挥着重要的作用。虽然我国相继出台《城市居民最低生活保障条例》(1999 年)、《城市生活无着的流浪乞讨人员救助管理办法》(2003 年)、《农村五保供养工作条例》(2006 年)、《国家自然灾害救助应急预案》(2005 年公布,2011 年、2016 年修订)以及《暂行办法》(2014 年公布,2019 年修订)等社会救助法规,但社会救助制度更多以政策的形式予以公布,政策在我国社会救助法治化过程中,依然是最重要的形式。但我国社会救助法治化过程中政策过度膨胀、重政策而轻法律的现实,存在巨大的风险:一方面可能导致政府滥用行政权,因为一切权力都容易被滥用,这是万古不易的经验[②];另一方面社会救助制度过度的政策化将导致社会救助立法的缺失、空洞化和模糊化。因此,现阶段我国社会救助法治化决不能再依循“政策先行、法律追认”的传统进路,亟须在对政策与法律的关系予以理性认知的基础上,从“政策之治”向“法律主治”转化[③]。同时,在社会救助法治化过程中,仅仅强调法律的作用,而不注意法与政策的联系,不注意在多种影响因素和综合价值后果的背景中的考察,将导致法律规则主义的神话。特别是在法治思想已逐步确立、法治正成为国家治理模式的今天,政策作为国家行政权力的承载的同时还有了公共目的的限度,正是这些公共目的——缓解社会矛盾、促进公平和增进国民福利等赋予了政策合法性与合理性。

是故面对政府单一主体难以满足弱势主体多元化救助需求、城乡二元化立法导致救助不公平、输血型救助方式带来的救助低效率、与社会保险间冲突影响救助功能发挥以及不同层级政府间社会救助事权与支出责任不对等的现实困境,针对性地选取人口计生政策、户籍政策、就业政策、社会保险政策和财政政策,对我国社会救助立法特定政策予以考量,无疑能为社会救助立法的合理化提供可供参考的进路,正如法政策学家拉斯韦尔和麦克道尔所言,“当政策被定义为制定影响价值分配的重要决定时,没有一个处理法律问题的人能够脱离政策”。[④]

---

① 武树臣教授在对我国法制发展史予以回顾的基础上,将 1949 ~ 1979 年法制建设重视政策而轻视法律的阶段称为“阶级本位·政策法”时代,将 1979 ~ 2009 年法治发展既注重国家利益又关心公民权利的阶段称为“国、民本位·混合法”时代。参见武树臣:《从“阶级本位·政策法”时代到“国、民本位·混合法”时代》,载《法学杂志》2009 年第 9 期。

② 参见[法]孟德斯鸠:《论法的精神》(上),张雁深译,商务印书馆 1995 年版,第 154 页。

③ 参见邢会强:《政策增长与法律空洞化》,载《法制与社会发展》2012 年第 3 期。

④ Harold D. Lasswell & Myres S. McDougal, *Legal Education and Public Policy: Professional Training in the Public Interest*, 52 The Yale Law Journal 203 (1943).

二、国内外研究综述

消除贫困、保障公民基本的生存权和发展权是社会发展的客观要求,更是人类的共同追求。自1601年英国《济贫法》颁布开始,西方国家社会救助立法经历了艰难的改革和嬗变,先后成为权利型立法,为被救助主体权利提供了保障。我国自古就对社会救助作出规定,但完整意义上的权利型社会救助法一直未出台。随着我国进入转型期,社会救助立法正在向权利型立法转变。国内外学者对社会救助立法进行了不同程度的研究,相关研究成果对我国社会救助立法的政策考量具有重要借鉴意义。

(一)国外社会救助立法研究综述

现今社会救助作为公民的一种人权在西方国家不仅作为形而上的价值理念存在,更得到具体社会救助制度的合理贯彻。自英国颁布世界首部《济贫法》开始,经过几百年的发展,西方社会救助立法已形成较为完整的体系。特别是在20世纪30年代世界经济危机的影响下,西方各国社会救助立法先后成为"权利型立法"标志着现代社会救助作为人权保障制度得以真正诞生。此后,欧洲学者对社会救助的研究集中于公平、正义和效率等价值间的纠葛与社会救助权利的合理实现问题。贝弗里奇(1942)在凯恩斯经济学基础上提出了以社会保险和相关服务为内容的《贝弗里奇报告》对英国社会保障制度予以改革:规定每一位纳税人都平等地享有保险福利;社会保险和国民救助统一由社会保障部门管理以及废除现行不平等的社团制度,实现政府与社团平等的互助合作等改革措施,建构了以社会保险为主、社会救助为辅的"从摇篮到坟墓"的社会福利制度。贝弗里奇认为社会救助是社会保障的一部分,用于满足未被社会保险覆盖的所有保障需要;不符合社会保险缴费条件、不符合享受社会保险条件、对饮食(护理或其他方面)有特殊需求以及不符合社会保险条件需要救助的人将永久享有社会救助的权利;社会救助责任主体由地方向中央转变;应改变非缴费养老金、补充养老金以及公共救助三者由不同机构予以调查的局面;由统一机构实施经济状况调查等。之后,欧洲各国先后在此报告基础上,建构了本国的社会福利制度。[①] 但"从摇篮到坟墓"的社会福利制度对国家责任的过分依赖和对效率的忽视导致欧洲国家陆续发生福利危机,各国相

---

① See William Beveridge, *Social Insurance and Allied Services Report* (Reprinted), London: HMSO,1995.

继改革。众多学者在福利危机的影响下再次对公平、正义和效率等价值与社会救助权利的合理实现予以反思。罗伯特 · E. 古丁(1985)对社会救助的社会责任分配进行了研究,认为个体或集体(社会)对弱势主体负有特殊的责任,这些责任的道德基础并不是基于人们自愿承担义务,而是来自责任对象的弱势需要;个体或集体(社会)要用同样强烈的责任感对待那些处于我们的行为和选择中的弱势主体。① 米什拉(1990)通过对20世纪以来西方国家福利的发展予以系统研究,认为"二战"后西方发达国家对福利国家的共识在20世纪70年代经济出现滞胀时被瓦解(主要指物质上而非思想上),面对福利危机,以英美为代表的国家采取新保守模式收缩福利国家思想,即给予私人企业和政府更多空间,减少政府在经济和社会方面的活动,减少福利资本主义中的福利因素;以奥地利、瑞典为代表的国家采取社会合作主义道路,即根据总的国家形势,在社会层面(国家福利)实行多方伙伴主义,以达到各种经济和社会目标之间的一致或均衡,进而对社会福利予以维持。但新保守模式面对着削减福利与公民政治支持的矛盾,社会合作主义则不得不面对福利国家是在私有制和市场经济架构内运行的事实,为此面对福利危机,西方国家强调福利多元主义——从福利国家到福利社会,社会救助主体应多元化,社会救助是在多元主体互动与合作下实现的。② 巴里(1999)则从政治经济学视角,通过对自由主义政治经济学和福利、个人主义的批评与福利伦理学以及公平正义与福利的论述,认为在对福利进化理论的过程中,个人主义和集体主义间形成了不可逾越的鸿沟,但这些只是对特殊情况的描述,福利与政治有着天然的联系,在过去30年里,福利与福利国家捆绑在一起,以至于将公民福利责任完全寄托于国家是不对的,社会各主体福利的平等和最大化的实现、典型福利公共物品的供给亦依赖于市场和社群等非国家力量,同时相关福利的输送必须注重宪法安排,相关法律(政治)程序对福利的安排具有独立的影响。③ 米尔丝(1994)则从经济学视角对经济危机后法国社会保障制度的改革进行研究。法国社会保障制度是法国特定的经济结构变革和历史变迁的产物,是在公共权力原则和相对自治的接近个人权利原则的共同引导下,推动全国性互助志愿行动的实施,建构目的不仅是为纠正社会不公平而实施全国性互助,还包括通过财政转移支付实现收入再分配,以及满足社会需

① See Robert E. Goodin, *Protecting the Vulnerable: A reanalysis of Our Social Responsibilities*, University of Chicago Press, 1985.

② 参见[加拿大]R. 米什拉:《资本主义社会的福利国家》,郑秉文译,法律出版社2003年版。

③ 参见[英]诺曼 · 巴里:《福利》,储建国译,吉林人民出版社2005年版。

求。通过对经济危机中社会保障支出增长、转变及其融资结构;社会保障制度与社会政策的转变;财政危机对社会保障及其融资渠道的影响;以及管理体制的效率改革等的阐述,认为不同经济发展情形和经济制度与社会保障制度间的互动、影响各不相同,认为现阶段法国社会保障制度除了对具体制度进行改革,如融资渠道、社会基金的有效管理、调整社会支出投向、建立将国民融入培训和就业的救助机制等,实现社会保障制度的进步和效率有赖于社会各界的参与和干预,国家必须下放权力,实现民主协商与共同合作。[①] 安德森(1990)则对资本主义国家的不同福利模式进行研究。福利国家是管理公共物品的一种工具,是一个权力的中心,是对于公民的一些基本的、最低限度的福利负有保障责任的政治制度,是现代工业经济对传统社会制度造成破坏的条件下,对公民社会权利予以保护而产生的;立基于社会权利的非商品化,将福利国家划分为自由主义、欧洲大陆传统(保守主义)、社会民主(社会主义)三种不同社会结构(政治、经济、文化模式)下的社会福利模式,进而从权力结构中的分配体制、劳动力市场体制、充分就业的制度调节等因素对福利国家模式进行分析,认为社会福利制度(包括社会救助理念的合理实现)深受其所处的社会结构模式的制约。[②] 爱纳汉德(1995)面对持续的失业和日益增长的福利依赖,通过对丹麦、法国、德国等七国具体失业救济与援助制度的内容和目标的研究,如对税收和救济的标准化描述、用各类家庭不同收入水平的定型实例对净更新率进行比较、以现实收入对净更新率的比较等,主张社会救助制度及其实施必须坚持效率与公平的统一才可合理地实现各主体的社会救助权利。[③] Neil Gilbert and Rebecca A. Van Voorhis(2004)从公共救助、失业救济以及伤残补助等方面对欧美各国失业者激励机制进行研究,认为欧美各国正在使被动性失业救助向工作导向性救助转化,各国政府正针对不同类型的失业者"量体裁衣",通过采取鼓励方案和约束政策促使人们积极参与劳动力市场。[④] 考夫曼(1997)以德国福利制度为例,对当代西方福利国家面临的危机和原因进行了研究,认为福利国家制度功能的发挥依赖于经济、政治、文化和社会效果的共同作用——在文化上社会福利被视为公

---

① 参见[法]卡特琳·米尔丝:《社会保障经济学》,郑秉文译,法律出版社2003年版。

② 参见[丹麦]安德森:《福利资本主义的三个世界》,郑秉文译,法律出版社2003年版。

③ 参见[荷兰]M.爱纳汉德等:《欧洲七国失业救济与社会援助制度》,陈绵水译,中国财政经济出版社1999年版。

④ See Neil Gilbert and Rebecca A. Van Voorhis, *Activating the Unemployed: A Comparative Appraisal of Work-Oriented Policies*, New Bruswick, 2004.

正的社会制度，提高国家合理性；在政治上社会福利具有安抚性，缓和社会矛盾；在经济上改善人力资本结构，提高劳动生产率；在社会上保障了社会福利生产的条件。由于产业结构的变化导致教育、卫生和社会福利部门费用扩张；国家经济政策越来越取决于国际金融和资本市场变化，民主国家正失去对经济发展条件的控制，实施坚定福利国家政策的结构性前提已恶化；以及女性地位的提升等因素变化，现行福利制度已老化，但却面临着代际契约、结构性失业、混合福利生产以及福利国家共识与开放的挑战，为此，社会福利制度的改革必须立基于家庭人口结构、女性以及劳动力（结构）市场等变化的因素而实施。① 罗兰德·斯哥和克里斯提那·伯仁特（2000）从全球化视角对社会保障制度进行研究，认为全球化对社会保障的影响体现在三方面：一是资本的国家化与各国经济的融合、互补使政府在税收上影响减弱，从而减小政府社会政策实施空间；二是劳动力市场的“去工业化”，使就业灵活性越来越强，某些国家失业率居高不下；三是收入差距进一步扩大、人口跨国迁移等使社会稳定性不足。为此，针对人口迁移（移民）社会权利的保障，国家间的互惠应作为移民享受福利的基本原则；对于人口老龄化、失业人口的扩大，应立基于提高个体自力更生能力，再度平衡工作人口和受保障人口间关系。对于以上问题的解决，最关键还在于合理分析人口统计特征、社会、经济和制度因素间的复杂关系。② 威廉姆·H. 怀特科、罗纳德·C. 费德里科（1997）在对福利必要性、历史渊源、社会运动和社会革命对福利的影响、当今社会福利结构以及社会福利与主要社会制度的关系进行探讨后，对社会福利的未来予以了预测，认为：一是面对人需求的增多、福利津贴的减少、潜在社会资源所导致的代际冲突以及对工作津贴的严重依赖等问题，必须调整社会契约；二是随着贫富分化的加剧，必须进一步解决收入分配问题；三是强化家庭作用；四是使选择性福利向综合性福利转化；五是必须改进福利服务水平；六是必须强化社会福利制度与其他社会制度间的联系。③

总体而言，在福利危机后，西方社会救助制度在理念上更加强调公平、效率等价值与弱势主体社会救助权利合理实现的统一；在制度建构

---

① 参见［德］弗兰茨－克萨维尔·考夫曼：《社会福利国家面临的挑战》，王学东译，商务印书馆2004年版。

② 参见［美］罗兰德·斯哥、克里斯提那·伯仁特：《地球村的社会保障：全球化和社会保障面临的挑战》，华迎放译，中国劳动社会保障出版社2004年版。

③ 参见［美］威廉姆·H. 怀特科等：《当今世界的社会福利》，解俊杰译，法律出版社2003年版。

上，强调程序与实体的统一；在作用机理上，强调激励机制的发挥、输血与造血的平衡；在责任主体上强调国家、社会、市场或个人多元主体的合作。

（二）国内社会救助立法研究综述

关于济贫思想我国在西周时的《周礼·地官司徒》中就载有“以保息六，养万民：一曰慈幼，二曰养老，三曰振穷，四曰恤贫，五曰宽疾，六曰安富”的国家救济制度。自西周以降，在儒家思想的影响下，恤民爱民思想成为救济制度的理念支撑，相关救济制度表现在救济饥民、养老、育幼以及医疗救助等多方面，如汉朝的“常平仓”、唐朝的医疗救助、清朝的育婴堂等。近代社会救助立法滥觞于民国时期，在变革法治规则理念实现救助常规化、突破恩赐思想强调政府责任、创新救助方式发挥造血机能以及倡导规范化的救助管理等方面都做出了有意义的探索。民国时期的社会救济立法日益完善，特别是1943年近代第一部完整的《社会救济法》的颁布，标志着中国社会救助制度开始由传统向近代法治化转型。现代社会救助制度的转型源于新中国成立后，自20世纪90年代以来，我国学术界对社会救助及其立法问题的研究亦非常重视，并取得了相当多的成果。

第一，彭华民、童星、王思斌、周沛等从社会学视角对社会救助理论及其制度建构予以了阐释。彭华民（2009，2012）从福利多元主义、公民身份与社会权利、社会需求等方面对西方社会福利理论予以阐述的同时，认为改革开放前我国以国家为本作为社会福利的目标定位，形成了补缺型社会福利，现阶段我国社会福利目标定位需从国家为本转向需要为本，从而重构社会福利体系，建构适度普惠型社会福利，促进和谐社会的发展。[①] 童星（2007）对社会救助理论及相关社会救助具体制度予以阐释，认为面对转型期多元化的社会风险，应秉承生存权保障、积极救助以及反贫困等原则，建构城乡一体化最低生活保障制度、生存权和发展权相统一的进城务工人员救助政策以及具有满足救灾物资储备弹性、差异性需求能力和本地社区互助网络的灾难救助制度。[②] 王思斌（2007）对转型期我国社会救助的发展进行了探究，认为现阶段我国社会救助制度在城市贫困救助制度、农村社会救助制度和流动人口救助制度上取得了新的进展，但城乡社会救助非均等化、财政、政策实施系统以及救助对象方面依然存在问题，为此，

---

① 参见彭华民：《从沉寂到创新：中国社会福利构建》，中国社会科学出版社2012年版；彭华民等：《西方社会福利理论前沿：论国家、社会、体制与政策》，中国社会出版社2009年版。

② 参见童星：《社会转型与社会保障》，中国劳动社会保障出版社2007年版。

应以发展型社会政策为导向，对社会救助制度作出总体性制度建构，完善农村最低生活保障制度，合理发挥民间组织与民间力量的救助作用等。[①]周沛(2007,2010)认为我国现行补缺型、济贫型社会救助制度面临着很多问题，已经不适应社会经济发展需求，为此，社会救助体系应从补救型救助转变为发展型救助、从单纯物质救助变为多元化救助、从微观层面救助转变为宏观层面救助，从而使救助理念人性化、救助手法多元化、救助资源社会化、救助管理效率化。[②]

第二，郑秉文、朱德云、都阳等从经济学视角对社会救助制度予以了研究。郑秉文(2003,2005)从社会权利与国民经济的内在关系视角对社会救助中政府与市场的不同作用、不同救助模式以及救助项目设置进行了阐释，认为社会权利是研究福利模式的起点，不同的社会权利发展程度形成不同的福利国家模式，并且不同福利国家模式在产业结构、就业路径以及劳动力市场弹性等方面具有较大的不同，而这种差异性正是测度不同福利国家模式的重要因素，同时从经济学的基本原理出发，认为社会保障的建立、福利国家的存在不仅是“社会正义”的需要，更有“经济效率”原因。[③]朱德云(2009)运用博弈论和信息经济学理论对社会救助运行过程中各主体间的博弈过程进行分析，认为我国农村社会救助体系的建构，在接近贫困型农村地区，社会救助应占主导，而接近富裕型地区，社会保险应占主导地位；农村低保完善的重点为明确低保对象，逐步扩大覆盖面，合理制定低保标准，处理好输血与造血的关系；从资金的筹集、规范化管理、程序公开等方面完善农村医疗救助；城市社会救助体系的建构应实现失业保险与城市低保制度间的衔接，建立健全医疗救助与住房救助制度，并通过专项救助制度的完善解决城市边缘贫困问题。[④] 都阳(2007)在2001年和2005年两次对上海、西安、武汉、沈阳、福州五个城市劳动力市场的随机抽样调查所获数据的基础上，对城市贫困线的划分、贫困群体的识别以及城市贫困救助体系的瞄准失当与救助效应等问题进行了分析，认为在城市经济体制转型和农村劳动力转移的影响下，城市贫困的救助手段随着经济体制的转型发生了相应的明显变化——城市贫困救助制度正由临时性政策向社会

① 参见王思斌：《转型中的中国社会救助制度之发展》，载《文史哲》2007年第1期。

② 参见周沛：《社会福利体系研究》，中国劳动社会保障出版社2007年版；周沛、陈静：《新型社会救助体系研究》，载《南京大学学报(哲学·人文科学·社会科学版)》2010年第4期。

③ 参见郑秉文：《经济理论中的福利国家》，载《中国社会科学》2003年第1期；郑秉文：《社会权利：现代福利国家模式的起源与诠释》，载《山东大学学报(哲学社会科学版)》2005年第2期。

④ 参见朱德云：《我国贫困群体社会救助的经济学分析》，上海三联书店2009年版。

化的救助体系转化,同时与其他国家相比,我国城市救助体系具有较高的救助效率。另外,通过分析被救助主体对贫困救助体系反应,认为合理的社会救助方式的建构有助于消除贫困救助体系在劳动力市场上带来的消极作用。①

第三,徐月宾、刘凤芹、张秀兰、顾昕、张浩淼等从管理学视角对社会救助的发展模式、目标导向以及具体制度进行了探讨。徐月宾、刘凤芹、张秀兰(2007)认为农村绝对贫困人口的存在是由于社会保障制度缺失导致的,而开发式扶贫政策对地域和贫困人口劳动能力的依赖使其对于剩余贫困人口的政策边际效益几乎等于零,所以我国农村反贫困政策的建构要从以社会救助为立基点向以社会保护为导向转化,进而在此基础上,提出了由普遍性医疗保障、普惠型社会福利、选择性社会救助以及新型开发式扶贫组成的反贫困政策框架。② 顾昕(2008)认为我国以最低生活保障制度为轴心的综合性社会救助体系,存在低保标准设定上的社会不公平和受益人行为要求和工作激励难以开展的双重困境。社会救助应进行制度微调,从而使得其既推进社会公平,又能提高效率。③ 张浩淼(2011)从发展模式视角对我国社会救助制度的改革进行研究,认为我国社会救助制度在价值理念、制度设计以及目标定位三大方面依然存在尚待进一步解决的问题,为此,中国的社会救助制度的改革应培育发展的价值理念,对社会救助制度进行新的适应性设计,采用有效的目标定位方式,提高社会救助制度的针对性与有效性。④

第四,从法学基础理论视角对相关社会救助理论予以研究,为社会救助制度建构提供理论支撑。赵迅(2007,2011)从社会契约视角下论述了弱势群体保护问题,认为平等、互惠构成弱势群体保护的社会契约基础和道德义务,也是社会契约和社会秩序的实现条件。弱势群体保护需要对社会契约进行动态完善,即创新保护模式、突出经济权利、建立诉讼制衡机制、高扬人本立约观。弱势群体保护的社会契约责任基础包括:同意型社会契约下强调维护公民个体自由的政府责任;互惠型社会契约下强调弱势群体保护功利的个人责任;平等型社会契约下突出弱势群体保护正义的社会责

---

① 参见都阳、[英]Albert Park:《中国的城市贫困:社会救助及其效应》,载《经济研究》2007 年第 12 期。

② 参见徐月宾、刘凤芹、张秀兰:《中国农村反贫困政策的反思从社会救助向社会保护转变》,载《中国社会科学》2007 年第 3 期。

③ 参见顾昕:《中国社会安全网的制度建设》,浙江大学出版社 2008 年版。

④ 参见张浩淼:《中国社会救助制度改革的新思考——基于发展型模式的视角》,载《黑龙江社会科学》2011 年第 4 期。

任；人本型社会契约下凸显弱势群体保护人道的动态完善责任。[①] 任喜荣（2013）从社会宪法视角研究，认为社会宪法是我国社会保障制度建构和发展的根本法基础；社会宪法规范社会保障制度实践和社会宪法功能实现的过程，其实是公民社会保障权和国家责任互动与配置的过程，所以现阶段必须明确社会保障制度建构的国家责任问题，从而解决“同经济社会发展水平相适应”与公民物质帮助权平等保护的冲突问题，实现社会保障资源分配中的平等制度安排。[②] 郁建兴（2008）对我国公民社会权利进行研究，认为我国公民的社会权利没有立基于平等的公民资格而是建构于不同公民间不同的身份、职业和收入等因素之上，所以我国公民社会权利制度难以发挥其保障社会公正的作用。改革户籍制度和实现基本公共服务均衡化是当前扩展公民社会权利的主要途径，它们需要公共治理体系做出积极回应与调整，在多个政策层面做出改革与创新。[③]

第五，邓大松、刘昌平、何文炯、杨团、叶世清等对农村社会救助制度进行研究。邓大松、刘昌平（2013）认为我国农村社会救助制度存在救助对象有限、救助标准过低、救助工作随意性过大等不足，为了保障广大农村贫困群体的生存权、发展权，必须从加快农村社会救助立法、完善以低保制度为核心的社会救助制度内容、充分发挥社会救助力量拓展救助渠道等方面完善农村社会救助制度。[④] 何文炯（2013）认为我国社会救助制度救助范围较窄、救助标准偏低、救助方式单一、管理体制不顺。社会救助制度的完善应立足于系统的整体高度、强调政府社会救助责任的根本性以及贯彻以人为本的精神的基础上，进一步健全城乡统一的最低生活保障制度，构建医疗救助制度，夯实社会救助工作平台，探索分层分类救助办法，改善救助方式和手段，并全面加强灾害救助应急机制建设。[⑤] 杨团等（2010）认为农村社会救助的基本原则应从分配型逐步转向发展型、从政府投资为主逐步转向村落公共资产建设为主、从生活救助为主转向能力救助扶持为主。对农村社区发展程度进行分类，整合资源筹集用于全覆盖的农村救助目标，聘请专家进行社会救助政策评估，大力发展农村社区公共资产和社会资本，进而建构以社区公共服务为基础的农民生活救

---

① 参见赵迅：《弱势群体保护的社会契约基础》，载《河北法学》2011 年第 11 期；赵迅：《弱势群体保护的社会契约分析》，载《政法论坛》2007 年第 4 期。

② 参见任喜荣：《“社会宪法”及其制度性保障功能》，载《法学评论》2013 年第 1 期。

③ 参见郁建兴、楼苏萍：《公民社会权利在中国：回顾、现状与政策建议》，载《教学与研究》2008 年第 12 期。

④ 参见邓大松、刘昌平：《中国社会保障改革与发展报告 2012》，北京大学出版社 2013 年版。

⑤ 参见何文炯：《中国社会保障发展与展望》，载《社会保障研究》2013 年第 1 期。

助体系。[①] 叶世清(2011)认为,我国农村社会救助存在救助标准不明确、资金不足、救助待遇偏低、管理机构不健全等不足,为此,应根据农民收入状况、公共财政的承受力、物价影响等因素合理确定农村社会救助标准;多渠道筹集农村社会救助资金;明确政府与社会组织的救助职责,形成政府为主、社会为辅的责任格局。[②]

第六,曹艳春、杨华、关信平等对社会救助的城乡一体化予以了探究。曹艳春(2009)从贫困理论、实证分析、综合评价体系以及国际比较视角对城乡社会救助系统进行了分析,并从目标建设、法制建设、资金管理、绩效评估、效果监管等方面提出了城乡生活救助系统建构、完善的措施和方向。我国生活救助立法必须解决立法理念与体系确立、贫困线确立原则、救助对象的选择、救助范围的确立、救助资金的筹集、救助程序以及救助法律责任等问题;资金运营和管理体制要建构合理的救助标准,对特困群体设计梯层生活救助标准体系,建构城乡生活救助体系的资金整合机制,从管理机制的协调与统一、生活救助信息网络化管理和救助工作队伍建设方面对管理体制予以完善。[③] 杨华(2008)在研究城乡一体化社会保障的基础上,对我国社会救助城乡一体化的障碍、价值承载进行了分析,并从实现条件、实现模式以及实现责任等方面提出完善进路,针对现行最低生活保障制度立基于户籍制度、赋予地方政府过多的责任以及过于偏工具理性而忽视价值理性的不足,提出应在城乡统筹思想的指导下,以无差别保障为原则,确立国家社会救助主要责任,构建一体化的保障社会成员基本生存权的最低保障制度,至于具体操作中的低保标准和待遇发放则完全可以通过立法技术解决。[④] 关信平(2009,2010,2012)认为面对新的经济、社会背景,社会救助目的的确立应立足社会需求和整个社会保障体系;救助目标的层次应在目标群体、救助内容和救助水平上展开;救助制度的协调不仅要注意救助制度自身更应关注整个社会系统,同时应对传统救助制度予以合理整合(如将低保与五保合并为基本生活救助)。[⑤]

---

① 参见杨团、毕云天、杨刚:《21世纪中国农民的社会保障之路》,社会科学文献出版社2010年版。

② 参见叶世清:《我国农村社会保障法制建设研究》,法律出版社2011年版。

③ 参见曹艳春:《我国城乡社会救助系统建设研究》,上海世纪出版集团2009年版。

④ 参见杨华:《中国城乡一体化进程中的社会保障法律制度研究》,中国劳动社会保障出版社2008年版。

⑤ 参见关信平、郑飞北、肖萌:《社会救助筹资及经费管理模式的国际比较》,载《社会保障研究》2009年第1期;关信平:《完善我国综合性社会救助体系的基本原则和主要议题》,载《中国人民大学学报》2010年第5期;关信平:《论我国社会救助未来发展中的制度定位和制度协调》,载林闽钢、刘喜堂主编:《当代中国社会救助制度完善与创新》,人民出版社2012年版。

第七，杨思斌、朱勋克、喻少如、冯彦君等对社会救助程序予以了分析。杨思斌(2012)认为，为了克服我国社会救助程序的不足、维护被救助主体的权益、防止救助机关权力异化、提高社会救助监管的有效性、实现社会救助权目标的最优路径以及提高社会救助法的实施效果，社会救助法的程序制度建构应该在遵循正当程序原则、与实体法相配合以及第三方参与原则的基础上，规定启动程序、审查程序、说明理由程序、听证程序与监督程序制度。① 朱勋克(2011)认为我国社会救助程序未得到足够的重视，存在众多的瑕疵，为此我国社会救助程序的完善必须进一步对社会救助标准的制定调整程序予以规范，对家庭经济状况核查制度与相关申办程序制度予以完善(如公示制度、信息公开制度、听证制度等)，建立相关配套程序制度，如明确各级救助机关的职责、规范地方自由裁量权的行使、建立回避制度、建立社会救助返还制度等。② 喻少如(2011)认为我国社会救助立法中的行政给付程序制度在申请、调查、民主评议、公示、说明理由等程序上存在诸多不足使社会救助行政程序成为一种以实现“控制的给付”与“效能的给付”为目标的程序，而不是以实现“尊严的给付”和“公平的给付”为理想的程序，所以在我国《社会救助法(草案)》的制定中应增加被救助主体的权利条款、建构“亲民”行政程序、合理拓展社会救助听证程序适用范围以及严格规范社会救助调查程序等。③ 冯彦君(2013,2016)认为社会救助权作为社会权利离不开司法救济机制的保障，公益诉讼制度作为维护社会公共利益与保护弱势群体的有效工具，是社会救助传统程序救济的有益补充，应完善社会救助公益诉讼相关制度，从而强化公益诉讼在社会救助权救济上的功能。④

第八，张秀兰、张民省、赵大华等从《社会救助法(征求意见稿)》的完善视角对社会救助法存在的问题予以了反思。张秀兰(2009)认为当前我国社会救助体系健全的关键在于推进社会救助立法的完善，从而使社会救助有法可依。为了实现社会救助法对公民权利的保障，社会救助立法必须在《社会救助法(征求意见稿)》的基础上对被救助主体作出明确界定，对

---

① 参见杨思斌：《社会救助的程序法治——价值、原则与制度构建》，载《山东社会科学》2012 年第 2 期。

② 参见朱勋克：《我国社会救助正当程序之实践及修正》，载《社会保障研究》2011 年第 6 期。

③ 参见喻少如：《论社会救助制度中的行政给付程序》，载《法学评论》2011 年第 4 期。

④ 参见冯彦君、张凌竹：《社会救助权的可诉性及其证成》，载《江西社会科学》2013 年第 2 期；冯彦君、汤闳淼：《社会法领域适用公益诉讼之证成》，载《社会科学战线》2016 年第 7 期。

各部门社会救助的权责予以明确，对最低生活保障制度的具体保障标准予以明确，进一步完善家计调查制度、就业救助制度、医疗救助制度、急难救助制度等，建立健全社会救助资金筹集、监管及相关监督检查制度。① 张民省(2010)主张在我国制定和完善社会救助法条文的过程中，应树立先进的社会救助理念，明确政府的责任，规范社会救助的模式、程序和标准，《社会救助法(征求意见稿)》在社会救助权利、救助主体权责、救助标准、救助程序、救助方式、退出机制等方面依然存在问题，应明确公民的社会救助权利，厘定政府在社会救助中的根本职责；建立合理的低保标准调整机制；优化程序，保证社会救助过程客观公正；针对实际，探索综合性的社会救助方式；鼓励自助，提高社会救助的制度效率。② 赵大华(2016)针对《暂行办法》在立法精神与具体制度上存在的不足，认为社会救助立法应彰显人权本质，明确国家责任，加强救助类型化，以合理实现社会救助权的正当救济为依归等。③

第九，刘琳、邹海贵、胡薇、谢增毅等对政府社会救助责任进行了探讨。刘琳(2011)认为国家是承担社会救助责任的唯一主体，但是社会救助责任主体并非天然就是国家，是在社会政治经济发展到一定程度后，仅仅依赖于个体力量难以解决贫困问题时，国家才逐步发展为社会救助责任主体。贫困理论、正义理论、人权理论为国家社会救助责任提供了理论证成。我国政府社会救助责任应秉承财权与事权相匹配原则确立中央政府与地方政府的各自责任。④ 邹海贵(2011)从伦理学视角，对政府社会救助责任的正当性及其限度进行研究，认为社会救助制度关系社会财富的再分配，关涉国家和政府的责任问题，国家和政府在社会救助制度中承担何种责任是一个复杂的现代性政治伦理问题，并且社会救助责任主体的历史变迁整体上经历了三个基本阶段，即个人责任阶段、过渡阶段和政府责任阶段。市民社会与国家的伦理张力、社会救助制度责任主体的多元性以及社会救助制度的道德风险则决定了社会救助制度政府责任的限度。⑤ 胡薇

① 参见张秀兰、朱勋克：《对〈中华人民共和国社会救助法(征求意见稿)〉的修改建议——兼论社会救助法的基本特征及定位》，载《社会保障研究》2009 年第 1 期。

② 参见张民省：《对完善我国社会救助的立法建议》，载《山西大学学报》2010 年第 4 期。

③ 参见赵大华：《社会救助权保障下的社会救助立法之完善——兼评〈社会救助暂行办法〉》，载《法学》2016 年第 3 期。

④ 参见刘琳：《社会救助：现代社会的国家责任》，载《公法研究》2011 年第 2 期。

⑤ 参见邹海贵：《社会救助制度政府责任的正当性及其限度》，载《吉首大学学报》2011 年第 1 期。

(2012)认为在福利多元主义导向下,许多国家社会福利责任在“总量”、“具体量”以及“质”上出现失衡。正是由于在福利供给改革中,过于关注对福利供给量的扩大,忽视福利主体供给能力的差别,导致社会福利责任结构的全面失衡。为此,针对不同供给主体的能力,在我国要实现社会福利责任的平衡,必须实现政府社会救助责任的回归,政府应支持民间力量的发展,规范民间服务形式,最终实现多元主体间的良性互动。[①] 谢增毅(2014)认为社会救助应贯彻国家责任和个人责任相结合的原则,并应从加强投入预算管理、合理划分中央与地方财政投入比例、建立稳定的转移支付制度和完善各级政府财政分担机制方面明确中央与地方政府救助职责。[②]

第十,向运华、谭兵、刘祖云对我国港、澳、台地区的社会救助制度予以研究。向运华(2010)认为我国台湾地区社会救助责任主要由台湾当局承担,但秉承福利多元主义,特别是私人部门在福利输送体系中占重要地位,同时整合福利服务和社会救助方案,积极协助贫困者积累人力资本和资产协助其脱贫。我国香港特别行政区社会救助制度是立基于市场自由竞争思想、为经济发展服务、充分依靠家庭和社会发挥自我保障意识的综合社会保障援助计划。我国澳门特别行政区由社会工作局负责公共援助,存在社会援助覆盖率偏低、给付水平低、供给比例失调、政府负担比例过高以及相关社会服务项目(如精神病患者、释囚人员、智力缺陷人员等救助项目)缺乏等问题。[③] 谭兵(2009)从比较研究视角对我国香港特别行政区、澳门特别行政区和我国内地的社会救助体系进行对比分析和探讨,具体从经济援助、住房援助、教育援助、医疗援助、法律援助、灾害援助以及非政府机构的相关性救助等方面对社会救助各自发展的阶段、状况、所开展的主要项目及其运作、表现特点、存在的问题等进行分析,在此基础上,相互借鉴与促进,特别是港、澳特别行政区对我国内地社会救助体系完善的启发和借鉴。[④] 刘祖云(2009)认为我国香港特别行政区社会救助强化个人责任,推广“工作是最好福利”的理念,协助受助者重返劳动力市场,实行“以资产为本”的社会救助政策,帮助贫困者积累资产,加强政府、商界和非政府机构的合作,共同协助贫困群体。但面临着福利依赖、救助人口居

① 参见胡薇:《国家回归:社会福利责任结构的再平衡》,知识产权出版社 2012 年版。

② 参见谢增毅:《中国社会救助制度:问题、趋势与立法完善》,载《社会科学》2014 年第 12 期。

③ 参见向运华:《台港澳地区社会福利体系研究》,社会科学文献出版社 2010 年版。

④ 参见谭兵:《香港、澳门、内地社会援助比较研究》,北京大学出版社 2009 年版。

高不下，救助人口结构失衡、政府财政不堪重负的现实。为此，我国内地应吸取教训，社会救助应兼顾公平与效率，建立合理的收入分配结构；进一步推进社会救助改革，建立与市场经济相适应的社会救助体系；立足内地实际，逐步提高救助水平，强调发展型社会救助模式，更加强调穷人的资产和能力建设。①

第十一，丁建定、罗桂芬、粟芳、魏陆等对国外社会救助制度予以研究，从而发挥国外制度对我国的借鉴意义。罗桂芬(2001)认为面对福利危机的挑战，北欧国家福利政策重构应在福利国家的原则上，强调个人、家庭、社区和其他非正式机构的作用；在可持续发展的理念指导下发展国家福利，重构福利国家制度；在基本政策上，福利的供给者应由国家单一主体向多元化主体转化，减少直接收入补贴范围与标准或现金补贴，审慎地适用输血型救助政策，积极发挥市场机制在资源配置中的功能。② 丁建定(2004,2010,2013)系统阐述了西方国家社会保障制度产生、发展和改革的历史进程，分析了其发展的环境、特点和机制以及西方国家社会保障思想、理念与国别特色等，认为西方国家救助政策与经济改革紧密结合为经济发展提供强劲动力的同时，努力争取国家与个人责任间的平衡，在管理体制上尽量减少政府过度干预，不仅强调社会救助的救济功能更注重为被救助者创造发展机会，鼓励被救助者从事工作改变困难环境。同时，结合西方经验，认为我国社会救助制度应从内容、结构和层次三方面予以完善，从而建构综合型、公开型和多元化的社会救助制度。③ 粟芳、魏陆等(2010)认为在高税收、高福利的瑞典社会保障制度中引入竞争机制提高了社会保障制度的效果，具有自身特色。瑞典对于老年人设置了生存抚恤金，在医疗方面对学生、失业者、国外患者等设置了特殊群体医疗保障。对失业者提供特定的就业政策，包括由失业津贴、其他救济构成的消极政策和由对市场中就业竞争较弱者提供临时性公共工作、安置进入企业面试和保障人人有工作，为失业者提供职业介绍、就业培训、积极劳动力市场政策构成的积

① 参见刘祖云主编：《香港社会的弱势群体及其社会支持》，北京大学出版社2009年版。

② 参见罗桂芬：《欧盟一体化框架下北欧社会政策及福利模式的重新定向》，载《国外社会科学》2001年第6期。

③ 参见丁建定：《瑞典社会保障制度发展》，中国劳动社会保障出版社2004年版；丁建定：《西方国家社会保障制度史》，高等教育出版社2010年版；丁建定、李薇：《中国社会救助制度的整合》，载邓大松、刘昌平等编：《中国社会保障改革与发展报告2012》，北京大学出版社2013年版。

极政策。瑞典社会服务以政府设置的服务机构为主,非政府组织或机构为辅,主要作用于养老服务、儿童服务、残疾人服务等领域,是社会福利制度的重要组成部分。①

第十二,景天魁、林毓铭、林义等从指导思想、价值理论、发展模式等方面提出了社会保障(福利)制度完善的建议,对我国社会救助立法的完善具有重要的借鉴意义。景天魁(2009,2011)认为中国特色的社会福利建设应凸显"共建共享"原则,以科学发展观为指导,强调经济发展与社会福利间的协调均衡,重视城乡统筹和政府责任以及社会福利责任的共担与分享等;底线公平是社会保障制度的基本价值理念——底线公平既承认权利的无差别性,又承认权利的差别性,底线以下是无差别的公平,底线以上是差别公平;中国福利发展模式包括统账结合、多元协调、混合型、保险型以及"现实—理性"等模式。② 林毓铭(2005)提出了社会保障可持续发展理论,认为社会保障制度的设计应是一种长效设计,是一种人性化与人全面发展相统一的制度建构,更是制度、政策等软资源与资金、设备等硬资源相统一的制度建构。③ 林义(2012)对东亚社会保障模式的研究,应基于历史比较制度分析的框架和文化发展的思路,深入到制度安排的内核并从文化发展维度展开分析,而不仅是简单地关注各国社会保障制度的技术机制和技术参数的比较研究。与东亚国家经济社会发展的过程、文化的历史传承等直接相关,东亚社会保障模式具有自身独特的制度化特征:东亚国家政府主导经济社会发展的超强政治整合能力,具有集权政治传统;以家庭为中心的福利文化传统,家庭为根的福利文化导向;在东亚国家和地区,非正式社会保障制度发挥着重要的作用。④

第十三,蒋悟真、林嘉、郑功成、林莉红等则从理念、原则以及相关具体制度角度对社会救助制度的完善予以了系统性阐述。蒋悟真(2013)对社会救助立法理念及其制度建构予以了系统研究,认为法理念是社会救助立法的指导思想和灵魂,我国社会救助立法理念包括国家与社会责任并重、城市与农村一体化、输血与造血方式同步、常规与应急措施结合、社会救济

① 参见粟芳、魏陆等编著:《瑞典社会保障制度》,上海人民出版 2010 年版。

② 参见景天魁:《底线公平:和谐社会的基础》,北京师范大学出版社 2009 年版;景天魁、毕云天、高和荣等:《当代中国社会福利思想与制度:从小福利迈向大福利》,中国社会出版社 2011 年版。

③ 参见林毓铭:《社会保障可持续发展论纲》,华龄出版社 2005 年版。

④ 参见林义:《关于东亚社会保障模式的理论思考》,载《中国人民大学学报》2012 年第 2 期。

与保险功能协调、实体法与程序法融合等内涵。转型期特定的社会经济背景和社会救助生态状况决定着我国社会救助立法理念的向度:在救助责任上应彰显国家责任、在救助对象上应注重农民、在救助方式上应倡导造血手段、在救助内容上应突出常规措施、在救助功能上应推崇社会救助底线,以及在救助价值目标追求上应强调程序正义。① 林嘉(2002,2013)认为我国社会救助立法应在国家社会保障责任、维护社会安全和保障公民生存发展的理念导向下,坚持平等、维持基本生活需要以及协助独立等原则,立足社会救助发展性、多元性(项目、主体和方式的多元)、补充性以及程序性的特征,丰富公民社会救助的权利内容,促进社会救助体系的城乡一体化,深化社会救助对再就业的促进机制,建立完善的社会救助财政保障体系,建立规范的社会救助程序,并注意相关制度间的协调。② 郑功成(1997,2002,2008)认为面对救助标准低、覆盖面狭窄、制度分割影响社会救助整体效能、经费保障与责任分担机制尚未规范、就业激励机制不健全、救助非专业化和效率偏低的社会救助制度,应通过平等社会救助权的确立、综合型救助体系的建构、救助制度的城乡一体化以及中央与地方救助责任的配置,将低保制度发展为基本生活救助制度、将基本生活救助与其他分类专项救助分离、实施积极劳动力市场政策、社会力量参与以及城乡平等救助等方式,实现低保向综合救助转化;通过多头监管逐步向一家主管多家配合转化;通过加大政府财政投入、明确各级政府责任、完善社会募集制度,逐步确立政府社会救助主导责任;通过现金援助、实物援助、发放代金券、以工代赈等实现社会救助方式多样化,进而逐步实现我国社会救助从单项型救助向综合型救助、从生存型救助向发展型救助、从维持温饱型救助到追求一定生活质量型救助发展的战略目标。③ 林莉红(2008)认为社会救助制度的建立是人权观念由保障自由转向保障生存权的结果,社会救助是保障公民基本生活的一项具体制度,具有保障人权、维护社会稳定、促进经济发展以及体现社会公平的功能。现阶段,我国社会救助制度存在法律规

---

① 参见蒋悟真:《我国社会救助立法理念及其维度——兼评〈社会救助法(征求意见稿)〉的完善》,载《法学家》2013 年第 6 期。

② 参见林嘉:《社会保障法的理念、实践与创新》,中国人民大学出版社 2002 年版;林嘉、陈文涛:《论社会救助法的价值功能及其制度构建》,载《江西社会科学》2013 年第 2 期。

③ 参见郑功成:《论中国特色的社会保障道路》,武汉大学出版社 2002 年版;郑功成等:《中国社会保障制度的变迁与评估》,中国人民大学出版社 2002 年版;郑功成:《中国社会保障改革与发展战略——理念、目标与行动方案》,人民出版社 2008 年版。

范缺乏、城乡步调不一致、东西部发展不平衡、救助经费不足、监督力度疲软、救助类型单一、忽视夹心阶层救助等问题,因此,我国社会救助法律制度的建构、完善应立基于公民权利理论和国家责任理论基础之上,遵循国家当然责任原则、保障基本生活原则、公平公正公开原则以及补充性与及时性原则,健全法律体系;构建城乡一体化救助制度;通过加大政府投入、鼓励社会捐赠以扩展社会救助资金来源;完善监督制度;进一步完善相关救助制度,实现一般救助与专项救助的整合,使社会救助夹心阶层权益得到保障。①

值得肯定的是,上述研究对我国社会救助法律制度的建构与完善具有重要意义,但除了少部分学者从法学视角专门对社会救助立法理念及其相关制度进行研究外,大部分学者从经济学、管理学、社会学等视角对社会保障制度进行研究,很少专门针对社会救助立法进行研究。这将影响我国社会救助制度的合理建构、社会救助功能最优化的实现、被救助主体权利的保障和社会和谐的维护。同时,立法深受其所处的特定的政治、经济、文化以及社会结构背景的影响。因此,在我国转型期背景下要实现社会救助立法的完善、推进我国社会救助法治化的进程,还必须立足于我国特定的政策对社会救助立法进行深入研究。

三、社会救助立法与具体政策间的关系简述

政策与法律间千丝万缕的联系一直为法学学者所关注,亦在这种关注中推动着法学理论的发展。特别是面对分析法学派“法律就是法律”的困境,拉斯韦尔与麦克道格尔所提出的法政策学理论更是其中杰出的代表,认为“当政策被定义为制定影响价值分配的重要决定时,没有一个处理法律问题的人,无论如何界定它,能逃脱政策”②。法律与政策间存在内在的耦合性,两者通过内部规范的自创生系统和认知的开放性相互作用。社会救助立法与特定政策间同样通过结构耦合性特征相互联系和相互影响的关系(见表1),以特定的政策形成、发展为背景因素,对社会救助立法进行政策考量可以更好地解决社会救助立法相关问题。③

---

① 参见林莉红、孔繁华:《社会救助法研究》,法律出版社2008年版。

② Harold D. Lasswell & Myres S. McDougal, *Legal Education and Public Policy: Professional Training in the Public Interest*, 52 The Yale Law Journal 203 (1943).

③ 参见张守文:《经济法的政策分析初探》,载《法商研究》2003年第5期。

表1 社会救助立法与具体政策关系

政策类型	政策效应	相关政策效果与社会救助立法的关系	政策效应评估结果
人口计生政策	促进型	人口计生政策带来人口老龄化和家庭小型化问题,客观上正向促使社会救助供给主体的多元化	正向压力
户籍政策	阻却型	户籍政策导致社会救助城乡二元化,阻却了城乡主体救助权平等,社会救助立法亟须向城乡一体化转变	反向压力
就业政策	同构型	就业政策与社会救助立法有着同构性的关系。积极就业政策促推着我国社会救助方式向造血型变革	正向促进
社会保险政策	协同型	社会保险与社会救助立法相互影响,社会救助功能的合理实现有赖于两者间协调机制的建构和完善	互补协同
财政政策	保障型	现行财政政策无法合理地保障社会救助资金供给,我国社会救助资金供给机制亟须完善	变革改良

第一,人口计生政策与社会救助立法间的关系。我国以短期控制人口数量为主要目标的人口计生政策在对人口进行有效控制的同时,也带来人口老龄化、家庭小型化、失独家庭、空巢老人等负外部性问题。这些负外部性问题的存在严重影响了相关主体的权利。这些负外部性问题的克服和相关主体权利的保障要求社会救助立法的匹配和跟进。正是人口计生政策所带来的这些问题(压力)正向地促推社会救助立法的完善。在此意义上,可将人口计生政策界定为促进型政策。

第二,户籍政策与社会救助立法间的关系。我国户籍制度并不是单纯地承载着人口管理功能的人口登记管理制度,而是特定政治、经济和社会功能的承载,使其具有固化身份和利益配置的功能,导致城乡不同户籍人口在社会福利的获取上存在差异。户籍政策将农业户籍公民的权利保障、公平正义置于政府追求经济发展和社会稳定目标之后,导致城乡公民社会救助权利和社会救助立法的二元化,严重阻碍了城乡一体化社会救助立法的形成。在此意义上,可将户籍政策界定为阻却型政策。社会救助立法亟须脱离户籍政策的先天影响,在实质公平的导向下,实现城乡一体化建构。

第三,就业政策与社会救助立法间的关系。就业政策与社会救助立法间存在同构性关系。正是基于此关系,将就业政策界定为同构型政策。就业政策与社会救助立法间通过福利体系和就业救助制度相互作用并彼此影响。积极就业政策功能的合理实现有赖于社会救助立法的互补协同。积极就业政策正向推动输血型社会救助方式向造血型社会救助方式的变革。

第四,社会保险政策与社会救助立法间的关系。社会救助立法和社会保险立法统一于社会保障法律体系之中,对实质公平价值的追寻和公民生存权与发展权的保护有赖于社会救助法律规范和社会保险法律规范互动与配合。在此意义上,将社会保险政策界定为协同型政策。社会救助功能的合理实现有赖于两者间协调机制的合理建构。

第五,财政政策与社会救助立法间的关系。财政是社会救助给付的来源和保障。财政政策直接影响着社会救助资金给付制度的建构和完善,影响着社会救助给付和被救助主体权利的真正实现。在此意义上,将财政政策界定为保障型政策。现行财政政策存在事权与支出现任配置错位现象,导致社会救助资金保障机制的不合理。为此,应在事权与支出责任相对等的原则下,实现社会救助资金保障机制完善。

四、逻辑思路与内容概述

本书立基于法政策学、回应型法、结构功能主义以及相关法社会学理论,运用系统研究、理论与实践相结合、规范与实证相结合以及多学科相结合的研究方法,在法治思维和法治方式导向下,遵循政策与社会救助立法间的互动逻辑,发挥领域研究范式中多部门法与多学科合作规制的优势,立足我国社会救助立法的困境,针对性地选取人口计生政策、户籍政策、就业政策、社会保险政策以及财政政策,以特定的政策为背景对社会救助立法与具体政策间的关系予以分析,进而从不同社会救助主体间的权责配置、社会救助城乡一体化、造血式救助方式的变革、社会救助资金保障机制以及社会救助与社会保险的衔接方面提出了完善社会救助立法的建议,以期对推动社会救助立法的出台、被救助主体权利的保护、社会救助各主体间权力(利)配置的平衡以及和谐社会秩序的维护有所裨益(见图1)。

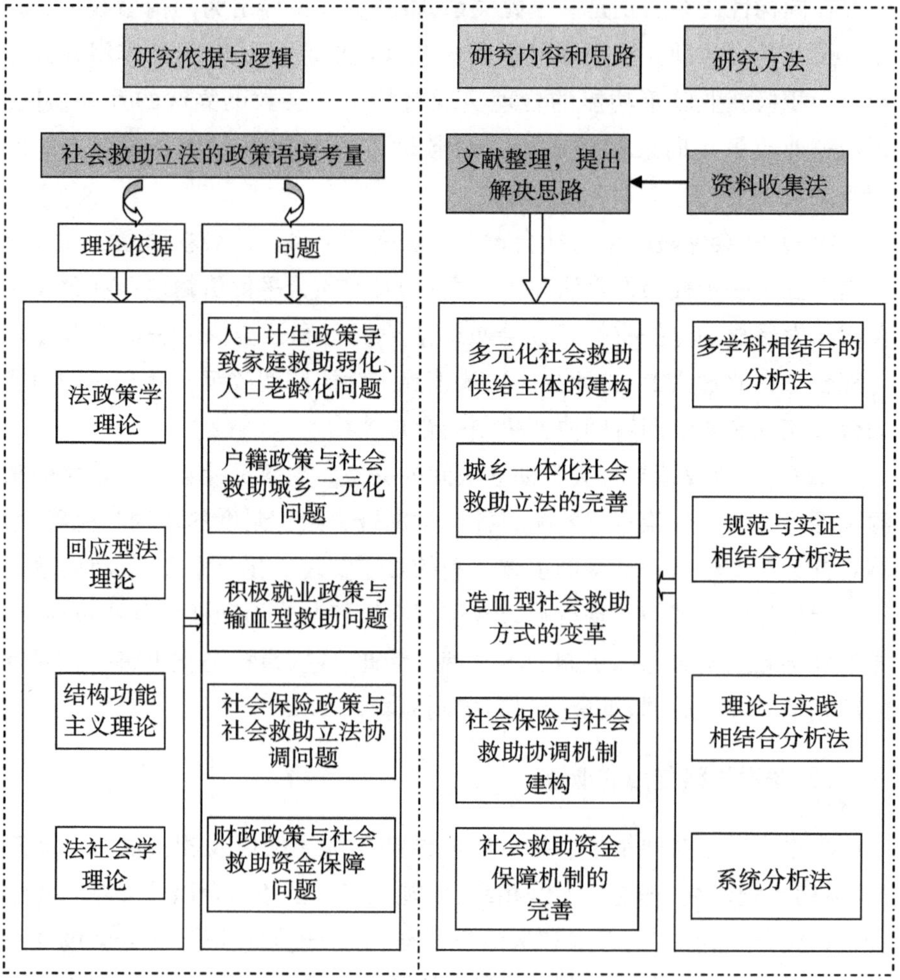

图1　技术路线

具体而言，本书除导论和结语外，共分六章。导论部分主要对论题缘起、国内外研究综述、论文逻辑思路及内容、研究方法以及可能的创新之处进行了介绍。结语部分则对近年来我国社会救助立法的尝试进行了总结和评价，对相关政策（如计生政策、户籍政策等）的完善提出建议，并对我国社会救助立法尚需完善的地方进行了展望。

第一章：社会救助立法政策考量的基础理论阐释。以政策的厘定为切入点，从立法与政策的关系、社会救助立法的理论支撑以及社会救助立法与政策间的作用机理方面对社会救助立法政策的基础理论进行阐述。政策与社会救助立法间具有内在的耦合性，两者通过规范的自创生系统与认知系统相互作用。

第二章:人口计生政策与社会救助供给主体的多元化。以我国人口计生政策的变迁为切入点,在分析了人口计生政策对社会救助供给影响的基础上,从社会救助多元供给的理论基础、社会救助各供给主体责任的性质以及多元供给模式下社会救助具体制度完善方面对我国社会救助供给主体的多元化进行了论述。

第三章:户籍政策与社会救助立法的城乡一体化。在分析了户籍政策及其对社会救助立法城乡一体化阻却的基础上,从城乡一体化社会救助立法的本质、社会救助立法位阶的提升、城乡一体化社会救助管理机制的变革、城乡一体化社会救助联动机制的建构以及社会救助法律程序机制的健全方面提出了我国城乡一体化社会救助立法的建议。

第四章:就业政策与社会救助方式的变革。以就业政策的概述为切入点,在对就业政策与社会救助方式变革的内在关系予以阐述的基础上,从造血型社会救助方式建构的理论基础、造血型社会救助方式建构的原则以及救助类型化、就业救助、教育救助等具体造血机制的完善方面对我国社会救助方式的变革进行了论述。

第五章:社会保险政策与社会救助立法的协调。在对社会保险政策与社会救助立法间的协同关系予以阐述的基础上,从农村医疗救助与新型农村合作医疗的衔接、社会保险基金与社会救助基金的调适以及社会保险与社会救助权利救济程序的共建方面对社会保险与社会救助立法间的协调机制进行了完善。

第六章:财政政策与社会救助资金保障机制的完善。在分析了财政政策对社会救助资金保障机制影响的基础上,从明确各级政府社会救助财政供给责任、财政转移支付机制的规范以及地方政府财政自主性的强化等方面对我国社会救助资金保障机制进行了阐释和完善。

第一章　社会救助立法政策考量的基础理论阐释

政策影响着立法、司法和执法的全过程，法律则促进政策的发展，赋予政策合法性“外衣”，两者在互动与平衡中推动着法治化的进程。在社会救助法治化过程中，既要避免法律的虚无主义，又要克服法律的泛化。在立法过程，如何合理保障“政策法律化”和“法律政策化”的良性互动，成为社会救助立法成败的关键。为此，从基础理论视角，加强法律与政策关系的理论认知，从而为社会救助立法的政策考量提供理论证成与支撑。

一、政策的厘定

政策与国家相伴相生，是社会运行中不可或缺的部分。国内外众多的学者对政策予以了研究，从不同的视角对政策予以了厘定。正是由于不同学科在价值偏好、研究进路以及研究方法等方面的差异，对政策的理解莫衷一是，很难形成一个统一的概念。但无论各学科对政策如何解读，总会从某一方面展现政策的本质。为此，下文对不同学科代表性学者的典型性政策概念予以梳理，不在于形成统一的概念，而在于对政策的本质予以系统的认知。

马斯·戴伊和戴维·伊斯顿从政治学视角分别认为，“政策就是政府选择要做的或者不要做的事情”①；“政策是对全社会的价值做有权威的分配”，“一项政策的实质在于通过那项政策不让一部分人享有某些东西而允许另一部分人占有它们”②。两者共同的本质均在于将政策立足于主体的行为。

拉斯韦尔和卡普兰从公共行政视角认为政策是“一种含有目标、价值和策略的大型计划”③，而德国学者柯武刚、史漫飞从制度经济学角度认为，政策是议会、政府、社会组织等主体通过政治和集体的手段追求共同体

---

① Thomas R. Dye, *Understanding Public Policy*, Englewood Cliffs, Prentice-Hall, 1987, p. 2.

② [美]戴维·伊斯顿：《政治体系——政治学状况研究》，马清槐译，商务印书馆1993年版，第123页。

③ H. D. Lasswell & A. Kaplan, *Power and Society*, Yale University Press, 1970, p. 71.

目标而集体行动的协议。[①] 两者均将政策视为一种行为规范。

伍德罗·威尔逊从管理学视角认为法律与政策的交织、重合是社会的共同现象,政策是由立法者制定的行政人员执行的法律、法规。[②] 詹姆斯·安德森则将政策看做一个行动过程,认为政策是主体为处理某些问题或有关事务而采取的一个有目的的活动过程。[③]

国内政治学与行政管理学的学者更多的是将政策视为一种行为规范。姜晓星认为"政策是一个国家的政府为实现其特定的发展战略,在处理各种社会问题、促进各项社会事业发展方面所采取的基本原则和措施"。[④] 陈振明认为政策是主体(国家机关、政党以及其他政治团体等)为了实现一定的社会政治、经济、文化目标而采取的政治行为或规定的行为准则。[⑤] 伍启元认为,政策是政府所采取对公主体和私主体为一定行为的指引。[⑥]

国内外法学学者亦对政策进行了研究。国外著名法学家博登海默、德沃金、庞德等均对政策有过独到见解:如博登海默认为,政策是法律的非正式渊源,是"政府官员所采取的业已确立的和运用一贯的惯例"[⑦];德沃金认为,政策是关于必须实现目标的政治决定,一般是关于社会的经济、政治或社会某种集体目标的保护和促成问题[⑧];庞德从政策与利益和需求的互动视角,认为政策是人们所期望和要求的利益或需求的承载,是人们普遍利益的反映,由社会安全政策、维护道德政策和个人社会生活政策构成[⑨]。国内直接对政策予以研究的法学学者非常稀少,只是间接的有所涉及:例如,胡旭晟认为,政策是"政党、阶级或国家为完成一定时期任务而规定的方针、路线、原则、策略以及工作方式、方法的总称"[⑩];郑成良认为,政策是"各个阶级的政治组织为了达到一定的政治目的和经济目的,根据客观形势所制定的行为准则"[⑪];舒国滢从功能视角认为,政策是法律的非正式渊

① 参见[德]柯武刚、史漫飞:《制度经济学——社会秩序与公共政策》,韩朝华译,商务印书馆 2000 年版,第 38 ~39 页。

② See D. Easton, *The Political System*, Kropf, 1953, p. 129.

③ 参见[美]詹姆斯·安德森:《公共决策》,唐亮译,华夏出版社 1990 年版,第 4 页。

④ 姜晓星:《论社会政策的传统模式及其转变》,载《社会学研究》1992 年第 1 期。

⑤ 参见陈振明:《政策科学》,中国人民大学出版社 1998 年版,第 19 页。

⑥ 参见伍启元:《公共政策》,商务印书馆(香港)公司 1989 年版,第 4 页。

⑦ [美]E. 博登海默:《法理学:法律哲学与法律方法》,邓正来译,中国政法大学出版社 2004 年版,第 486 页。

⑧ 参见[美]罗纳德·德沃金:《认真对待权利》,信春鹰、吴玉章译,中国大百科全书出版社 1998 年版,第 41 页。

⑨ 参见[美]罗斯科·庞德:《法律史解释》,邓正来译,中国法制出版社 2002 年版,第 157 页。

⑩ 胡旭晟、蒋先福:《法理学》,湖南人民出版社、湖南大学出版社 2002 年版,第 128 页。

⑪ 郑成良主编:《法理学》,清华大学出版社 2008 年版,第 352 页。

源，在法院司法过程中起到填补法律空白的作用[①]；罗豪才认为政策是一种“软法”[②]，等等。总体而言，不管是国内法学界，还是国外法学界均将政策视为一种规范。

根据国内外不同学科学者的描述，我们可以发现：从性质上，政策是一种措施、准则和规范；从主体上，政策不仅源于公权力机关，还可产生于社会组织（如政党政策）；从内容上，政策是特定价值和公共目标的承载；从范围上，政策包括政党政策、人大立法、行政法规及国务院文件、部门规章及规范性文件等；从功能上，政策是法律的非正式渊源，可以填补法律空白。[③]

二、政策与法律的关系

在法治已成为国家治理模式的今天，作为法治实现承载机制的政策和法律在国家治理中扮演着日益重要的角色。对政策与法律的内在本质及其相互关系的理性认知不仅关系到国家权力的合理运行、公民权利的保障，更是合理发挥两者功能的前提。加强对法律与政策关系的认知，合理实现政策与法律的互动与功能，成为必须面对的问题。

（一）政策推动立法的发展

虽然政策与法律作为两个独立的系统，在制定主体、表现形式、稳定性等方面都存在巨大的不同，但政策有着自身特有的优势，推动着立法的完善。

第一，政策是立法理念的承载，指导着立法完善。面对政治、经济和文化快速变革，国家会出台特定的政策以应对不断变化的社会，从而对各方利益进行调整，或对不同价值予以合理的配置。之所以说政策往往针对社会问题进行批判性分析，在更为广泛的社会背景下对新出现的社会问题予以解读和定义，从而在不断变化的社会环境下，恰当地解决不同的社会问题，是因为政策巩固那些能增进人类福祉的社会结构因素。[④] 针对新的背景和问题而出台的政策，往往突显出人们在观念上的变化或特定期望指向，隐含着共同体对新价值的追寻和选择。在此意义上，政策是观念的导

---

① 参见舒国滢主编：《法理学导论》，北京大学出版社 2006 年版，第 81 页。

② 参见罗豪才主编：《软法的理论与实践》，北京大学出版社 2010 年版，第 150 ~ 155 页。

③ 从以上定义可知本文在广义上使用政策概念。相对而言，在狭义上使用法律的概念，即所称法律仅指全国人大及其常委会立法。

④ 参见[英]哈特利·迪安：《社会政策学十讲》（第 2 版），岳经纶、庄文嘉、温卓毅译，格致出版社、上海人民出版社 2015 年版，第 119 ~ 123 页。

向,是行为的导向,更是新的共同体价值(法理念)的承载。而法理念是法的内在精神和灵魂,指导着立法的全过程。① 在这种政策先于立法而存在的情况下,对不同主体利益的配置和价值的选择,指导着之后立法的完善。

第二,特定的政策可以直接上升为法律。国家将具有稳定性和共同体价值承载的政策上升为法律,从而对权利(力)作出明确规定,对各方行为进行准确的指引,是立法机关立法的重要方面。在此意义上,政策是立法的起点,法律则往往是党和国家方针、政策的定型化,是对政策、方针的贯彻,是政策制定的最终环节。可以直接转化为法律的政策一般包括:“对全局具有重大影响的政策可以上升为法律,使之纳入法制轨道,以更好的保障其作用的实现……具有长期稳定性的政策可以上升为法律……比较成功的政策可以上升为法律。”②

第三,政策可以填补法律的漏洞。法律的稳定性决定其无法适应快速变迁的社会,法律从颁布之始就有落后于社会发展的局限。这一方面是由于“社会的需要和社会的意见常常是或多或少的走在法律的前面,我们可能非常接近的达到它们之间缺口的接合处,但永远存在的趋向是要把这缺口重新打开来”③;另一方面是因为封闭的法律体系可以永远解决任何想象中的冲突只是一种幻想,法律体系存在自身无法克服的漏洞④。而政策作为法律的非正式渊源,是法官能动司法、填补法律漏洞的依据,正如博登海默所言,“政策乃是一种非正式法律渊源,这一渊源在实在法表示出现,模棱两可或沉默时法官可适当地使用,但如果执行公共政策与正义的基本标准发生冲突,那么法官应有否决的权力”。⑤

(二)法律赋予政策合法性

哈贝马斯认为“合法性就是承认一个政治制度的尊严性。这个定义所强调的是,合法性是一种有争议的公认的要求,统治制度的稳定性,甚至取决于对这种要求的事实上的承认”⑥。具体而言,合法性是价值理性和形式理性的统一,法律从价值和形式双重视角对政策的合法性予以证成。

---

① 参见吕世伦:《法理念探索》,法律出版社 2002 年版,第 1 页。

② 罗豪才主编:《软法的理论与实践》,北京大学出版社 2010 年版,第 145 页。

③ [英]梅因:《古代法》,沈景一译,商务印书馆 2011 年版,第 17 页。

④ 参见[美]布莱恩·比克斯:《法律、语言与法律的确定性》,邱昭继译,法律出版社 2007 年版,第 11 页。

⑤ [美]E. 博登海默:《法理学:法律哲学与法律方法》,邓正来译,中国政法大学出版社 2004 年版,第 488 页。

⑥ [德]尤尔根·哈贝马斯:《重建历史唯物主义》,郭官义译,社会科学文献出版社 2000 年版,第 262 页。

价值立基于主客体间的相互关系，是客体对主体的意义，是客体对主体的需求的满足和主体关于客体的绝对超越的指向。[①] 法律来自以平等尊重与关怀的权利命题为内容的公民认同的共同体道德原则，是对整体性的共同体价值——公平、正义、自由等的证成、提炼和概括。[②] 也正基于此，法律获得了全民的认同和支持，具有全社会所接受的正当性。政策包含着特定的价值范畴体系，是对社会价值的权威性配置。任何政策的制定、产生都要立基于特定的价值，可以是社会认同的，也可以是某一特定的价值取向。价值决定着利益分配和政策发展的方向，是政策的内在本质和灵魂。为此，政策合法性判断的立基点之一，就在于对政策进行价值判断。只有那些能够得到法律所承载的共同体价值证成的政策，即政策所承载的价值与法律所承载的价值具有一致性才具有合法性。进一步言之，不管是政策制度自身，还是制定过程中的政策或执行过程中的政策，要具有合法性，都必须符合社会认同的共同体价值。

在法治社会中，公民信任的不是政府和权威的领导者，而是被公众认同的支撑整个国家的法律。[③] 法律是社会普遍认可的制度，具有普遍的约束力和权威性。政策虽然也具有规范的特性，但其具有工具性、特殊性和临时性的特征。无论何种主体制定的政策规范都受到法律的限制，只有在法律的框架内才具有合法性。具体而言，政策的合法性保障，一方面来自政策主体、政策行为、政策客体以及政策制定环境等因素的合法性；另一方面来自政策制定程序的正当性，因为正当程序是“过滤装置”，无论“权利”还是“权力”，经过正当程序的过滤就更容易获得普遍性和正统性，甚至于极大的自省力[④]。如通过听证、信息公开、政策运行过程的公众参与等正当法律程序既可以限制政策制定主体权力的滥用，又可以消除公民的怀疑，获得普遍的认同，从而使政策获得正当性和合法性。

三、社会救助立法政策考量的理论支撑

随着社会的进步和法学理论的发展，人们对于法与政策的本质及其相互关系的认知进一步深化。从某种意义上说，人们对法与政策的理性认知过程也侧面地展示了法学理论的合理建构和发展的过程——法政策学理

---

① 参见卓泽渊：《法的价值论》（第2版），法律出版社2006年版，第11页。

② 参见[美]德沃金：《法律帝国》，李常清译，中国大百科全书出版社1996年版，第360～361页。

③ 参见[美]戴维·波普尔：《社会学》（下），刘云德译，辽宁人民出版社1998年版，第411页。

④ 参见[日]谷口安平：《程序的正义与诉讼》，王亚新等译，中国政法大学出版社2002年版，代译序，第10页。

论和回应型法理论正是不同学者针对分析法学派过分强调“法律就是法律”造成的困境而逐步提出的。法与政策相关理论则为政策和法律的健康发展提供了理论基础。社会救助立法的政策考量有赖于这些理论的证成和支撑。

(一)法政策学理论

随着西方垄断资本主义的发展,国家对社会的政策干预日益兴盛,而传统分析法学所强调的法律作为一个排他性的独立的封闭系统的理论对国家政策干预缺乏解释力。为此,不同的学者立基于传统分析法学解释力的不足,从不同视角对政策与法律的关系进行研究。德国学者为了在多元价值的互动与平衡中探求法律的解释力,从法学基础理论、法律政策的方法、法律政策与道德等不同方面对法律政策进行研究,认为法律政策不仅由立法政策、司法政策组成,更应包括人口、劳动、健康等社会政策;法律政策建构的目的在于推进道德发展、增强个人与社会的正义感以及实现社会秩序的和谐等,立法“应当采取一种社会法律发展的一般路线”,法律政策建构(立法)不仅在于简单的立法技术,更应包含价值的考量。[①] 美国学者哈罗德·D.拉斯韦尔和迈尔斯·S.麦克道格尔针对美国法律现实主义囿于实证主义的实质被动性、仅关注法院及其适用法律而非法律运行的全过程、忽视价值、忽视权力因素作为法律构成外在因素的影响等缺点,立基于政策视角,从法学理论(立场、法与社群、如何对公共利益进行决策等)、社会过程的背景、政策选择、自由社会的决策结果等方面对法律价值、法律适用、法律功能等法律现象进行研究,认为法律是一个权威和控制的决策过程;将权力、教化、财富、福祉、技能、感情、尊重和操守界定为法律价值形式,认为法律政策学就是用特定价值的语言规划、分配价值的实践活动,法律价值的实现主要依靠政策,而非法律规范自身;不存在中立或自发的法律,也不存在没有政策后果的法律,法律不仅与过去的政策相联系,更与公众所追求的特定公共秩序的政策变化相联系(法律只有同整个权威性决策过程相互作用才能保障与社会目的或价值需求的一致性),而政策的选择也要根据可能发生的最终价值结果进行衡量。[②] 同时,西方一些学者从法的内部视角来对社会政策进行研究,认为政策深嵌于法律之中,是法律的重要组成部分。如德沃金的权利论法哲学认为,法是由规则、原则和政策构成的,只是各自在不同情况下发挥着公民权利保障的作用——“法律工

① 参见舒国滢:《战后德国法哲学的发展路向》,载《比较法研究》1995 年第 4 期。

② 参见[美]哈罗德·D.拉斯韦尔、迈尔斯·S.麦克道格尔:《自由社会之法学理论:法律、科学和政策的研究》,王贵国、关文伟等译,法律出版社 2013 年版。

作者就法律权利和义务问题进行推理或辩论时，使用的标准是原则、政策或其他，而不是规则"①。当然，当法官面对疑难案件时，立基于政策，运用自由裁量权创造性立法（司法）时，必须受权利的限制。因为政策是对共同体目标的描述，是权利的承载，不能逾越权利的边界。

法政策学理论对法与政策间的互动关系予以了阐释，为社会救助立法的政策考量提供了理论支撑。同时，法政策学理论更为社会救助立法的政策考量提供了可供参考的路径。具体而言，一方面，立基于政策视角对社会救助立法进行研究，即从政策目的、政策工具、政策功能、规制模式以及评价基准等具体维度来研究社会救助立法问题；另一方面，以特定政策为背景对社会救助立法进行研究，即立基于社会救助立法和特定政策间的互动与影响，对社会救助立法问题进行研究，把特定政策看成是影响社会救助立法的背景因素，正如孙斯坦在法律解释中所强调的"背景规范"理论，社会救助立法不可能完全摆脱社会政策因素（背景），政策至少可以作为背景规范而发挥应有作用②。因为社会救助立法并不是一个封闭的独立的话语体系，不能仅仅由其本身所决定，而是由其所处的特定社会关系或具体政治、经济、文化环境的综合影响。

（二）回应型法理论

回应型法理论是美国社会学家诺内特和塞尔兹尼针对规范主义法学拘泥于法律自身的内在逻辑而与社会现实相脱节的困境，为了实现实质公平与形式公平的统一、法与社会互动的同时，使法能依据自身逻辑实现人对可变价值的期望，依据合法性、强制性、规则、推理、自由裁量权、道德、政治、公众参与等多维变量将法分为压制型法、自治型法和回应型法。压制型法是为了赋予权力正统化而建构的。在该模式下法律依附于政治，公共政策（裁量权）可以无限地介入法律，法律只是用于证明规则、命令或官职正统性的装置。自治型法以规则为中心，严格遵从实在法，强调法律与政治的分离、形式正义，将法看成是一个与社会分离的独立运行的系统，仅仅是社会控制的一种工具。回应型法放弃了自治型法下狭隘的保障法律安全理念，强调法律的开放性和灵活性，确立了目的的支配地位，探求规则和

---

① R. Dworkin, *Taking Rights Seriously*, Harvard University Press, 1978, p. 22.

② 孙斯坦认为，背景规范理论是立基于宪法结构中的基本目的、当代的制度安排与现代社会的政治经济规制而形成的法律解释体系，是一个融合了"原则思维"与"政策思维"的综合体系，克服了传统文本主义的解释进路的不足，使得法律具有对共同体政治经济秩序的解释力。参见[美]凯斯·R.桑斯坦：《权利革命之后：重塑规制国》，钟瑞华译，中国人民大学出版社2008年版，第214～217页。

政策内含的价值,从而使"一种变化的渊源被筑入法律秩序",使"随着环境的变化,规则也必须加以变化,这不仅是为了满足政策的需要,而且是为了保护规则自身的权威和忠实地适用规则",使"政策必须被筑入有关事业的社会结构,以便它能使各级决策具有活力并因此而获得有效和彻底的权威",进而使"法律分析和政策分析的聚合,以及法律判断和道德判断、法律参与和政治参与重新统一"。[①] 回应型法立基于具有回应性的多元主体通过正当程序共同参与形成的共同体道德,从而在实现不同主体权利与权力的互动和配置中,维护了法律规则自身的权威,建构了对社会具有回应性的法律秩序。

回应型法理论为社会救助立法与政策间的互动和平衡提供了理想的模型。在回应型法理论下,社会救助立法应该是一个开放性的过程,是不同利益群体通过正当程序(法律参与和政治参与)对多元社会利益予以协商,形成共同体的普遍目的——保障人权、实现社会公平、维护社会稳定、促进经济发展等,从而整合、回应多元社会需求,形成良性法律秩序的过程。在此过程中,法律具有多元主义的特征,强调法律渊源的多样性和分散性,从而使政策成为社会救助立法制定的渊源和应当考虑的背景,社会救助立法则是在共同体目标导向下对多元政策(政治主体、社会主体等要求或建议)予以整合、回应而建构的,使社会救助立法与政策具有内在的耦合性。

(三)结构功能主义理论

结构功能主义理论是由帕森斯于20世纪40年代提出的对社会予以阐释的分析范式。帕森斯认为每个主体的行动受情景、主观意义、规范准则和价值观的影响,而不同主体互动过程会形成特定的模式,这种互动模式的制度化,就称为社会系统。结构功能主义理论认为,社会系统(结构)是由经济系统、政治系统、社会共同体系统和文化系统四个不同功能的纵横多层次的子系统构成的社会总系统。各个不同的子系统在社会结构中发挥着不同功能:(1)经济系统具有适应功能(adaptation),即经济系统是社会系统在外部环境中获得足够资源的渠道和来源,经济系统对这些资源进行配置,由经济机制完成;(2)政治系统承载着目标达成功能(goal attainment),即政治系统具有确定社会系统目标、分配资源和引导主体实现目标的功能,由政治机制完成;(3)社会共同体系统在四大系统中处于

① [美]P.诺内特、P.塞尔兹尼克:《转变中的法律与社会:迈向回应型法》,张志铭译,中国政法大学出版社2004年版,第89、124~125页。

核心地位,承载着整合功能(integration),即社会共同体系统具有维持或协调社会系统各部分一致性的功能,从而使社会系统各部分协调一致作为一个整体发挥作用,主要由法律和其他社区共同体制度(如军队等)完成;(4)文化系统具有维模功能(latency pattern maintenance),即文化系统具有维护共同体价值和消除主体内部冲突的功能。并且,社会结构功能作用模式是一个纵横多向的立体作用模式,纵向上每个社会系统的子系统都可以进行结构功能分析,横向上各子系统在结构功能上相互影响,不同系统在共同体价值体系引导下,不断地分化、沟通、整合,实现着整个社会系统的稳定和社会秩序的平衡。①

结构功能主义分析模式强调纵横多层子系统及各子系统间的相互作用对社会系统的影响,即强调多重因素及多重因素相互作用对一事物(制度)运行过程的影响。社会救助立法是一个以维持规范性预期的稳定性为导向、以分配合法与不合法价值取向的自创生系统。② 并且,社会救助立法并不是一个封闭的运行系统,社会救助立法是一个规范上封闭而认知上开放的系统。每一次社会救助立法运行都是规范和认知共同作用的过程,规范属性致力于社会救助立法的自创生,认知属性致力于与其他系统(系统环境)的调和。③ 社会救助法律系统的运作是持续地致力于进行系统的自我再生产,也是整个社会系统的再生产。为此,从结构功能主义理论而言,社会救助立法可以看成是多元系统共同作用的过程,社会救助立法的过程是经济系统(政策)、政治系统(政策)、社会共同体系统(政策)和文化系统(政策)共同作用的过程,社会救助立法的实现是经济政策、政治政策和法律政策等多元制度互动的结果,社会救助立法的合理建构离不开对其所属政策的考量。

四、政策与社会救助立法间相互作用的理论进路阐释

耦合原是物理学概念,"实质是系统之间及其运动方式的互动"④。在社会科学领域,耦合则是两种或两种以上的制度体系或社会现象通过特定的机制或条件而发生相互作用且彼此影响的现象。⑤ 政策与社会救助立

---

① See Talcott Parsons & Neil J. Smelser, *Economy and Society*, Free Press, 1956, p. 36 – 43.

② See Niklas Luhmann, *Law as a Social System*, Oxford University Press, 2004, p. 90 – 93.

③ See Gunther Teubner, *Autopotic Law: A New approach to Law and Society*, Walter de Gruyter, 1987, p. 20.

④ 张亚斌:《中国所有制结构与产业结构的耦合研究》,人民出版社 2001 年版,第 77 页。

⑤ 参见徐孟洲:《耦合经济法论》,中国人民大学出版社 2010 年版,第 16 页。

法作为社会调整系统中的两个互相独立的子系统，存在耦合关系，通过特定机制相互作用、相互影响，正如贡塔·托依布纳所言，"这类系统不能直接参与每一个别的世界，但是一个进行中的在众世界之间结构耦合过程可以创造它们之间的接触区域"。[①] 政策与社会救助立法在互动中推进我国社会救助法治化的进程，实现着对公平、正义、秩序等共同价值的追寻和各方权利(力)的合理配置，保障被救助主体的生存权与发展权。社会救助立法与社会各系统间存在结构耦合性特征，作为特定理念、价值或特定利益配置结构承载的政策作为外在环境激扰因素推动着社会救助立法的更新，而社会救助立法则通过合法与非法二元符号实现自我再生产的同时，实现对特定政策的合法确认，即政策是社会救助立法的前提和源泉，而社会救助立法是政策有效实施的法律保障[②]。因为法律功能在于"为期望的规范性模式概念得出特定结论"[③]，法律是一个规范预期与认知预期、自创生的封闭性与认知的开放性相统一的系统，法律运作都采取规范和认知取向，通过认知取向与社会其他系统相联系、相调和，通过合法与非法二元符号对其他系统的预期予以规范，[④]从而使"在它自身的运作中，法律系统的运作是持续地致力于进行系统的自我再生产，同时也是整个社会系统的自我生产"[⑤]。具体而言，政策与社会救助立法间通过结构耦合性特征相互影响、相互作用。

第一，政策与社会救助立法间存在目的与价值的耦合性，并通过自创生系统和认知开放性相互作用、相互影响。"政策的论据意在确立集体目标……政策是描述目标的陈述"，[⑥]而作为回应型法的社会救助立法要求建立目的的支配地位，并保持目的的普遍化的同时，以"探求规则和政策内含的价值"为特征[⑦]。政策所内含的目的和价值成为社会救助立法及其运

---

① ［德］贡塔·托依布纳：《法律：一个自创生系统》，张骐译，北京大学出版社 2004 年版，第 12 页。

② 参见张守文：《财税法学》，北京大学出版社 2007 年版，第 25 页。

③ ［德］卢曼：《社会的法律》，郑伊倩译，人民出版社 2009 年版，第 67 页。

④ See Niklas Luhmann, *The Unity of Legal System*, In Gunther Teubner, Autopoietic: A New Approach to Law and Society, Walter de Gruyter, 1987, p. 20.

⑤ Niklas Luhmann, *Law as a Social System*, 1 & 2 Northwestern University Law Review 136 (1988－1989).

⑥ "目标就是一项非个人化的政治目的……是一种其特质不在于以上方式为个人要求特殊的机会、资源和自由状态。集体的目的鼓励了社会内部的利益和负担相互交换，以便促成作为一个整体的社会的某种普遍利益。"［美］罗纳德·德沃金：《认真对待权利》，信春鹰、吴玉章译，中国大百科全书出版社 1998 年版，第 129～130 页。

⑦ 参见［美］P. 诺内特、P. 塞尔兹尼克：《转变中的法律与社会：迈向回应型法》，张志铭译，中国政法大学出版社 2004 年版，第 87 页。

行的社会环境或客观背景，社会救助立法的发展在保持法律稳定性的同时需要从对社会环境或客观背景的考量中汲取养料，从而保持先进性、合理性以及与社会发展的适应性。① 特别是面对法律空白和法律落后于社会发展的现实，针对社会发展新情况而出台的特定政策，往往是社会主体特定期望或共同体价值的追寻，更是影响和促推社会救助立法发展的重要因素。此时，国家甚至可以将具有稳定性和共同体价值承载的政策直接上升为社会救助立法。当然，在将众多的政策目标或价值追求作为社会救助立法的环境和背景材料时，多元政策目标（价值）相互竞争、相互冲突，必然会出现各种相互对立的政策目标（价值）并存的现象。如果社会救助立法不对这种政策目标冲突予以价值取舍和利益衡量必然会对社会救助立法的形式理性或内在道德造成危害。② 此时，社会救助立法需要借助以平等尊重与关怀的权利命题为内容的共同体道德原则来消解多元政策目标（价值）或法律目的（价值）间的冲突与张力，③以保障社会救助立法的正当性与合法性。

第二，政策与社会救助立法间存在规范内容的耦合性，并通过两者间耦合内容相互作用、相互影响。因为以户籍、就业、财政、社会保险等为内容的政策与社会救助立法存在规范耦合与同构的现象，两者耦合或同构部分在任何一方的变革、改进，都会对另一方造成影响或推动其完善。由于“制度本身所追求的或者所凝固的制度利益是其核心价值，深刻地影响该制度的生存与发展”，④所以，政策与社会救助立法规范内容耦合性的背后其实是两者间制度利益的耦合，不同制度所追寻的制度利益，影响着社会救助立法的完善。“法律是社会中各种利益冲突的表现，是人们对各种冲突的利益进行评价后制定出来的，实际上是利益的安排和平衡。”⑤社会救助立法通过规范和开放系统与就业、财政、社会保险等政策间相互作用，不同政策自身所追求的制度利益作为一种激扰，影响着社会救助立法的发展，而社会救助立法则通过内部自创生系统实现对不同制度所追求的制度

---

① 参见［美］本杰明·N. 卡多佐：《法律的成长：法律科学的悖论》，董炯、彭冰译，中国法制出版社2002年版，第4页。

② 富勒将法的内在道德分为法律的普遍性、公开性、不溯及既往、清晰性、内在一致性、可实现性、稳定性、官方行动与法律的一致性。参见［美］富勒：《法律的道德性》，郑戈译，商务印书馆2005年版，第55～111页。

③ 参见［美］罗纳德·德沃金：《认真对待权利》，信春鹰、吴玉章译，中国大百科全书出版社1998年版，第41～42页。

④ 梁上上：《制度利益衡量的逻辑》，载《中国法学》2012年第4期。

⑤ 何勤华主编：《西方法律思想史》，复旦大学出版社2005年版，第255页。

利益予以评价，以最终实现多元主体间利益的合理配置与平衡。

第三，对政策与社会救助立法间耦合性予以考量时，必须谨防法律工具主义思想的危害。法律工具主义最根本的危害在于"当法律被看作一个强有力的工具的时候，社会中的个人或团体都会通过各种可能的渠道努力地依靠或者制定法律；去填写、解释、操控以及利用法律去服务于他们的目标"。[①] "法律工具主义强调在多元社会系统中，法律只是实现一定社会目的的工具和手段"，是"使政策规范化、稳定化的工具"，"实施的目的在于实现政策"，进而导致政策高于法律、政策取代法律的现象。[②] 由于受传统法律工具主义思维惯性的影响，社会救助规范往往都以政策的形式呈现，导致社会救助立法的虚化、功能失灵。这一方面使社会救助立法的价值日益虚化，越来越难以实现，使得社会救助立法可以被注入任何空洞内容，存在成为实现某些个人利益、社会组织利益或特定政治利益的工具的风险；[③]另一方面也使不同主体间政策缺乏共识、相互冲突，"在互不协调的各级政府议程中，不同政府机构可能会使未来的政策目标混乱不堪"[④]，最终带来政策与社会救助立法的双重不足，更无法满足全面推进社会救助法治化和被救助主体权利保障的客观要求。

总体而言，虽然政策与社会救助立法作为两个独立的系统，但两者间存在耦合性，社会救助立法的运行、完善必须基于多元政策系统对各自特定功能的实现，政策深深影响着社会救助立法的完善，从政策背景下探究我国社会救助立法的完善成为可供选择的合理进路之一。

---

① ［美］布赖恩·Z. 塔玛纳哈：《法律工具主义对法治的危害》，陈虎、杨洁译，北京大学出版社2016年版，第2页。

② 谢晖：《法律工具主义评析》，载《中国法学》1994年第1期。

③ See Brain Z. Tamanaha, *Law as a Means to an End*: *Threat to the Rule of Law*, Cambridge University Press, 2006, p. 1.

④ 吴逊等：《公共政策过程制定、实施与管理》，叶林等译，格致出版社、上海人民出版社2015年版，第4、167～168页。

第二章　人口计生政策与社会救助供给主体的多元化

人口计生政策作为关乎国计民生的公共政策，在实现对人口进行有效控制和公民生育行为合理引导，为国民经济发展创造良好外部环境的同时，也带来了人口老龄化、家庭小型化、失独家庭、空巢老人等问题，给社会稳定和社会救助带来了新的挑战。虽然自党的十八届三中全会始，我国先后提出"单独二孩"、"全面二孩"和"全面三孩"的人口计生政策①将对我国未来人口负增长趋势的改善、人口老龄化的延缓以及劳动力供给的增加具有积极的影响②，但前期人口计生政策带来的负效应在未来20年中仍将存在③。消除负效应，保障人口计生政策的顺利实施，有赖于国家积极完善相关社会法及其制度，提高家庭生育意愿。④ 即合理地发挥人口计生政策的正效应、克服人口计生政策的负效应，需要社会救助立法的匹配和跟进。在此意义上，社会救助立法为人口计生政策的合理运行创造良好外部环境，人口计生政策的现实需求（所引发问题的解决）则正向促推社会救助立法的完善，两者在互动中共同发展。

一、我国人口计生政策的变迁

人口计生政策是国家用来干预人口运动过程以及人口因素发展变化的法规、条例和措施的总和。⑤ 我国人口计生政策经历了从鼓励、逐步限

---

① 党的十八届三中全会提出"实施一方是独生子女的夫妇可生育两个孩子的政策"；党的十八届五中全会提出"全面实施一对夫妇可生育两个孩子政策"；2021年5月31日中央政治局会议审议《关于优化生育政策促进人口长期均衡发展的决定》（2021年6月26日实施）中提出"实施一对夫妻可生育三个子女政策"。

② 参见翟振武、张现苓、靳永爱：《立即全面放开二胎政策的人口学后果分析》，载《人口研究》2014年第2期。

③ 一方面前期人口计生政策带来的负外部性不可能短期消除；另一方面人口计生政策形成的人口观念、认知或习惯将影响到"全面二孩政策"实施的实效。"全面二孩政策"实施的过去3年，虽然使得人口略有回升，但依然存波动——除2016年1786万出生人口相对2015年增加131万外，2017年1723万和2018年1523万相对上一年都有所下降。参见王广州、王军：《中国人口发展的新形势与新变化研究》，载《社会发展研究》2019年第1期。

④ 参见谢增毅：《二孩政策与社会法及其制度的完善》，载《北京工业大学学报》2019年第1期。

⑤ 参见张纯元：《中国人口生育政策的演变历程》，载学军、解振明主编：《中国人口发展评论：回顾与展望》，人民出版社2000年版，第2页。

制、全面推行“晚、稀、少”、严格“一孩”、“单独二孩”、“全面二孩”以及“全面三孩”等不同的发展过程。中华人民共和国成立初期，面对长期战争带来的人员伤亡与经济发展对劳动力需求的现实，国家积极鼓励生育，为此，1950 年中央人民政府卫生部与中国人民革命军事委员会卫生部出台《机关部队妇女干部打胎限制的办法》规定“为保障母体安全和下一代之生命，禁止非法打胎”①。1952 年《限制节育及人工流产暂行办法》进一步指出，只有在生育危及生命的情况下经部门批准才可绝育，“凡违反本办法私自实施绝育手术或人工流产者，以非法堕胎论罪，被手术者及实行手术者均由人民法院依法处理”②。但针对我国人口过快增长的弊端，国家逐步提倡采取节育措施③。1962 年中共中央、国务院联合颁布《关于认真提倡计划生育的指示》正式提出计划生育政策④。之后提出了一系列的具体政策⑤。此阶段，我国人口计生政策以控制人口数量为目标。1981 年《政府工作报告》指出“限制人口数量，提高人口质量”。之后我国人口计生政策的理念向限制人口数量、提高人口素质转化。1982 年《中共中央、国务院关于进一步做好计划生育工作的指示》（中发〔1982〕11 号）强调“要控制人口数量，提高人口素质”，“提倡晚婚、晚育、少生、优生”，“实行必要的奖励和限制，保证计划生育工作的顺利开展”⑥，基本形成了我国人口计生政策的内容和框架。1991 年《中共中央、国务院关于加强计划生育工作严格

---

① 转引自杨魁孚、梁济民、张凡编：《中国人口与计划生育大事要览》，中国人口出版社 2001 年版，第 2 页。

② 彭佩云主编：《中国计划生育全书》，中国人口出版社 1997 年版，第 59 页。

③ 如 1954 年《关于修改避孕和人工流产暂行办法》指出“避孕节育一律不加限制”；1955 年《中共中央对卫生部党组关于节制生育问题的报告的批示》强调“节制生育是关系广大人民生活的一项重大政策性问题。在当前的历史条件下，为了国家、家庭和新生一代的利益，我们党是赞成适当地节制生育的……适当地宣传……使人民群众对节制生育问题有一个正确认识”；1956 年《1956 年到 1967 年全国农业发展纲要（修正草案）》提出“除少数民族地区外，在一切人口稠密的地方，宣传和推广节制生育，提倡有计划地生育子女，使家庭避免过重的生活负担，使子女受到较好教育”，等等。

④ 中共中央、国务院《关于认真提倡计划生育的指示》提出“在城市和人口稠密的农村提倡节制生育，适当控制人口自然增长率，使生育问题由毫无计划的状态逐步走向有计划状态，这是我国社会主义建设中既定的政策”。

⑤ 如 1971 年《关于做好计划生育工作的报告》提出“使晚婚和计划生育变成城乡广大群众的自觉行动”；1973 年第一次全国计划生育工作汇报会提出“晚、少、稀”目标；1978 年《宪法》第 53 条第 3 款“国家提倡和推行计划生育”；1980 年中共中央《关于控制我国人口增长问题致全体共产党员、共青团员的公开信》明确了“提倡一对夫妇只生一个孩子”。

⑥ 计划生育的开展应坚持思想教育和鼓励为主，对独生子女家庭通过独生子女保健费、延长产假、多给责任田等方式予以奖励，对违反计划生育者取消所享福利、扣罚工资、给予纪律或行政处分等限制措施。

控制人口增长的决定》“提倡晚婚晚育，少生优生；提倡一对夫妇只生一个孩子”。随着人口政策的成熟和人口形势的稳定，2001 年我国颁布《中华人民共和国人口和计划生育法》，使人口计生政策和实践走向法制化。21 世纪我国进入“以服务为中心、以人为本”的人口综合治理阶段，人口计生政策正向全面综合考虑人口问题的“大人口”观转变①，认为人口计生政策的实施应与科技进步、奖励机制以及社会保障制度相联系，即在多种社会政策的互动中，稳定人口低水平，统筹解决人口安全、人口素质的提高和人口结构的合理化等问题，促进人的全面发展，促进人口与经济、社会、环境等多系统的协调、可持续发展②。

二、人口计生政策对社会救助供给的影响

自 1971 年城乡全面实施人口计生政策以来，人口计生政策对于我国打赢这场没有硝烟的“人口战争”、稳定低生育水平、控制人口数量以及实现人口长期均衡发展发挥了不可替代的作用。但以短期控制人口数量为主要政策目标的人口计生政策也带来了巨大的负外部性。

第一，人口老龄化问题。随着医疗技术的发展和生活水平的提高，人口老龄化问题成为普遍现象。但我国严格的人口计生政策确为中国老龄化最关键的影响因素。人口计生政策使我国仅仅二十多年就走过了西方国家人口发展一百年才进入的人口老龄化过程，人口结构的不合理成为不得不面对的问题。根据 2010 年第六次人口普查数据显示：我国 60 岁及以上人口为 177,648,705 人，占总人口的 13.26%；65 岁及以上人口为 118,831,709 人，占总人口的 8.87%。比第五次人口普查分别上升了

---

① 参见宋健、[韩]金益基：《人口政策与国情——中韩比较研究》，光明日报出版社 2009 年版，第 8 页。

② 2006 年中共中央、国务院《关于全面加强人口和计划生育工作统筹解决人口问题的决定》提出“要全面贯彻落实科学发展观，优先投资于人的全面发展，稳定低生育水平，提供人口素质，改善人口结构，引导人口合理分布，保障人口安全，促进人口大国向人口强国转变，促进人口与经济、社会、资源、环境协调和可持续发展”；2012 年十八大报告提出“坚持计划生育的基本国策，提高人口素质，逐步完善政策，促进人口长期均衡发展”；2015 年党的十八届五中全会提出“促进人口均衡发展，坚持计划生育的基本国策，完善人口发展战略，全面实施一对夫妇可生育两个孩子政策，积极开展应对人口老龄化行动”；2016 年实施的《人口与计划生育法》第 18 条规定“国家提倡一对夫妻生育两个子女”，同时，第 2、3、11 条分别从“建立健全奖励和社会保障制度”、“增加妇女受教育和就业机会、增进妇女健康、提高妇女地位”以及“加强母婴保健”等方面作出相应的配套措施，以建构合理的人口计生政策，提高人口素质；2018 年 3 月国务院组建“国家卫生健康委员会”以整合原“国家卫生和计划生育委员会”“国家老龄委”等部门，实现卫生、人口计生、老龄工作的一体化管理。

2.93%和1.91%，[①]而“截至2018年年底，全国60周岁及以上老年人口24,949万人，占总人口的17.9%，其中65周岁及以上老年人口16,658万人，占总人口的11.9%”，[②]“是全球人口老龄化规模最大、速度最快的国家”[③]。并且，据预测“2030年我国60岁以上人口数量将由目前的1.3亿增加到3.1亿，占总人口的比例提高到20.42%；到2050年六十岁以上老年人口数量及其在总人口中所占比例将分别达4.68亿和27.71%。”[④]同时，人口计生政策使得“未富先老”问题成为中国特有的现象。欧美国家进入老龄化社会，一般人均GDP达到5000美元至10,000美元，而我国2000年出现人口老龄化时，人均GDP才1000多美元。另外，老龄人空巢化亦成为不得不面临的问题。由于人口计生政策的影响，现阶段城市一般为“四二一”型家庭代际结构（独生子女家庭），农村则一般为“四二一”型或“四二二”型家庭代际结构，从而使得不管是城市家庭还是农村家庭都无法实现同所有老人生活在一起，特别是农村进城务工现象的存在更使农村老年人空巢现象严重。[⑤] 2010年第六次人口普查数据显示：全国家庭中有60岁以上老年人生活的家庭已经达到30.59%，而其中空巢独居的老人已占老龄人口的16.40%，夫妻空巢的老龄人已占老龄人口的15.37%，两者合计达到31.77%。[⑥]

第二，家庭结构小型化，家庭结构风险巨大。根据第四、五、六次人口普查，1990年我国家庭户均人口为3.96人，2000年降到3.44人，2010年则降到3.10人，独生子女家庭户已经达到29.30%。目前，在城镇已逐步形成“四二一”型代际结构，农村则形成“四二二”型代际结构，家庭的风险承受力逐步变小。虽然人口计生政策使人口在宏观上保持在低生育水平，但小型化的家庭结构风险却日益增多。独生子女家庭是典型倒三角结构，

---

① 参见国务院人口普查办公室、国家统计局人口和就业统计司编：《中国2010年人口普查资料》，载国家统计局网，http://www.stats.gov.cn/tjsj/pcsj/rkpc/6rp/indexch.htm，2015年5月13日最后访问。

② 中华人民共和国民政部：《2018年民政事业发展统计公报》，载中华人民共和国民政部网，http://images3.mca.gov.cn/www2017/file/201908/1565920301578.pdf，2020年1月20日最后访问。

③ 刘家强等：《论21世纪中国人口发展与人口研究》，载《人口研究》2018年第1期。

④ 人口研究编辑部：《发展老龄产业：应对人口老龄化的一项重要战略》，载《人口研究》2001年第2期。

⑤ 参见王跃生：《当代中国家庭结构变动分析》，载《中国社会科学》2006年第1期；宋健、张洋、王璟峰：《稳态与失稳：家庭结构类型与家庭幸福的一项实证研究》，载《人口研究》2014年第5期。

⑥ 参见国务院人口普查办公室、国家统计局人口和就业统计司编：《中国2010年人口普查资料》，载国家统计局网，http://www.stats.gov.cn/tjsj/pcsj/rkpc/6rp/indexch.htm，2015年5月13日最后访问。

是不稳定的高风险结构。相对于非独生子家庭,独生子女家庭在风险承担上处于明显的劣势,一旦独生子女发生意外,将使父母承受着经济层面和精神层面的双重打击,导致整个家庭的崩塌。截至 2010 年,我国有独生子女家庭 1.79 亿个,其中至少有 241.26 万个失独家庭,且每年至少增加 7.6 万个失独家庭[①]。同时,"'家庭一代化'趋向明显,2015 年由 1 人或 2 人构成的超微家庭比率占到 28.3%"[②]。

据预测在人口计生政策的长期影响下,"65 岁及以上人口占比将从 2017 年的 11.77% 提高到 2050 年的 36.31%,15 岁以下人口占比……将从 2017 年的 16.99%……下降到 2050 年的 7.22%……"[③]。"中国日趋严峻的少子化和老龄化形势会影响到劳动力、社会保障体系的可持续性,甚至威胁到国家安全"。[④] 人口计生政策负外部性所带来的人口老龄化、家庭结构小型化、失独等问题客观上要求(促推)社会救助供给的发展。首先,被救助对象扩大化。社会救助权作为一种社会权利是分配正义的承载,是任何一个共同体主体都可公平地从国家或社会获取的权利。相对人口计生政策实施之前,我国老龄人口的生存权和发展权的保障问题,特别是空巢老人基本生活照料、卫生保健和精神慰藉问题以及失独家庭的救助问题成为社会救助必须面对的问题。老龄化人口和失独家庭成为社会救助新的对象。其次,救助内容的扩大化。对于空巢老人和失独家庭而言,除了一般的经济救助、疾病救助和基本生活救助等物质救助外,更重要的是精神救助。对空巢老人的精神慰藉和对失独父母的精神创伤(心理痛苦)的医治使得精神救助成为社会救助新的内容。最后,供给主体的多元化。合理满足被救助主体的社会需求是社会救助立法的基本目标。随着被救助主体需求扩大化,只有多个社会制度功能的共同发挥才可满足被救助主体的需求。[⑤] 一方面人口计生政策导致家庭结构小型化,使传统家庭救助能力弱化的同时,随着对特定救助主体救助的失灵,如对空巢老人和失独家庭的救助问题;另一方面被救助主体需求的满足需要发挥多种救助主体的功能,如国家物质救助、社区生活救助以及家庭精神救助等各类主

---

① 参见周伟、米红:《中国失独家庭规模估计及扶助标准探讨》,载《中国人口科学》2013 年第 5 期。

② 刘家强等:《论 21 世纪中国人口发展与人口研究》,载《人口研究》2018 年第 1 期。

③ 李建伟、周灵灵:《中国人口政策与人口结构及其未来发展趋势》,载《经济学动态》2018 年第 12 期。

④ 王军、刘军强:《在分歧中寻找共识——中国低生育水平下的人口政策研究与演进》,载《社会学研究》2019 年第 2 期。

⑤ 参见彭华民等:《西方社会福利理论前沿:论国家、社会、体制与政策》,中国社会出版社 2009 年版,第 33 页。

体的优势。正是人口计生政策发展带来的负外部性,导致了被救助主体和被救助主体需求的扩大化,要求社会救助供给的多元化。

三、社会救助多元供给法律机制的完善

随着被救助主体社会需求的扩大化和多样化,依靠政府单独供给已难以全面满足变化的被救助主体的需求。传统计划经济时代,政府对社会救助供给大包大揽的方式,给社会救助供给带来了较多问题。探寻适合于现阶段的社会救助供给机制成为合理发挥社会救助立法功能、保障被救助主体权利亟需面对的问题。社会救助供给机制完善的过程实质是对不同供给主体权利(力)义务(职责)予以合理配置的过程。西方国家在福利改革中通过对政府、市场、社区、社会组织等多元供给主体间权利(力)义务(职责)再配置、发挥不同主体在供给中不同功能的尝试,无疑为我国社会救助供给机制的合理建构和社会救助的合理供给提供了可供借鉴的路径。

(一)社会救助多元化供给的理论基础

社会救助供给机制是随着特定理论的发展而发展的,是对特定理论和社会实践总结的产物。公共物品理论和福利多元化理论的提出,推动了社会救助多元化供给的发展,为我国社会救助多元化供给机制的建构、完善提供了有益的理论支撑。

1. 公共物品理论

公共物品理论是公共经济学的基础理论,是正确处理政府与市场、社会组织等多元关系并实现社会救助多元化供给机制合理建构的基础。1954 年萨缪尔森首先在经济学理论上对公共物品作出了严格界定,认为“任何人对一种特定物品的消费,都不会导致其他人对这种物品消费的减少”①,即任何一个消费者所消费的公共物品的数量等于公共物品的总量,公共物品在消费上具有非竞争性和非排他性的特征。之后众多学者对萨缪尔森的公共物品概念进行了批评和质疑②。公共物品理论也在批评与

---

① Paul A. Samuelson, *Pure Theory of Public Expenditure*, 36 Review of Economics and Statistics 387 (1954).

② 如 Peter Steiner 认为纯公共物品并非无处不在,并且其无法囊括大量的公共支出所及的物品和服务。See P. Steiner, *The Public Interest and the Public Sector*, in H. Robert and Julius Margolis, Public Expenditures and Policy Analysis, Rand McNally, 1977, p. 27 – 66. ;Gerhard 认为萨氏公共物品与私人物品的两分法过于简单,两者只是两个极端状态,在两者间还存在中间状态——非公共物品(impure public goods)或混合物品(mixed goods)。See Gerhard Colm, *Comments on Samuelson's Theory of Public Finance*, 38 The Review of Economics end Statistics 408 (1956).

质疑中获得了发展。某些学者依然遵循萨缪尔森的分析路径，即从物品的自然属性上对公共物品进行深入研究，如迈尔斯认为“公用品与私用品的区别在于公用品可以同时给一系列使用者提供利益，私用品在任何时候都只能为单个使用者提供利益。如果公用品可以服务于任何数量的使用者，则叫做纯公用品。当有可能发生拥挤时，就称它为非纯公用品”①；哈罗德·德姆塞茨认为“公共物品是可以无成本地增加额外消费者的物品”，“不能排除不付费消费的物品称为集体物品”②；等等。某些学者则从物品的制度特性视角进一步推动了公共物品的研究，如布坎南从政治经济学视角认为，“任何集团或社团因为任何原因决定通过集体组织提供的商品或服务，都将定义为公共商品或服务”③；休·史卓顿和莱昂内尔·奥查德从政治经济学视角认为，“我们将把所有那些其供给不是由个人的市场需求而是由集体的政治选择决定的物品，即把任何由政府决定免费或低费用供给其使用的物品或服务，看作公共物品”④；等等。

传统公共物品供给由于不区分公共物品的类型，而统一由政府垄断供给，导致供给结构单一、供给低效率等问题。公共物品可以分为自然性公共物品和制度性公共物品，对于不同性质的公共物品应采取不同的供给方式。由于自然性公共物品，如国防、公共道路等不能将公共物品的消费效用分割而提供给不同消费主体，一般由政府予以供给，但在保持政府产权的前提下，供给和生产是可以分开实施的，为了提高供给效率，政府并不需要亲自介入生产。因为公共物品虽然需要通过国家预算方式提供给不同消费主体，但并不意味着公共物品的生产必须由政府为之，公共物品的生产完全可以通过契约方式由私人企业进行生产再出售给政府，政府甚至可以采取某些激励机制来鼓励私人企业进行公共物品的生产。⑤ 由于制度性公共物品是由于国家出于特定的公共目的而在制度上赋予了特定消费品的非排他性，本质上是基于不同主体的平等权利而使其不应当具有排他性，如果就物品的自然属性而言，制度性公共物品应属于具有竞争性和排

---

① [英]加雷斯·迈尔斯：《公共经济学》，匡小平译，中国人民大学出版社 2011 年版，第 248 页。

② H. Demsetz, *The Private Production of Public Goods*, 13 Journal of Law and Economics 293 (1970).

③ [美]布坎南：《民主财政论》，穆怀朋译，商务印书馆 1993 年版，第 20 页。

④ [澳]休·史卓顿、莱昂内尔·奥查德：《公共物品、公共企业和公共选择：对政府功能的批评与反批评的理论纷争》，费昭辉等译，经济科学出版社 2000 年版，第 68 页。

⑤ 参见[美]迈克尔·增伯格：《经济学大师的人生哲学》，侯玲等译，商务印书馆 2001 年版，第 273 ~275 页。

他性的私人物品，[①]所以对于制度性公共物品的供给而言，不仅可以在生产环节介入市场因素，而且可以视不同情况而采取不同的供给方式，如对于具有制度性非排他和非竞争产品的供给，可由政府主导、政府和社会组织共同供给，当然亦不排除个人、家庭的自愿供给。

社会救助制度以追求实质公平、保障主体生存权与发展权以及维护和谐社会秩序为价值目标，是国家基于特定的社会目标而提供的特定的制度性公共物品，具有制度上的非竞争性和非排他性。因此，社会救助可由政府、社会、个体、家庭等不同主体发挥各自供给优势共同提供，更可以采取公共服务购买等形式引入市场机制，从而提高供给效率。

2. 福利多元化理论

福利多元主义理论的发展深受特定时代背景的影响，是随着古典自由经济学理论向凯恩斯国家干预理论、新货币经济学理论以及供给经济学理论的发展而发展的，是随着国家由专制国家、自由法治国发展至社会法治国的过程，更是公民权利由自由权扩展为生存权、发展权的过程。古典自由主义者秉承自由放任的思想，认为管事最少的政府是最好的政府。[②] 19世纪以前的欧洲社会认为贫困是由于个体自身原因造成的，因此国家不仅要减少对困难主体的救济，还要使其在政治上低人一等，从而迫使困难主体依靠自身力量走出贫困。[③] 此时期，家庭和社会组织在社会救助中起着举足轻重的作用，国家仅仅扮演补充角色。随着凯恩斯主义的兴起，国家在社会救助中扮演着越来越重要的角色，西方福利国家亦日益建立。但随着西方福利危机的发生，过分依赖政府提供社会福利成为必须面对的问题。正是在此背景下欧洲学者为了更好地维护弱势群体权益、实现各社会主体利益的动态平衡，提出了福利多元主义理论，主张福利既不能完全依赖市场，也不能单独依赖政府，而应该发挥市场、国家、家庭、社会组织等多元主体的作用。Richard M. Titmuss 在《福利的社会分工》中首次提出了福利多元主义理念，认为公民福利由社会福利（social welfare）、财税福利（fiscal welfare）以及职业福利（occupational welfare）三种福利体系共同组成，公民福利是在三种福利的互动与配合中实现的。[④] 罗斯则首次对福利

---

① 参见吕振宇：《公共物品供给与竞争嵌入》，经济科学出版社 2010 年版，第 166 页。

② 参见［英］亚当·斯密：《国民财富的性质和原因的研究》（下卷），郭大力、王亚南译，商务印书馆 2011 年版，第 258 页。

③ 参见［美］尼尔·吉尔伯特：《社会福利的目标定位——全球发展趋势与展望》，郑秉文等译，中国劳动社会保障出版社 2004 年版，第 2 页。

④ See W. Shaun, M. Gabrielle & H. Kerstin, *The Social Division of Welfare Knowledge: Policy Stratification and Perceptions of Welfare Reform in Australia*, 40 Policy & Politics 323 (2012).

多元主义的具体内容予以了清晰的界定，认为国家是最主要的福利供给者，但不是唯一的供给者；福利是全社会的产物，家庭、市场、国家都应是社会福利的供给者，社会福利应由国家福利、市场福利和家庭福利共同组成，是三者的总和，通过国家、市场和家庭之间的互动与补充——国家供给社会福利是为了克服"市场失灵"所带来的后果，国家和市场供给社会福利是为了克服"家庭失灵"，家庭和志愿组织供给社会福利则是补偿国家和市场供给福利的不足。① 伊瓦斯则在罗斯的基础上，提出了福利四元论，认为社会福利应由社区、市场、国家和民间社会共同提供，四者在社会结构中具有不同的角色功能：(1)社区对应的是非正式部门，提供非正式的福利，在微观上体现互惠和利他价值；(2)市场对应的是正式组织，提供就业福利，体现着选择自由价值；(3)国家对应的是公共组织，提供正规福利，体现平等价值；(4)民间社会对应着非营利部门，提供非正式福利，体现了团结价值，是不同主体间联系的纽带，可以调和或整合不同主体间的利益，四者在互动中实现个体利益与公共利益的平衡、福利供给的合理化。②

虽然在此之后，也有学者对福利多元主义提出了批评，但福利多元主义作为福利供给的一种宏观分析范式，强调国家、市场、社区、家庭和社会组织等多元主体互动与配合的福利供给结构和模式，对于克服西方"从摇篮到坟墓"式福利国家危机具有重要意义。我国社会救助供给经历了由传统家庭供给到计划经济时代国家单独供给再到现阶段的社会救助供给。我国正在经历自由法治国和社会法治国的转型，社会救助应该采取何种供给模式、应该如何发挥各供给主体的功能，成为建构适应于现实国情的社会救助制度必须解决的问题，福利多元主义理论则无疑为我国社会救助的合理供给提供了理论支撑和路径导向。

(二)社会救助各供给主体责任的性质

社会救助多元供给过程中，不同的供给主体所承担的责任及性质都各有特点。对不同供给主体的责任及其性质的理性认知是实现社会救助多元化供给的前提。只有对国家、家庭、社会组织、市场等不同供给主体责任的性质予以理性认知，才能更好地实现不同供给主体间社会救助供给的合理配合，实现有限社会救助资源的最优配置，从而保障被救助主体权利。

---

① See Rose, *Common Goals but Different Roles: the State's Contribution to the Welfare Mix*, in R. Rose and R. Shiratori, The Welfare State East and West, Oxford University Press, 1986, p. 13 – 39.

② See A. Evers & T. Olk, *Wohlfahrtsplural-ismus: Vom Wohlfahrtsstaat Zur Wohlfahrtsgesellschaft*, Westdeutscher Verlag, 1996, p. 9 – 62.

1. 国家社会救助供给的性质

国家并非天然就是社会救助供给的主体。国家成为社会救助责任的法定主体是国家形态、公民权利以及特定经济和社会共同作用的结果。国家社会救助供给经历从恩赐、消极责任到积极责任的过程,正是公民权利由政治权利、经济权利发展到社会权利和国家由专制国家、自由法治国到社会法治国的过程。无论是欧洲早期济贫活动还是我国封建专制社会的救济活动,都带有恩赐性质,社会救济更多地表现为维护政治统治或经济秩序的工具。社会救助在此时主要表现为社会或个人的施舍。在自由法治国发展过程中,国家运行秉承"消极自由"理念,认为"国家的任务是防止,但不是强加,而且只有当公民自由受到威胁时,国家才表现自己"①,即政府仅仅只应履行保护国家的安全义务,使国家不被其他国家侵犯;通过公正的司法保护个人的安全和自由,使个体权利不被其他人侵害;发展、建立与公民生活相适应的公共事业及其相关的公共设施。② 洛克甚至认为,公民放弃自然状态下的自由,仅仅是为了保护"我们根据一般名称称为财产的东西"③。在消极自由观的导向下,贫困是由于弱势群体自身造成的,因此社会救助是个人私事,与国家和社会无涉。国家和社会对弱势群体予以救助不仅不会有帮助,而且会带来懒惰和福利依赖。为此,此时国家实施社会救助有可能"在于维护治安和保障公共卫生,而绝不是承认生活贫困者的生活保障请求权"④。例如,英国济贫法对于乞丐不但不给予救济而且强迫其接受雇佣,甚至于到19世纪末期20世纪初为止,社会救济还带有贬低被救助主体人格的性质。⑤ 面对自由法治国消极自由理念所带来的贫富分化、人被物化和工具化的弊病,消极自由向积极自由转化,自由法治国亦向社会法治国转化,公民社会权利得以确立。国家由消极行政向积极增进公民福利(积极行政)转化,"生存照顾乃现代行政之任务"⑥。至此,社会救助成为国家行政给付行为,成为国家法定责任,是政府正当性、合法性的来源。

---

① [德]威廉·冯·洪堡:《论国家的作用》,林荣远、冯兴元译,中国社会科学出版社1998年版,第6页。

② 参见[英]亚当·斯密:《国民财富的性质和原因的研究》(下卷),郭大力、王亚南译,商务印书馆2011年版,第259页。

③ [英]洛克:《政府论》(下),叶启芳、瞿菊农译,商务印书馆2010年版,第77页。

④ [日]大须贺明:《生存权论》,林浩译,法律出版社2001年版,第16页。

⑤ 参见丁建定:《西方国家社会保障制度史》,高等教育出版社2010年版,第37、121、122页。

⑥ [德]厄斯特·福斯托夫:《作为服务主体的行政》,陈新民译,载陈新民:《公法学杂记》,中国政法大学出版社2001年版,第48页。

2. 家庭社会救助供给的性质①

家庭以婚姻和血缘为纽带，是人类社会最基本的社会组织形式，为成员提供经济、文化和情感支持，也是社会政治、经济、文化价值承载和发展的重要载体。家庭是历史发展的产物，是随着生产力的发展、氏族制度的解体而逐步产生的②。家庭作为社会救助的组织形式和实践形式，是以团结互助的价值观作为其根本规范的③，即"通过持续的互动来维系家庭成员感情上的密切关系，并以此稳定人们对能够彼此信赖的期望"④。在农业社会，家庭不仅承载着人口再生产的功能，更是政治、经济、文化等多种功能的综合体。此时，家庭作为生产中心，家庭救助不仅包括经济救助、精神救助也包括特定的专项救助，是社会救助的绝对主体。但随着工业化和现代化的发展，小农经济解体，家庭结构细化，西方家庭的功能逐步外化，被其他主体所取代——"家庭已由生产中心逐步变成消费中心"，"经济功能已由众多社会机构所替代"；"教育功能已被学校所替代"；"宗教功能也已被有组织的教堂所替代"⑤。随着工业化和社会化的发展，中国家庭功能正逐步趋近于西方家庭，家庭功能正在逐步简化，家庭成员间的感情变得更加重要。⑥ "家庭主要为了保证其成员之间的感情而存在"⑦，为此，现阶段家庭基于成员间在道德上的团结互助，在社会救助中更多地表现为对家庭成员的情感慰藉、心理安慰等精神救助功能。

3. 社会组织社会救助供给的性质

社会组织是"指独立于政府与市场主体，为政府干预市场、市场影响政府和市场主体之间相互联系起中介作用的主体"⑧，具有非营利性、公共

---

① 对于家庭概念，不同学者有着不同的理解。狭义家庭往往是核心家庭，即父母和未成年子女所组成的家庭，而广义家庭所包含的成员不仅包含父母、未成年子女、成年子女及其他亲属。本文所称家庭仅指广义的家庭。

② 参见《马克思恩格斯文集》（第 4 卷），中共中央马克思恩格斯列宁斯大林著作编译局编译，人民出版社 2009 年版，第 70 页。

③ 参见［德］亚历山德拉·茹科夫斯基：《家庭中世代间的照顾：关于过去和将来的老人》，董璐译，黑龙江教育出版社 2015 年版，第 344 页。

④ ［德］弗兰茨－克萨维尔·考夫曼：《社会福利国家面临的挑战》，王学东译，商务印书馆 2004 年版，第 87 页。

⑤ ［英］哈拉兰博斯、希德尔：《家庭——功能主义的观点》，费涓洪译，载《现代外国哲学社会科学文摘》1988 年第 10 期。

⑥ 参见费孝通：《乡土中国　生育制度》，北京大学出版社 1998 年版，第 147 页。

⑦ ［法］佛朗索瓦·德·桑格利：《当代家庭社会学》，房萱译，天津人民出版社 2012 年版，第 13 页。

⑧ 王全兴：《经济法基础理论专题研究》，中国检察出版社 2002 年版，第 524～525 页。

性、中介性、民间性的特点①。社会组织是建构于公民社会理论基础之上，为了克服市场失灵和政府失灵，而逐步形成的独立于国家和市场之外的独立部门。在社会救助的供给过程中，社会组织是个体、家庭、市场和国家间联系的桥梁，通过对不同主体间功能的协调而实现对被救助主体利益的保障。一方面，社会组织是由不同社会主体在自愿基础上对不同主体利益进行整合而建构的，从而使其更明确不同被救助主体的需求；另一方面，社会组织可以为政府社会救助提供信息和技术支撑，从而提高政府救助的质量和效率。② 社会组织在社会救助供给中因立基点不同承担着不同性质的责任。社会组织作为志愿性的非营利组织，在互助道德的基础上，为被救助主体无偿地提供救助资源。同时，社会组织亦以合同形式与政府共同实现社会救助的供给，从而提高政府社会救助供给的质量和效率。

（三）社会救助各主体单独供给的缺陷

政府、社会组织、家庭都在社会救助供给过程中扮演着重要的角色，但是由于各供给主体自身的特性决定了其在社会救助供给过程中存在客观的缺陷。对各供给主体供给缺陷的理性认知，是合理实现多元供给的基础之一。

1. 国家单独供给的缺陷

由于社会救助的公共物品特性，政府作为社会救助供给主体具有天然的优势。但政府供给作为一种特定的制度安排，在社会救助供给中亦有着先天的缺陷。

首先，政府垄断供给带来供给的无效率。之所以会出现政府供给的无效率，关键在于政府社会救助供给的动机与社会救助物品的自然特性间内在矛盾。政府对社会救助的供给立基于行政给付责任，而不会考虑社会救助作为公共物品的经济特性。政府在社会救助供给过程中，出于政治目的或行为正当性的考量，而垄断供给社会救助，使“政府及其直属的公共企业缺乏外部竞争的压力，其行为很可能丧失追求成本最小化与利润最大化的能力”③，也没有追求成本最小化的动机，从而导致供给的无效率。

其次，政府存在寻租和道德悖逆的风险。政府社会救助供给的具体行政行为是由行政人员完成的，而行政人员具有“经济人”逐利本性。私利是主体行为的强大驱动力量，如果主体在不受道德约束的条件下，将会以

---

① 对社会组织不同学者有着不同的称谓，如非政府组织、非营利组织、社会中间层组织、第三部门、志愿组织以及民间组织等。

② 参见蒋悟真：《市场监管法治的法哲学省察》，载《法学》2013 年第 10 期。

③ 吕振宇：《公共物品供给与竞争嵌入》，经济科学出版社 2010 年版，第 118 页。

追求自身利益最大化为目标。[①] 行政工作人员作为有限理性的“经济人”在追求自身利益最大化的同时,存在寻租动机和被俘获的风险,从而与特定主体共谋,出现逆向选择和道德悖逆,导致社会救助供给的高成本和社会救助资源的浪费。

最后,政府社会救助能力的有限性无法满足社会救助需求扩大化的现实需要。由于信息不对称和公共财政的制约,政府在社会救助供给过程中,不仅难以了解到所有被救助主体的需求,而且存在社会救助供给能力不足的情况。因为政府不管如何精明能干,也不能了解整个社会生活(救助)的全部信息,这样的工作超出了政府能力所及。[②]

2. 家庭单独供给的式微

我国深受传统儒家文化的影响,家国同构、君权与父权的一体决定了家庭在我国传统社会救助中的重要地位。[③] 但随着传统社会的解构,家庭在社会救助供给中日益式微。

首先,传统农业经济的解体使得家庭救助失去原有经济基础。随着工业化的发展,传统小农经济逐步解体使得家庭所承载的政治、经济、文化等功能失去了赖以支撑的经济基础和保障,家庭功能不断被其他社会主体取代。家庭单独供给社会救助的能力日益弱小。

其次,传统文化的解构带来社会救助权利义务的变更。随着西学东渐和新文化运动的开展,传统儒家文化受到彻底的批判,从而导致家庭集体主义思想的式微,个体自由主义思想盛行。个体从父权结构中解放出来,使得父代与子代间强制性的义务消失,进而使家庭主体间的救助失去了强制性的约束。

最后,家庭结构的小型化客观上阻碍了家庭救助功能的发挥。随着计划生育政策的实施,家庭规模越来越小,核心家庭(“四二一”型家庭)成为主流,同时丁克、失独、空巢等家庭日益增多,导致家庭主体间互助能力日益减小。

3. 社会组织单独供给的缺陷

社会组织作为公共性的承载,在社会救助中具有重要的作用。但由于发展时间较短、规模较小、独立性缺乏、内部结构不合理等因素的影响,我国社会组织在社会救助中的作用受到了严重限制。

---

① 参见[美]詹姆斯·布坎南、戈登塔洛克:《同意的计算——立宪民主的逻辑基础》,陈光金译,中国社会科学出版社 2000 年版,第 30 页。

② 参见[法]托克维尔:《论美国的民主》,董果良译,商务印书馆 1995 年版,第 100 ~ 101 页。

③ 参见蒋悟真:《我国社会救助立法理念研究》,北京大学出版社 2015 年版,第 37 页。

首先,我国社会组织数量少、能力弱小难以满足弱势群体社会救助的需求。到 2017 年为止,我国共有社会组织 76.2 万个,但其中社会服务类组织只有 4.4 万个,且公益基金类仅为 6307 个。① 同时,社会组织总体上救助能力弱小、专业化水平低。

其次,双重管理体制使得社会组织缺乏独立性②。我国社会组织的成立采取登记加挂靠的方式,从而使社会组织依附于公权力机关,社会组织的行为深受公权力机关的限制。同时,社会组织自身资金的获取能力不足,往往依赖于政府部门的财政支持,特别是社会救助组织出于获得政府的财政支持或对风险、收益和绩效的考虑,往往主动挂靠政府部门③,则进一步使其独立性缺失。在社会救助中,社会组织难以依据自身的独立意志对被救助主体实施救助。

再次,社会组织内部治理机制不完善,严重影响了其社会救助能力的实现。现阶段,我国社会组织大都比较弱小、管理比较随意、内部权力运行与监管机制缺乏、外部监管不成熟,从而极易发生内部人员滥用权力,使其变成个别主体追求自身利益的工具,从而严重影响救助功能的实现,如"郭美美微博炫富事件"④"河南宋庆龄基金会放贷事件"⑤等。

最后,激励机制不完善,严重影响社会组织实施社会救助的积极性。一方面,按照《基金会管理条例》、《企业所得税法》以及《企业所得税实施条例》等法律规范的相关规定,除了少部分具有法定资格的组织外,大部分的(民间)社会组织无法享有税收优惠资格;另一方面,由于政府服务购买相关规定尚不成熟,社会组织通过对政府服务供给所获得的激励亦不足,从而影响社会组织主动救助的积极性。

---

① 参见中华人民共和国民政部:《2017 年社会服务发展统计公报》,载民政部网,http://www.mca.gov.cn/article/sj/tjgb/201708/201708028021607.shtml,2019 年 10 月 15 日最后访问。

② 《社会团体登记管理条例》第 3 条第 1 款规定:"成立社会团体,应当经其业务主管单位审查同意,并依照本条例的规定进行登记。"《基金会管理条例》第 9 条规定:"申请设立基金会,申请人应当向登记管理机关提交下列文件:……(五)业务主管单位同意设立的文件。"第 13 条第 1 款规定:"境外基金会在中国内地设立代表机构,应当经有关业务主管单位同意后,向登记管理机关提交下列文件:……(五)业务主管单位同意在中国内地设立代表机构的文件。"

③ 参见马长山:《NGO 的民间治理与转型期的法治秩序》,载《法学研究》2005 年第 4 期。

④ 因郭美美编造"中国红十字会商会总经理"虚假身份信息,在微博上炫富,使红十字会声誉受损,造成社会对红十字会管理与运行的质疑与批评。参见张洋:《郭美美闹剧是如何上演的》,载《人民日报》2014 年 8 月 4 日,第 9 版。

⑤ 河南宋庆龄基金会大量资金通过与"河南宋基投资有限公司"这样的与河南宋庆龄基金会没有关系的公司,投资房地产、钢铁、计算机网络等诸多领域,甚至将大量善款用于向企业放贷。参见丁建庭、宗禾:《河南宋基会承认向企业发放贷款》,载《南方日报》2011 年 9 月 6 日,第 A14 版。

（四）多元供给模式下具体社会救助立法的完善[①]

面对社会救助供给中各主体单一供给的缺陷，西方学者提出了福利多元主义理论，从而使得福利危机得以解决。在社会救助多元供给中，各主体在互动与补充中发挥着各自优势，从而保障弱势群体的权利。社会救助供给是国家的法定责任。国家在社会救助供给中具有根本性、基础性和兜底性作用，而社会组织和家庭作为社会性救助力量，只能是一种道德性救助，具有辅助性和补充性作用。[②] 国家在社会救助供给中承担着财政给付、制度给付以及对其他社会力量的监督与引导责任。财政乃庶政之母，国家只有供给充足的财政，才能保障社会救助公共产品的生产和供给，增进公民社会权利。同时，法治国家中，公民之所以相信国家是因为相信支撑国家的法律，为此，国家要干预社会仅限于提供法律规则，[③]所以，国家在社会救助供给和对其他社会救助力量监管与引导时，具有制度供给责任。同时，仅仅依靠国家的善意和努力，而没有社会组织的存在，法治实际上很难实现，[④]社会组织则是主体和政府之间互动的纽带——社会组织是不同主体基于特定公共目的（追求社会正义）而形成的组织，在了解公民需求和偏好的基础上，具有信息和特定技术优势，既可以为政府提供救助供给上补充，弥补政府救助信息的不对称，提高政府救助的效率，又是不同主体监督政府社会救助供给的重要平台。[⑤] 家庭则是爱的港湾，在社会救助中，特别是在儿童、老人等特定主体的精神救助中具有其他救助主体不可替代的作用。虽然《暂行办法》与 2020 年民政部、财政部联合推出的《社会救助法（草案征求意见稿）》第 5 条都从宏观上对社会救助多主体合作供给做出了的方向性规定，现阶段我国社会救助各供给主体作为各自独立的供给系统亦在发挥着一定的救助功能，但要真正实现有限救助资源配置的帕累托最优和被救助主体权利的保障，应立基于各主体特有的功能和现实发展情况，完善具体社会救助立法，从而在提升各救助主体救助能力的同时实现多元供给主体间救助的互动与平衡。

---

① 此部分对政府的财政供给责任不作细致的论述，在后文将以专章对财政政策对社会救助立法的影响予以论述。

② 参见蒋悟真：《从兰考火灾事故辨析国家与社会的救助责任》，载《法学》2013 年第 5 期。

③ 参见［英］戴维·赫尔德：《民主的模式》，燕继荣等译，中央编译出版社 1998 年版，第 328 页。

④ 参见梁治平编：《法治在中国：制度、话语与实践》，中国政法大学出版社 2002 年版，第 133 页。

⑤ 我国社会组织功能的提升是在政府职能转变中重建行政控制的过程中实现的。社会组织的存在不仅有助于政府解决社会问题，为社会提供公共服务，还可以成为特定会员群体利益的代表与整合平台，可主动回应成员需求，维护成员权益，从而促进社会治理，维护社会公平。参见祁春轶：《我国社会组织的能力培育及其制度完善——以功能分析为视角》，载《法学》2020 年第 5 期。

1.社会组织救助能力的提升

在我国“共建共治共享”社会治理格局建设背景下，社会组织不仅是社会利益表达的平台，更是满足弱势群体社会救助需求，弥补国家救助不足的重要力量。但社会组织社会治理能力的提升“不能仅仅凭借互益所依赖的成员相互监督、促进的他律性机制实现其良性运转”，[①]而必须依赖合理、有效的制度约束，以实现行为自觉。特别是面对我国社会救助组织弱小、独立地位缺乏以及管理体制不合理等困境，在《暂行办法》未做出有力回应的情况下，要发挥我国社会救助组织的救助功能，必须有针对性地完善相应制度提升社会救助组织的救助能力。

第一，赋予社会救助组织独立地位。现阶段对社会救助组织独立性最大的阻碍就是双重管理体制。双重管理体制使大量的社会救助组织由于没有挂靠单位或未达到登记条件而成为非法组织，据统计我国绝大部分社会组织（民间组织）都未登记，经过正式登记的民间组织只占民间组织实际数量的1/10左右。同时，已成立的社会组织由于主管部门（挂靠单位）的行政干预也容易失去独立性。当然，现行社会救助组织自身内部治理机制的不完善也是影响社会救助组织独立性不可回避的原因。为此，简化社会救助组织的设立程序和内部治理程序（机制）成为必须面对的问题。一是针对挂靠制度的不足，可实施直接备案或登记制度，如我国北京、深圳、杭州等地对工商经济类、社会福利类以及公益慈善类社会组织实施直接备案或登记制度就值得借鉴；[②]二是实施分类登记制度，对不同类型社会组织实施不同登记方式，特定组织必须实施登记，一般社会组织则可自愿选择登记与否，而是否登记的唯一区别就在于是否可享有税收优惠；[③]三是针对内部治理机制的不足，除完善内部组织、监督、制衡机制外，更应该对社会组织运行程序，如会员大会召集与决议程序、理事会决议程序以及会员权利救济程序等程序机制的完善将对社会组织独立地位维护与社会救助能力的提升具有重要作用。

第二，社会救助组织促进机制的完善。面对我国社会救助组织弱小的

---

① 蒋玉：《公益性社会组织的道德自律机制研究》，载《伦理学研究》2020年第3期。

② 2008年深圳市《关于进一步发展和规范我市社会组织的意见》强调除法律规定需要登记前置审批的社会组织外，工商经济类、社会福利类、公益慈善类社会组织均可直接向登记机关申请登记；2009年《北京市城乡社区社会组织备案工作规则（试行）》第3～5条强调具备一定条件的社会组织可以自愿向街道办事处或乡镇人民政府申请审查、备案；2014年杭州市《关于进一步激发社会组织活力推进我市社会治理创新的若干意见》强调“行业协会商会类、科技类、公益慈善类、城乡社区服务类社会组织实行直接向民政部门依法申请登记”。

③ 参见蒋悟真：《我国社会救助立法理念研究》，北京大学出版社2015年版，第47页。

现实,应完善促进机制,从而鼓励社会救助组织的发展。一是应从税收视角激励社会组织的发展。我国目前没有针对社会组织而设定专门的税收法律制度,相关规定散见于《关于公益性捐赠税前扣除有关问题的通知》、《社会团体公益性捐赠税前扣除资格认定工作指引》、《企业所得税法》以及《企业所得税法实施条例》等相关法律规范。但依据现行税收法律规范,众多的社会救助组织难以获得税收优惠,从而阻碍了社会救助组织的发展。《暂行办法》、《慈善法》和2020年《社会救助法(草案征求意见稿)》亦只是笼统规定参与社会救助的社会组织享有财政补贴、税收优惠以及减税、免税等政策,并未作出具体的规定,缺乏可操作性。① 我国社会救助组织税收激励机制亟须具体化,欧美国家的有关社会组织税收减免的规定值得我国借鉴,如《美国税法》对29种非营利性组织予以免税,作出了列举式规定②,法国则直接规定了民办社会团体所接受的捐赠60%免税③。二是从资金、人才和技术上对社会救助组织的发展予以倾斜性支持。国家应对特定的慈善组织进行资金上的补贴或对做出特定贡献(可以一定的救助金额或以救助对象的数量为标准)的社会救助组织进行奖励,如《江苏慈善事业促进条例》规定的"江苏慈善奖"④等。同时,面对社会救助组织在人才培养和技术培训上的不足,一方面国家相关部门可以通过定期对相关社会救助组织的人才进行培训或特定优惠政策鼓励人才在社会救助组织就业等方式,提高社会救助组织人才和技术水平;另一方面则应完善专业社工制度,如组织专业社工师考试、颁发专业社工师证等,提升社会组织社会救助的专业性和职业化。

第三,社会救助组织监管机制的完善。近年来,我国社会救助组织在

---

① 《暂行办法》第53条规定"社会力量参与社会救助,按照国家有关规定享受财政补贴、税收优惠、费用减免等政策"。《慈善法》第79条规定"慈善组织及其取得的收入依法享受税收优惠"、第86条规定"国家为慈善事业提供金融政策支持,鼓励金融机构为慈善组织、慈善信托提供融资和结算等金融服务"。《社会救助法(草案征求意见稿)》第60条规定"社会力量参与社会救助,依法享受相关优惠政策"。

② 《美国税法》第501条C款规定免税的非营利组织包括501(c)(1)到501(c)(29)共29种类型:(1)依国会议案组成和获得免税权的法人;(2)拥有其他免税组织财产权的法人……(4)社会福利组织和地方雇员协会……(8)为其成员提供保险或类似福利的互助团体……(12)地方慈善人寿保险协会……(29)健康保险合作组织。

③ 参见张莉:《英、法、德、美四国社会性弱势群体救助安排比较研究》,载《国外社会科学》2009年第3期。

④ 《江苏省慈善事业促进条例》第37条规定,各级人民政府应当对社会救助有突出贡献、社会影响较大的社会组织予以表彰;省政府设立"江苏慈善奖",每两年奖励一次。

救助过程中,不断出现“四川天价帐篷事件”[①]、“河南宋庆龄基金会放贷事件”以及“湖北红十字会捐赠物资分配事件”[②]等,都从一定程度上显示出我国社会救助组织自身运行、管理及其相应监管机制的不足,亟待完善。首先,应明确监督主体。依据《暂行办法》和《社会救助法(草案征求意见稿)》我国社会救助组织监管面临多头监管、“九龙不治水”的困境[③]。对此,我国应借鉴英美国家经验,建构如英国国民救助委员会一样统一、垂直管理的社会救助组织专门监管机构,从而克服监管的无效率。其次,完善社会救助组织信息公开机制。社会组织信息公开是其他主体合理参与社会组织监督的基础与前提,也只有在信息予以全面、准确公开的条件下,才可以防止社会组织救助中机会主义倾向或道德悖逆现象的发生。但我国现行《社会团体登记管理条例》、《民办非企业单位登记管理暂行条例》以及《基金会管理条例》等法律规范并未对社会救助组织信息公开作出合理规定。为此,必须从信息公开内容(如收入支出、税收优惠、财政补贴、社会服务购买、评估结果、奖惩等)、程序(特别是监督主体的救济程序)等方面作出具体详细的规定,从而在信息对称的情况下,实现对社会救助组织的监管。最后,发挥社会监督作用,完善独立的第三方评估机制。国家鼓励社会参与监督,形成多元互动监督的格局,使具体社会救助行为在各主体充分协商的基础上形成,进而保障社会救助组织实施救助行为与救助结果的正当性、合理性。但现阶段对社会组织的监管主要是政府部门的行政监管,而社会监督力量不足,特别是发挥社会监督专业与技术优势的独立第三方评估机制仍未受到重视。建构独立的第三方评估机制是行政监管的重要补充,更是社会组织公信力的重要保障。《民政部关于探索建立社会组织第三方评估机制的指导意见》(民发〔2015〕89 号)出台无疑为社会组

---

① 在四川地震救灾期间,由于红十字会公信力不足,且对捐款管理与使用信息未合理公开,使社会公众无法获得相关确切信息,从而导致网民质疑红十字会形式上采购 1 万元一顶的帐篷,实质将捐款截留、挪作他用。参见吴晶:《并未提留救灾捐款,从未买万元帐篷》,载《新华每日电讯》2008 年 5 月 25 日,第 2 版。

② 湖北红十字会“深刻查找捐赠物资接受分配中的管理问题,对存在的审核把关不严、执行程序不严格、工作不细致、作风不扎实等问题,会党组作出深刻检讨,并将对直接责任人依纪依规追责”。湖北红十字会:《湖北红十字会关于捐赠物资分配有关情况的说明》,载湖北红十字会官网,2020 年 2 月 1 日,http://www.hbsredcross.org.cn/xxgk/18031.jhtml,2020 年 2 月 2 日最后访问。

③ 《暂行办法》第 3 条规定,“国务院民政、应急管理、卫生健康、教育、住房城乡建设、人力资源社会保障、医疗保障等部门,按照各自职责负责相应的社会救助管理工作”。2020 年《社会救助法(草案征求意见稿)》第 7 条做出了与《暂行办法》基本相同的规定。

织第三方评估机制的完善提供了思路与方向。① 为此，一方面为保障社会组织第三方评估机构的专业性，应建构严格的专家遴选机制和专家评估技能培训机制；②另一方面为保障评估的准确性、公平性，应从评估组织健全、评估程序完备、评估指标体系的建构等方面对我国社会组织第三方评估机制予以建构，如评估组织内部治理结构的完备、评估专家回避与问责、评估信息（过程）公开与保密以及综合性多层次科学评估指标体系的设置等。

2. 家庭救助能力的激励

随着农业社会向工业社会的发展，传统社会中以父权为中心的家族宗亲关系，逐步被个体与个体间的身份契约关系所取代③，家庭的社会功能、政治功能、经济功能正逐步被政府、社会组织等主体替代，家庭在社会救助中的作用日益式微。但随着社会的发展，特别是西方福利危机之后，人们日益认识到家庭在社会救助中具有不可替代的地位——以血缘姻亲为纽带的家庭（熟人社会）在以身份契约为核心的陌生人社会中给予被救助主体的情感支持和精神（心理）慰藉比任何其他主体都更加的稳定和有效④，是社会动荡的"减震器"，是在社会搏斗中被打得遍体鳞伤的主体休息的港湾⑤，是"道德经济"的主体，决定着社会救助供给的"社会资本"⑥。同时，家庭更具有社会性（功能），已经不仅是一种纯粹的私人生活形式和私人福利的生产单位而是社会性再生产和社会福利供给的基础单位⑦。为此，西方各国先后出台家庭干预政策以维护和促进家庭救助功能的合理发展。家庭干预政策亦成为西方多元社会救助制度中不可或缺的部分，在制度整合与社会整合双重需求的独特张力之中，推动着家庭功能的实现和弱势群体权益的保障。

随着计划生育政策的实施，我国面临着政治、经济和社会转型的同时，家

---

① 民政部《关于探索建立社会组织第三方评估机制的指导意见》（民发〔2015〕89 号）从社会组织第三方评估的总体思路与基本原则、社会组织第三方评估机构的规范与培育、社会组织第三方评估信息公开与结果运用以及社会组织第三方评估工作的领导等方面做出了原则规定，为社会组织第三方评估机制的建构、发展指明了方向。

② 参见徐双敏、崔丹丹：《完善社会组织第三方评估工作机制研究——基于 5 市调查数据的分析》，载《中南财经政法大学学报》2016 年第 6 期。

③ 参见［英］梅因：《古代法》，沈景一译，商务印书馆 2011 年版，第 110 页。

④ 参见孙薇薇：《亲人的力量：中国城市亲属关系与精神健康研究》，中国社会科学出版社 2014 年版，第 48 页。

⑤ 参见［美］阿尔温·托夫勒：《未来的冲击》，孟广均等译，中国对外翻译出版社 1985 年版，第 210 页。

⑥ "道德经济"不是通过交换过程实现的，而是通过可扩展至他人间的互助原则实现的。"社会资本"是指社会关系的规模，在此社会关系中主体无偿的互相帮助。Franz-Xaver Kaufman, *Herausforderungen des Sozialstaates*, Suhrkamp Verlag, 1997, S. 107 – 111.

⑦ 参见［德］弗兰茨－克萨维尔·考夫曼：《社会福利国家面临的挑战》，王学东译，商务印书馆 2004 年版，第 65 页。

庭(政策)也面临着深刻的变革。在此过程中,家庭(政策)既是各方面转型的结果,又是推动各方面转型不可忽视的重要因素。虽然我国如同西方一样,家庭功能不断社会化和外化,但家庭在社会救助中依然扮演着主要角色。然而,面对现阶段家庭日益小型化、分散化以及空巢家庭与失独家庭日益增多的现实,中国并未建构一套与之匹配的合理的家庭干预政策。现有以补充性为导向的家庭政策存在滞后性、碎片化、缺乏可操作性等问题,导致家庭政策不仅无法激励家庭成员互帮互助以维护弱势群体权利反而阻碍他们权利的实现。[①] 对于我国家庭政策中存在的问题,除《暂行办法》对最低生活保障作出规定外,《社会救助法(草案征求意见稿)》亦仅仅对"法定义务优先"作出规定[②],并未从根本上对相关问题做出回应。为此,针对以上问题,如何建构与社会救助制度以及公民社会需求相匹配的家庭干预政策,从而激发家庭救助能力、实现对弱势群体权利的保障成为必须解决的问题。

面对我国家庭干预政策几乎空白的现实,短期内建构一套完整的家庭干预政策既不可能也不现实,但抓住突出问题,制定有针对性的干预政策应具有可行性。首先,建构统一的家庭救助管理部门。建构如法国的"全国家庭补助管理署"、西班牙的"劳动和社会事务部"以及德国的"联邦家庭事务、老年、妇女和青年部"等统一的家庭管理部门,可以解决家庭救助多头审批、重复建设等问题,又有利于简化被救助主体的申请、审批等程序,从而维护被救助主体权利。其次,针对空巢化、失独家庭带来的老年人救助问题,一方面可以通过购房优惠政策,鼓励亲属与老年人同住;另一方面可以为照顾老年人的家庭提供照顾补贴,鼓励家庭对老年人进行照顾。再次,针对儿童救助问题,建立家庭收入补助政策。随着社会的发展,教育、住房等成本居高不下,低生育水平已由政策控制走向公民自我控制。[③] 虽然我国计划生育政策经历了由独生子女政策向单独二孩政策、全面二孩政策和全面三孩政策的急剧转变,但由于以上原因的影响效果并不明显。为此,应建立合理的家庭收入补助政策以鼓励满足条件的夫妇生育二孩或三孩,从而缓解家庭小型化和老龄化问题。并且鼓励对孤儿的亲属家庭寄养政策,从而保障孤儿身心的健康发展。具体而言,建构由婴幼儿支持项

---

① 参见唐灿、张建主编:《家庭问题与政府责任:促进家庭发展的国内外比较研究》,社会科学文献出版社 2013 年版,第 143 页。

② 《社会救助法(草案征求意见稿)》第 24 条规定"获得社会救助,家庭成员之间和其他负有赡养、抚养、扶养义务的组织和个人应当先行履行法定赡养、抚养、扶养义务"。

③ 参见李建民:《生育理性和生育决策与我国低生育水平稳定机制的转变》,载《人口研究》2004 年第 6 期。

目、儿童抚养补助、单亲家庭补助以及特殊补助构成的家庭收入补助政策,如法国对低收入家庭从婴儿出生到满三周岁按月给予奖励;对抚养两个孩子的家庭每月给予125欧元的儿童抚养补助;给单亲家庭发放补助以维持生活;匈牙利对寄养家庭每寄养一个儿童可享受1.5万福林每月的补助等①。复次,实施税收(费)优惠政策。对承担老年供养和儿童救助等亲属家庭或者承担多子女供养的家庭,依据所承担的不同责任实施不同比率的税收(费)优惠政策,使得多承担社会责任的家庭获得合理的补偿,从而发挥税收在收入分配中的调节和激励作用,维护社会公平。如英国和瑞典对于照顾未成年人、老年人以及患病者的家庭成员可以免除一定时间的社会保障税费。② 最后,通过以家庭为单位的保险政策改革激励家庭救助功能的发挥。可以尝试通过"允许保险在家庭成员(主要是配偶)之间转移,重视未就业或非正规就业家庭成员的需求",或者"将家庭成员所承担的某些长期家庭服务纳入社会保险范畴",从而更好地激发家庭救助能力。③

3.社会救助供给实现形式的更新

面对福利国家危机,20世纪70年代西方国家逐步推行行政管理主义改革,对政府与市场、政府与社会以及政府与公民间的关系进行重新的认知,从而使社会救助供给主体日益多元化,而其中的本质路径则在于把竞争机制引入社会救助供给的生产过程,破除政府的垄断供给。竞争机制的引入使社会救助供给的过程实现了政府与社会、公共部门与私人部门间的竞争与合作,保障了政府政策制定与服务供给的分离,从而在提升政府社会救助供给效率的同时,给予社会主体社会救助公共服务选择的更多机会(自由)④,进而实现了政府权力、社会权力和公民权利间的合理再配置,维护了弱势群体的权利。

现阶段在我国社会救助供给过程中,政府不仅是社会救助产品或服务的供给者,也是这些产品或服务的生产者。政府垄断了社会救助产品或服务的生产和供给的全过程,使得政府及其直属的企业缺乏外部竞争压力,导致其丧失追求成本最小化的动力,出现社会救助供给的"X－无效率"。

① 参见刘喜堂、武增锋:《以家庭为核心构筑福利救助体系——法国、匈牙利社会救助制度及其启示》,载《中国民政》2012年第2期。

② 参见丁建定:《居家养老服务:认识误区、理性原则及完善对策》,载《中国人民大学学报》2013年第2期。

③ 胡湛、彭希哲:《家庭变迁背景下的中国家庭政策》,载《人口研究》2012年第2期。

④ 参见李传军:《管理主义的终结——服务型政府兴起的历史与逻辑》,中国人民大学出版社2007年版,第220～221页。

因此,要实现我国社会救助供给的效率,必须对现行社会救助供给实现形式予以更新。正如迈克尔·增伯格所言,“公共物品需要通过预算支付方式供给,但这并不意味着公共物品必须由政府生产,公共物品可以像大多数私人物品一样由私有企业生产,不过产品将出售给政府”。① 因为社会救助作为公共物品在生产过程中生产要素具有可分性,所以我们可以在社会救助产品或服务的生产环节嵌入市场竞争机制,实施社会服务购买制度,即政府可以通过招投标等方式与特定的私人(个体)或社会救助组织订立产品生产或服务供给契约,购买社会救助产品或服务。社会服务购买制度可以充分利用市场主体效率优势,引入多元主体的竞争,从而解决了政府生产低效率的困境,不仅提升了社会救助服务的质量,也可调动个体或社会组织供给的积极性。为此,我国对社会救助服务购买机制建构亦进行了积极尝试,然而,应当予以明确的是现行规定并不完善——虽然《暂行办法》第54条、《社会救助法(草案征求意见稿)》第57条和《关于积极推行政府购买服务 加强基层社会救助经办服务能力的意见》对购买主体、购买内容、承接主体、购买机制、资金保障、绩效评价以及监督管理等方面做出了规定,为社会救助服务购买的规范化提供了制度导引,但由于被救助主体需求表达机制不畅存在被政府或社会组织(私主体)偏好替代的风险、社会组织服务逻辑行政化以及社会服务体系碎片化等问题,政府、被救助主体和社会组织(私主体)间未能形成良性互动与合作,离合理发挥社会服务购买制度功能、正向激励私主体或社会组织生产社会救助产品的积极性、提升社会救助服务供给效率仍存在距离,需要进一步完善。②

推动社会救助服务购买机制的运行,合理发挥社会救助服务购买功能,除了明确政府、社会组织以及被救助主体各自主体性地位和责任外,更重要的是确保多主体间信息交流的开放性。因为社会救助服务购买机制

---

① [美]迈克尔·增伯格:《经济学大师的人生哲学》,侯玲等译,商务印书馆2001年版,第273~274页。

② 《暂行办法》第54条规定“县级以上地方人民政府可以将社会救助中的具体服务事项通过委托、承包、采购等方式,向社会力量购买服务”。《社会救助法(草案征求意见稿)》第57条规定“社会救助管理部门和乡镇人民政府、街道办事处可以将社会救助中属于政府职责范围且适合通过市场化方式提供的具体服务事项,按照政府采购方式和程序,向社会力量购买”。《关于积极推行政府购买服务 加强基层社会救助经办服务能力的意见》(民发〔2017〕153号)认为“县级以上地方人民政府是购买社会救助服务的主体”;“向社会力量购买的社会救助服务主要包括事务性工作和服务性工作两类”;“承接政府购买社会救助服务的主体主要是依法在民政部门登记成立或经国务院批准免予登记的社会组织”;“建立健全由购买主体、服务对象及第三方组成的综合性评价机制”;以及“加强对政府购买社会救助服务的监督管理,完善事前、事中和事后监管体系,明确部门职责,依法实施综合监管”;等等。

运行过程,其实是政府、社会组织、被救助主体等多元主体间互动合作的过程,而多元主体间的互动合作过程则在多主体间的相互关系中予以呈现,即社会救助服务购买机制的运行及功能实现只有在多主体互动的一套“敞开的体系”的保障下才能实现,“只能存在‘主体间性’”①。在政府、社会组织以及被救助主体构成的主体间性关系模式下,一方面社会救助服务购买过程中任何一个主体只有在与另一主体的联系中才能合理实现自己的功能定位;②另一方面社会服务购买多元主体连成一体,“参与者的同意与主体间的承认相联系,并表现出准备承担来自共识的那些同今后交往相关的义务”③。真实救助服务供给信息的流动是多主体协商的基础,合理的信息表达机制是多元主体在社会救助服务购买中互动合作的保障。如何保障真实社会救助服务需求信息贯穿于社会救助服务购买的全过程,是保障多主体间协商合作,合理发挥社会救助服务购买功能必须予以解决的问题。

第一,被救助主体需求获取机制的完善。被救助主体需求是社会救助服务购买的出发点,政府、社会组织等主体只有在精准获得被救助主体救助需求的基础上,才能编撰出准确的服务购买目录,提供合理的救助,保障被救助主体权益。为此,一方面应通过社会服务热线(微信)、领导信箱、便民服务平台等被救助主体救助需求表达平台的建构,保障被救助主体需求表达权和社会救助购买参与权;另一方面通过被救助主体救助需求调查机制的建构,以社会调查、听证会、民主恳谈会、委托机构调研等形式,积极获取被救助主体救助需求,从而为政府社会救助服务购买提供准确依据。

第二,社会组织社会救助服务购买信息整合机制的完善。社会救助组织作为服务生产者或承接者需要同时满足被救助主体和政府的需求,即“社会组织既要在个体需求偏好信息的基础上准确把握服务需求,对服务对象负责,使其生产的服务能够满足公众需求;又要了解和满足政府作为服务购买者的需求,使最终的公共服务供给效果达到服务购买方的预期目标”。④ 但由于政府是社会服务的直接购买者,决定着社会救助服务购买的方向(被救助主体服务满足的方向),往往出现政府偏好取代被救助主

① [德]阿图尔·考夫曼、温弗里德·哈斯默尔主编:《当代法哲学和法律理论导论》,郑永流译,法律出版社2002年版,第146页。

② 参见[德]黑格尔:《小逻辑》,贺麟译,商务印书馆1980年版,第254~255页。

③ [德]哈贝马斯:《在事实与规范之间:关于法律和民主法治国的商谈理论》,童世骏译,生活·读书·新知三联书店2003年版,第5页。

④ 张邦辉、李丹姣、蒋杰:《政府向社会组织购买公共服务中的公众需求表达机制探究》,载《改革》2020年第5期。

体需求的困境。为此,基于社会组织作为被救助主体与政府需求信息的整合者定位,为克服政府偏好取代被救助主体需求的困境,可赋予社会组织适当社会救助服务供给裁量权。当然,社会组织救助服务供给裁量权作为政府救助服务购买权利的补充,是以社会组织利用自身优势或社会(区)调查获取充分的被救助主体服务需求信息为基础的。赋予社会组织服务供给裁量权可以克服社会救助服务供给过程中社会组织与被救助主体的弱势地位,更好地实现主体间的互动与平衡。

第三,政府社会救助服务购买信息监督机制的完善。首先,政府社会救助服务购买信息监督程序的完善。一方面,信息公开是程序正义的本质体现,是被救助主体、社会组织参与、监督社会救助服务购买的必要前提,通过社会救助服务购买信息公开网络平台的建设,将社会救助服务购买计划、招投标、服务承接、服务供给以及服务反馈等信息予以公示,从而监督政府社会救助服务供给的同时,为社会组织承接服务、公众参与服务提供保障;另一方面,应对社会救助服务购买目录的公布、招投标程序、购买合同订立以及监督检查等社会救助服务购买程序予以明确、健全。其次,政府社会救助服务购买信息供给绩效评价机制的完善。绩效评价机制的完善是实现对政府社会救助服务购买信息监督的关键。绩效评价推动着政府社会救助服务信息的公开及其责任追究。政府社会救助服务购买信息供给绩效评价机制的完善应以被救助主体需求满足度为最终评价标准,以被救助主体需求满意程度、社会组织参与度以及政府社会救助服务购买信息公开程度等为核心要素建构合理的评价指标体系,从而保障多主体间社会救助服务信息的对等、多方角色功能的合理实现和社会救助服务购买的合理运行。

4. 政府社会救助供给监督机制的完善

自由只在国家权力不被滥用的条件下才存在,但一切国家权力都容易被滥用,国家权力的行使只有在被严格约束的条件下才可防止缺位、越位以及错位等现象。[①] 社会救助供给作为政府行政给付行为,意味着社会救助供给的过程实质上就是政府行政权力的行使过程。为此,要合理地实现社会救助的供给,保障弱势群体的权利,实现其自由,就必须对政府社会救助供给过程进行监督,以防止政府滥用行政权力。政府社会救助供给的监督由内部监督和外部监督共同构成。政府社会救助供给内部监督主要指专门机关或各级政府之间的相互监督。外部监督一般指权力机关、司法机

---

① 参见[法]孟德斯鸠:《论法的精神》(上),张雁深译,商务印书馆1995年版,第154页。

关以及社会力量等对政府社会救助供给的监督。虽然《暂行办法》第 57 条、第 59 条、第 64 条和《社会救助法(草案征求意见稿)》第 62 条、第 63 条、第 64 条分别对政府社会救助供给内部监督作出了规定,[①]但外部监督机制缺乏、内部监督机制亦有自身的缺陷,从而使我国政府社会救助供给监督面临着内外部监督双重不足的困境,必须予以完善。

第一,内部监督机制的拓补。虽然《暂行办法》《社会救助法(草案征求意见稿)》对内部监督机制作出了规定,但我国政府社会救助供给内部监督依然存在多头监管、专门监督主体独立性不足、问责机制缺失以及程序机制不合理等问题。现阶段要实现我国政府社会救助的合理供给,必须针对以上问题对内部监督机制予以完善。首先,建构行政监管协调机制。对政府社会救助供给的监督由于信息不对称、监督职责的重叠等原因使得上下级之间、平级主体之间在相互监督过程中存在着互相推诿或包庇的现象。为此,建立综合协调机构与综合监督信息网成为实现各监督主体互相配合、协调一致的关键。具体而言,可以建立由党委统一领导的各监督部门共同参加的监督协调委员会,从而对不同主体间的监督职责进行协调;可以通过信息交流和通报制度的建立,实现综合监督信息的互动,进而实现监督的合力,以保障监督的有序性和有效性[②]。其次,保障专门监督机构的独立性。虽然《暂行办法》《社会救助法(草案征求意见稿)》赋予了审计机关独立的审计职责,但审计机关依然隶属于所监督行政部门,受其领导,难以发挥应有的监督功能。因此,可以对审计机关实行垂直领导体制改革,使审计机关在职责、预算、行政任免等方面只受上级审计机关的领导监督,从而实现监督的独立性。再次,问责机制的完善。《暂行办法》第 66 条、第 67 条和《社会救助法(草案征求意见稿)》第 72 条、第 73 条只对直接责任人的违法责任作出了规定,同时与之相配套的《行政监察法》《公务员法》等法律规范对问责机制亦缺乏具体、全面规定,从而使具体问责过程中自由裁量随意、问责对象不明确(具体问责过程中往往重副职而轻正职、

① 《暂行办法》第 57 条规定“县级以上人民政府及其社会救助管理部门应当加强对社会救助工作的监督检查,完善相关监督管理制度”;第 59 条规定“县级以上人民政府社会救助管理部门和乡镇人民政府、街道办事处在履行社会救助职责过程中,可以查阅、记录、复制与社会救助事项有关的资料,询问与社会救助事项有关的单位、个人,要求其对相关情况作出说明,提供相关证明材料。有关单位、个人应当如实提供”;第 64 条规定“县级以上人民政府财政部门、审计机关依法对社会救助资金、物资的筹集、分配、管理和使用实施监督”。《社会救助法(草案征求意见稿)》第 62 ~ 64 条对内部监督的规定与《暂行办法》没有本质区别。

② 参见陈奇星:《中国公共行政监督机制现状分析与对策思考》,载《国家行政学院学报》2003 年第 3 期。

重过错而轻无为等）以及大事化小、小事化了等。为此，必须对具体的问责范围、类型（如行政责任、政治责任、法律责任）、条件、对象（对不同主体间的责、权予以合理划分）以及程序予以明确，建构责任第三方（专家）评估机制，从而实现被问责主体间权责的平衡与统一。最后，监督程序的完善。程序决定了法治与人治之间的基本区别，排斥恣意，“使法的变更合法化，使人的选择有序化”①。行政监督程序的合理与否关系着各主体间监督效果的真正实现。具体而言，针对现行监督程序的不合理之处，应进一步贯彻行政公开原则，建构相应的听证程序、旁听制度以及信息公开制度从而为监督提供可行性依据或进路，同时赋予被监督主体救济权利，如申诉权、行政复议权、诉权等。

第二，外部监督机制的合理建构。法治国家理论建构与实践运行的历史表明，对权力的监督来自该权力体系之外的力量将更有效。② 为此，除了对内部监督机制予以完善外，更应该注重外部监督机制的建构，从而形成内部监督与外部监督互动合作的双重监督体制。但目前《暂行办法》并未对人大、司法以及社会等外部监督机制作出规定，《社会救助法（草案征求意见稿）》亦只是做出了粗略性规定。为了实现对政府社会救助供给的监督，保障被救助主体权利，必须对外部监督机制予以完善。

首先，人大监督机制的完善。面对人大监督疲软的现实，一是设置人大监督委员会和人大监督专员制度。人大监督委员会专司监督职责，具体行使列席被监督机关会议、查询相关文件、纠正相关机关违法行为以及移送有关机关追究法律责任等监督职责，有利于提升人大监督的专业性与效率。③ 人大监督专员制度肇始于瑞典“议会司法专员公署制度”，是人大“拓展监督方式和救济渠道”的重要改革措施，而“人大监督专员由全国人大常委会派出……拥有关于调查事实、情况通报、人事处分建议、特殊权益救济和临时处置等多种职权”，可以很好满足特殊条件下对政府社会救助供给不当行为监管需要。④ 二是人大及其常委会作为权力机关对政府工作报告履行审议权的同时，应对各级人大监督质询机制予以完善，为监督政府社会救助供给提供制度保障。人大代表质询机制的设置，不仅可以发

① 季卫东：《法律程序的意义》，中国法制出版社 2004 年版，第 28 页。

② 参见曹延泅：《从纵向权力架构到横向权力架构：关于“权力制衡”的深度思考》，载《理论月刊》2011 年第 5 期。

③ 参见谭世贵：《我国人大监督制度的改革和重构》，载《海南大学学报（社会科学版）》1999 年第 1 期。

④ 参见俞荣根、莫于川：《观念更新、制度创新与人大监督——关于加强人大监督工作的思考与建议》，载《政治与法律》2000 年第 3 期。

挥人大代表所代表的最广泛民众的监督作用，也可以很好地保障人大监督的灵活性与有效性。针对启动主体门槛过高、质询内容模糊等原因而影响人大质询功能实现的困境，应在借鉴英法经验的基础上①，赋予个体人大代表质询权，同时对质询内容范围确立应“采取排除法，除非是国家明令禁止质询的事项不得质询外，其余事项都得接受质询”②，从而提升人大对政府社会救助供给的监督能力。三是人大监督问责机制的建构。问责机制是人大监督威慑力的体现，更是解决人大监督“疲软”的重要举措。人大应针对政府社会救助供给过程中不合理履行职责或不履行职责的情况，落实不信任投票、罢免、撤职以及引咎辞职审议等职责，依法对政府及其工作人员不当行为予以追究责任。同时，问责的落地也依赖于问责程序的完善。问责程序一般是“由一定数量的人大代表或者承担具体监督业务专门委员会根据监督发现的问题提出问责议案，由人大会议或常委会会议作出问责决定，责成相关单位执行”③。

其次，国家监察机制的完善。社会救助领域腐败问题时有发生，如何合理防止国家公职人员在救助过程中滥用权力，克扣、侵占、冒领、骗取社会救助资金，防止“人情保”“关系保”等不良现象的出现，维护被救助主体权利成为必须解决的问题。④ 随着《监察法》的实施，监察委员会作为监督所有公职人员违法犯罪的专门监察机关的地位得以确立。⑤ 但由于现行监察规范规定得过于宏观，监察委员会运行、保障机制的不合理，影响监察委员会监督功能的发挥，应予以完善。具体而言，一是建立监察官职业体

---

① 由议员提出质询案是英法等西方国家的通例，如在个人质询权设置之初，英国甚至对质询案提出的数量都未有限制，随着质询案的增加才逐步限制提出议案的数量。See N · Wilding and P · Laundy, *An Encyclopaedia of Parliament*, Cassel & Company Ltd. , 1971, p. 627. 法国人大询权则专属于议员。参见许振洲编著：《法国议会》，华夏出版社 2002 年版，第 234 页。

② 宋智敏、李云霖：《人大质询制度的反思与完善》，载《政治与法律》2012 年第 9 期。

③ 周佑勇：《对监督权的再监督——地方人大监督地方监察委员会的法治路径》，载《中外法学》2020 年第 2 期。

④ 如 2017 年云南陇川县民政局 56 名干部中就有 40 名干部职工的 82 名亲属违规享受低保。参见周根山：《这“四保”，一个也不能有！》，载《中国纪检监察报》2018 年 4 月 20 日，第 1 版。青海省玛多县黄河乡人武部部长侯长军侵占特困人员补助金 52.05 万元，黑龙江省依安县富饶乡兴信村原党总支书记李庆江侵占房屋改造补助金 15.55 万元。参见中国纪检监察报社：《中央纪委公开曝光六起扶贫领域腐败和作风问题典型案例》，载《中国纪检监察报》2018 年 4 月 20 日，第 1 版。天津市 2018 年 1 ~ 9 月共查处社会救助领域违纪问题 202 起，处理 249 人。参见徐丽丽、孟若水：《严查“雁过拔毛”护航脱贫攻坚》，载中华人民共和国中央人民政府网，http://www.gov.cn/xinwen/2018-10/19/content_5332349.htm，2019 年 11 月 15 日最后访问。

⑤ 《监察法》第 3 条规定“各级监察委员会是行使国家监察职能的专责机关，依照本法对所有行使公权力的公职人员进行监察，调查职务违法和职务犯罪，开展廉政建设和反腐败工作，维护宪法和法律的尊严”。

系,控制监察官职业标准,通过专门的职业资格考试提升监察官素养,确保监察官独立的监察地位,从而提升监察官处理问题的能力、公信力和权威性;[①]二是针对《监察法》较为宏观,难以为监察委员会运行提供合理制度保障的困境,应尽快出台《监察官法》、《国家监察程序法》以及《国家监察组织法》等相关配套立法;三是完善《监察法》与《刑法》《各级人民代表大会常务委员会监督法》《行政诉讼法》等多元法律的衔接,从而优化人大监督与国家监察、国家监察与刑事司法、国家监察与行政执法等多方面的衔接与配合[②]。

再次,司法监督机制的完善。司法权的存在为主体提供了有效、平等对抗国家权力的场合。[③] 司法监督是促使政府履行社会救助供给责任的重要保障,但社会救助作为公民的社会权利,《暂行办法》以及其他法律规范并未对其司法救济作出具体的规定。然而"相对于政府的保障责任而言,唯一可以从平等性和穷尽性来保障法律上人权的实际性的只有诉权"[④]。为此,针对政府社会救助的不作为行为,必须设置相应的诉权才可以真正维护公民社会救助权。具体而言,在《民事诉讼法》第 55 条和《关于检察公益诉讼案件适用法律若干问题的解释》的基础上[⑤],依据我国没有宪法审查机制的现实,可以借鉴印度的"社会行动诉讼"(公益诉讼机制),即当政府社会救助供给不作为时,检察机关、团体或个人均可基于公共利益的保护而提起诉讼,以寻求司法救济[⑥]。同时,借鉴美国公益诉讼制度中"穷尽行政救济"原则,设置诉讼前置程序,以防止司法干预的乱用或司法资源的浪费。[⑦]

最后,社会力量的合理发挥。社会监督是指在交往理性和社会公共利

---

① 参见蒋来用:《实现"高效"目标:打造国家监察体制改革"升级版"》,载《河南社会科学》2018 年第 7 期。

② 参见秦前红、刘怡达:《国家监察体制改革的法学关照:回顾与展望》,载《比较法研究》2019 年第 3 期。

③ 参见陈瑞华:《司法权的性质——以刑事司法为范例的分析》,载《法学研究》2000 年第 5 期。

④ 莫纪宏:《现代宪法的逻辑基础》,法律出版社 2001 年版,第 304 页。

⑤ 《民事诉讼法》第 55 条规定"对污染环境、侵害众多消费者合法权益等损害社会公共利益的行为,法律规定的机关和有关组织可以向人民法院提起诉讼",而 2020 年修订、2021 年 1 月 1 日实施的最高人民法院、最高人民检察院《关于检察公益诉讼案件适用法律若干问题的解释》则对人民法院、人民检察院在办理公益诉讼案件中如何合理的行使审判权、检察权做出了具体规定。

⑥ 参见郑贤君:《社会权利的司法救济》,载《法制与社会发展》2003 年第 2 期。

⑦ 参见冯彦君、汤闳淼:《社会法领域适用公益诉讼之证成》,载《社会科学战线》2016 年第 7 期。

益导向下社会力量通过“公共领域”①与国家相互作用，以合作共享的权力形态克服传统单一式国家权力的缺陷与传统民主模式的不足，从而“从外部对国家权力施加影响，以遏制国家权力的专横”，“使政府强制最小化，保障政治自由，改善公民生活”②。社会救助供给过程，是社会力量与公权力主体基于被救助主体生存权与发展权的保障、有限社会救助公共资源的合理配置以及和谐社会秩序的维护等共同价值追求，予以互动、协商，进而达成一致行动的过程。而社会力量对政府救助供给的监督内嵌于社会救助供给过程——在法治逻辑与商谈理论下，国家与社会相互嵌入、相互建构，从而“超越国家中心主义和社会中心主义，保持国家自主性与社会自主性的平衡，推动等级结构向网络结构转变，进一步向社会分权，创造一种分权化的合作制组织形式，实现权力共享，将公民参与公共事务的过程转变为权力监督的过程，使社会同意成为社会监督的内在动力，从而提升社会监督自主性”③。为此，在社会救助供给过程中，合理发挥社会力量对政府救助供给的监督，至少包含以下意蕴：一是社会组织、新闻媒体等社会力量必须具有独立法律主体地位、权能及意识，这是社会力量参与社会救助供给过程、监督政府社会救助供给行为、发挥社会监督作用的前提条件；二是社会组织、新闻媒体等社会主体将监督嵌入政府社会救助供给过程，关注多元主体不同利益需求，形成社会监督利益共同体，从而监督政府社会救助供给的同时，提升自身监督的自主性；三是在公共领域中，社会监督共同体话语权的实现（社会监督共同体、共同体利益及共同认知的形成）有赖于商谈理论与法律形式共同构成的建制化民主程序的保障，正如哈贝马斯所言，“公众讨论应当把意志变成理性，使私人观点得以公开竞争，并且在

① “公共领域”概念肇始于汉娜·阿伦特，系统阐述于尤尔根·哈贝马斯，托马斯·雅诺斯基、查尔斯·泰勒等则进一步深入研究。阿伦特从复兴古典共和主义立场提出了“公共领域”。See Hannah Arendt, *The Human Condition*, The University of Chicago Press, 1998, p. 50. “公共领域”是一个以“开放的、可渗透的、移动着的视域为特征”，“关于内容、观点，也就是意见的交往网络……交往之流被以一种特定方式加以过滤和综合，从而成为根据特定议题集束而成的公共意见或舆论”。[德]哈贝马斯：《在事实与规范之间：关于法律和民主法治国的商谈理论》，童世骏译，生活·读书·新知三联书店2003年版，第446页。“公共领域”作为一个公共空间，社会主体通过多元媒介相交互，进而进行意见交流，形成共识。See Charles Taylor, *Modern Social Imaginaries*, Duke University Press, 2004, p. 83. “公共领域”包含了“政党、利益团体、福利组织、社会运动和宗教团体”等系列组织形式，与国家领域、市场领域及私人领域共同构成了社会。See Thomas Janoski, *Citizenship and Civil Society: A Framework of Rights and Obligations in Liberal, Traditional and Social Democratic Regimes*, Cambridge University Press, 1998, p. 12 – 14.

② 郭道晖：《社会权力与公民社会》，译林出版社2009年版，第228页。

③ 蔡玉卿：《网格化管理视角下社会监督的逻辑、困境与超越》，载《行政论坛》2018年第4期。

切实关系到所有人利益的事物上达成共识”①,“使这种‘成束的’意见成为公共意见或舆论的,是它的形成方式,以及它所‘携带’的广泛的赞同”,并且“舆论界的政治影响——就像社会权力一样——只有通过建制化程序才能转变成政治权力”②。虽然2015年中共中央办公厅印发《关于加强社会主义协商民主建设的意见》从“协商渠道”“协商程序”“加强政党协商”“积极开展人大协商”“扎实推进政府协商”“进一步完善政协协商”“认真做好人民团体协商”“稳步推进基层协商”等方面提出了社会主义协商民主建设意见③,为社会监督多元主体间协商机制的完善提供了方向,但社会监督在主体意识、自主性、网络化监督结构(协商公共领域)以及相应法制等方面均存在缺失或不足,要合理发挥社会监督功能,亟待对其予以完善。一是应提升主体意识与自主性。主体性意识是社会监督功能实现的最根本的影响因素。社会组织、新闻媒体以及单一性个体等社会监督主体,一方面应认识到自己作为独立社会救助监督主体的价值,另一方面应意识到这种认识的社会性——监督主体将其他监督主体作为主体并尊重其主体性④。只有在主体意识提升的基础上,监督主体才能认识自身与他人主体地位、角色责任,积极行使监督权,从而“不应该仅仅追求自身利益,而且应追求公共利益”⑤,在利益实现中理解社会监督作为一项公共事业的功能,积极自主地行使社会救助监督权、履行角色责任。二是打破主体间僵化边界,建构网络化社会监督结构。网络化社会救助监督结构“打破了单项结构和垂直的官僚监管的中央集权的逻辑”⑥,突破了政府与社会、政府与被救助主体等传统主体间僵化的边界,形成了社会监督的多维主体互动与平衡的结构,使多元社会救助监督主体在结构化的监督网络中参与监督信息的交换,拓展监督主体知情权、参与权与表达权,实现多元主体对社会救助供给的合作治理。三是完善网络化社会救助监督相关法律,推动多元主体间协商、互动,保障多元主体话语权,提升多元主体行为可预期

---

① [德]哈贝马斯:《公共领域的结构转型》,曹卫东等译,学林出版社1999年版,第92页。

② [德]哈贝马斯:《在事实与规范之间:关于法律和民主法治国的商谈理论》,童世骏译,生活·读书·新知三联书店2003年版,第448~449页。

③ 参见中共中央:《中共中央印发〈关于加强社会主义协商民主建设的意见〉》,载中华人民共和国中央人民政府网,http://www.gov.cn/xinwen/2015-02/09/content_2816784.htm,2020年1月5日最后访问。

④ 参见[日]川岛武宜:《现代化与法》,王志安等译,中国政法大学出版社1994年版,第53页。

⑤ [美]乔治·弗雷德里克森:《公共行政的精神》,张成福等译,中国人民大学出版社2003年版,第37页。

⑥ [美]曼纽尔·卡斯特:《认同的力量》(第2版),曹荣湘译,社会科学文献出版社2006年版,第333页。

性，通过建制化的程序（程序法治）维护公共领域商谈的权威性、强制性。国家应进一步完善与细化信息公开、新闻法、互联网监管法、社会组织法等相关法律法规，推进和提升社会力量的参与能力，保障公众参与监督权的渠道的畅通，从而合理发挥新闻媒体、非政府组织等社会力量在政府社会救助供给中的监督作用。特别是随着互联网发展成为多元主体参与社会救助监督的新公共领域，如何更好地发挥互联网平台优势，防止主体行为恣意，推动多元主体平等对话、协商，完善互联网监管法至关重要。

第三章 户籍政策与社会救助立法的城乡一体化

社会救助立法作为维护弱势群体权利(尊严)的最后一道安全网,对公民生存权和发展权具有不可替代的作用。我国“社会救助法”自1994年列入全国人大常委会立法规划至今仍未出台,现行社会救助法律规范更带有城乡二元化的特征,无法实现城乡主体社会权利的平等保护。法律是由其所处国家的自然状态、人民生活方式、政治所能包容的自由度、立法者的目的以及所要维护的社会秩序所决定的。[①] 现代户籍政策作为产生于20世纪50年代高度集中的计划经济体制下的国家社会管理制度,贯穿于我国政治、经济、文化发展的始终,是国家特定政治、经济和社会的价值、功能的集中承载,影响着公民权利的配置和生活方式,是影响社会救助立法的重要背景。城乡二元户籍制度[②]衍生出二元化的社会救助法律规范,导致城乡公民社会权利不对等,从而有悖于社会救助立法的宗旨和价值理念,是社会救助立法的障碍,阻却了城乡一体化社会救助立法的制定和出台。“平等一定会带来一切福利,因为它团结所有的人,提高人们的品格,培养人们相互怀有善意和友爱的感情……不平等将为人们带来一切不幸,降低人们的品格,在人们中间散布不和与憎恨。”[③]为此,如何脱离二元户籍政策的影响,建构城乡一体化的社会救助立法以实现城乡公民社会权利合理保障成为必须予以解决的问题。

一、户籍政策的本质

一般意义上,户籍政策作为一项特定的国家行政管理制度,“是对户口和户籍进行管理的制度,是各级国家行政机关对其辖区范围内的户口进行调查、登记、申请,并按照一定原则进行立户、分类和编制的户口管理制

① 参见[法]孟德斯鸠:《论法的精神》(上),张雁深译,商务印书馆1995年版,第7页。

② 虽然2014年《国务院关于进一步推进户籍制度改革的意见》规定取消农业户口与非农业户口的区分,实施统一的户口等级制度,但并没有根本上改变户籍制度所承载的特定利益。形式上的统一并不能消除农业户口和非农户口间所承载的利益的区别。

③ [法]马布利:《马布利选集》,何清新译,商务印书馆2010年版,第103页。

度"[①]。户籍制度是随着国家和个体家庭的出现而出现的。我国户籍制度滥觞于夏商时期，自诞生之日起其功能就不同于西方国家户籍制度仅仅承担人口统计和管理职能，而是政府多元功能的集合，具有明显的工具理性主义色彩，正如俞德鹏所言，"现行户籍制度便不是一个纯粹意义上的户籍行政管理制度，而是以户籍身份制度和人口迁徙禁锢制度为核心的与户籍身份、户籍管理有关的一系列社会具体制度的总称"。[②] 我国古代户籍制度除了基本的人口统计、身份证明功能外，还承载着赋税、徭役征派、治安、社会福利分配等多种不同的功能，只是随着时代的变迁和社会的现实需求而不断变化而已。[③] 1958 年《中华人民共和国户口登记条例》的颁布标志着我国严格的城乡二元化户籍制度的正式形成。[④] 城乡二元化户籍制度的本质不仅仅在于以"身份"为基础将户籍分为"农业户口"和"非农业户口"，更为关键的是将特定的经济功能、政治功能和社会福利配置功能等内嵌于其中，从而使户籍政策具有固化身份和利益（资源）配置的功能，使城乡不同户籍人口在社会公共物品或社会福利的获取上存在差异。[⑤] 当然，暂时实施这种差异化户籍制度是由于当时我国经济社会发展的特殊国情所决定——暂时通过"对内采取工农业剪刀差的方式进行工业化的资本原始积累"[⑥]，以满足国家经济快速健康发展的客观要求，推动重工业建设，

---

① 马福云：《户籍制度研究：权益化及其变革》，中国社会出版社 2013 年版，第 2 页。

② 俞德鹏：《城乡社会：从隔离走向开放——中国户籍制度与户籍法研究》，山东人民出版社 2002 年版，第 1 页。

③ 如周朝对国人采取"九夫为井"，对野人采取"十夫为沟"的人口编制法，户籍既具有人口统计功能，又是阶级分层的标志；秦国采取户籍相伍制度（连坐）以维护治安秩序；古代户籍所统计的人口是征收税赋和徭役的标准，直到清中期"摊丁入亩"制度采取为止，等等。

④ 我国户籍制度经历了绝对严格限制阶段（1958 ~ 1977 年）（以 1958 年《户口登记条例》颁布为标志）、计划经济下的松动阶段（1978 ~ 1991 年）（以《关于解决部分专业技术干部的农村家属迁往城镇由国家供应粮食问题的规定》《关于一九八四年农村工作的通知》《关于农民进入集镇落户问题的通知》等文件精神为主导）、市场经济转轨下的有限突破阶段（1992 ~ 2001 年）（以 1992 年《关于实行当地有效城镇居民户口制度的通知》、1993 年《关于户籍制度改革的决定》及 2001 年《关于推进小城镇户籍管理制度改革的意见》等规定为标志）、基本公共服务均等化建构阶段（2002 ~ 2011 年）（以 2002 年《党的十六大报告》、2006 年国务院《关于解决农民工问题的若干意见》及 2008 年中共中央《关于推进农村改革发展若干重大问题的决定》等规定精神为标志）、新型城镇化进程下户籍改革推进阶段（2012 年至今）（以 2012 年国务院办公厅《关于积极稳妥推进户籍管理制度改革的通知》、2014 年国务院《关于进一步推进户籍制度改革的意见》、2015 年《居住证暂行条例》及 2017 年《党的十九大报告》相关规定为标志）。参见赵军洁、范毅：《改革开放以来户籍制度改革的历史考察和现实关照》，载《经济学家》2019 年第 3 期。虽然城乡二元户籍制度经历了不同发展阶段，并出台了一系列相关政策，使严格的城乡二元户籍制度有所松动，但并未发生本质性变化。

⑤ See Mark Selden, *The Political Economy of Chinese Socialism*, New York, 1988, p. 130.

⑥ 邹一南：《户籍制度改革的内生逻辑与政策选择》，载《经济学家》2015 年第 4 期。

最终实现共同富裕。随着转型期市场经济的发展，地区间的人口流动成为必然的趋势，对严格二元户籍制度的改革逐步推进，如我国不同地区逐步推行的蓝印户口政策、积分户口政策、土地换户口政策等①。这些户籍制度改革措施一定程度上满足了部分社会主体对城市户籍的客观需求，实现了某些地方政府吸引资金、人才以推进地方经济发展的目标，但无论是蓝印户口政策、积分户口政策，还是土地换户口政策改革都未从根本上适应社会对户籍的客观要求，以改变城乡二元户籍格局。2014 年《国务院关于进一步推进户籍制度改革的意见》取消了"农业户口"与"非农户口"的区分，采取统一居民户口政策，是一次历史性进步，从形式上统一了我国户籍制度，但依附于户籍制度之上的城乡居民权利的平衡配置问题仍有待于进一步深化改革。这也是为什么 2017 年党的十九大报告依然强调要加快推进农业转移人口城镇化和基本公共服务均等化的原因。综上而言，我国户籍政策"从来就不单纯是一种居住登记，在城乡二元结构下还涵带有一套价值和福利意蕴"②。我国正积极致力于城乡二元户籍制度改革，也从形式上实现了城乡户籍制度的统一，但依附于城乡户籍制度之上的利益配置问题仍有待于进一步深化改革，从而更好地保障以人为本和社会公平价值目标的实现。③

二、户籍政策对城乡一体化社会救助立法的阻却

户籍政策具有社会福利配置功能。城乡户籍政策的差异伴随着城乡福利配置的不均衡，导致城乡公民社会救助权利保障和社会救助立法的二元化，严重阻碍了城乡一体化社会救助的形成。

第一，城乡二元户籍制度导致城乡公民社会救助权保障的不对等。现代社会救助已不同于传统基于施舍恩赐的救济制度，而是随着自由法治国

---

① 1994～2000 年，上海、广州、深圳等地为了促进低迷的房地产的发展，而推出蓝印户口政策以促进房地产业的发展。同时，为了鼓励投资，只要投资达到一定数额亦可获得蓝印户口，如外商投资满 20 万美元、国内单位或个人投资满 100 万元可获得一个蓝印户口。2002 年上海为了吸引人才推动经济发展，而采取积分户口制度。2010 年重庆推行城乡统筹户籍制度改革，对在城市具有稳定就业、收入的农村人口实施土地换户口制度（取得城市户口但必须放弃农村土地）。

② 吴开亚、张力：《发展主义政府与城市落户门槛：关于户籍制度改革的反思》，载《社会学研究》2010 年第 6 期。

③ 如无论是 2019 年实施《广州市引进人才入户管理办法》（穗府办规〔2018〕30 号）、《广州市积分制入户管理办法》（穗府办规〔2018〕32 号），还是 2018 年实施的《上海市居住证积分管理办法》（沪府发〔2017〕98 号），都将学历、技术职称、技能等级作为重要考量指标，户籍政策很大程度上依然是各地抢夺人才、推动经济发展的工具。

向社会国的发展社会权利①作为基本人权逐渐得到共同体认同而发展的，是一切主体都平等享有的基本权利。然而，我国社会救助法律规范建构在二元户籍制度基础之上，从而使社会救助在先天上就具有城乡二元性和社会救助权利保障的不对等性。因为当代中国户籍制度与社会资源配置、利益分配密切相关，“户籍身份成为资源和权力有差别配置和分配的合法化标准和依据……个人在某一地区如果不具有本地户口，那么就不能享有其他人能够享有的居住、就业、受教育……等各种权利”。② 正是这种后天的户籍制度人为赋予的户籍身份决定了城乡公民在社会救助权利保障上的差异。具体而言：一是二元户籍制度使得农村户籍（如进城务工人员）在城市中不具有社会救助权利的权利能力（资格），而权利能力则是“农业户口”的弱势群体享有平等社会救助权利的逻辑起点；二是二元户籍制度导致城乡社会救助权利保障的范围和标准（量）不对等。不同户籍弱势群体在社会救助权利类型及具体社会救助权利所承载的利益水平上各不相同。二元户籍制度引发和固化了不同户籍弱势群体社会救助权利保障在“质”与“量”上的不对等，但“作为整体的社会无权对另外一些人加以歧视，正如国家不能任意排斥部分社会成员一样。也就是说，如果某类行为涉及社会公共服务的范围，这种歧视别人的自由就必然有所限制”③。虽然我国一直积极致力于户籍政策改革以推动公共服务均等化，但不同户籍弱势群体间社会福利的均等化变革仍有待于进一步深化。为此，为应对城乡二元户籍制度带来的社会救助权利保障的不对等，实现城乡一体化社会救助权利的平等保障应积极规避二元户籍制度这一户籍身份利益配置平台带来的消极影响。

第二，城乡二元户籍制度导致城乡社会救助制度的二元化。我国户籍政策关涉公民权利的配置，不同主体间户籍的差异，使以户籍制度为基础的相关制度对权利保障存在差异。我国社会救助制度作为基本的利益再

---

① 18世纪的公民权利赋予了公民以自由，但仅仅是形式上的。随着经济的发展、社会的进步以及主体个人禀赋、兴趣、运气等因素的不同，社会良性的、合理的秩序发生了偏差，从而导致公民事实上的不平等。为此，马歇尔在《公民权利和社会阶层》中提出了社会权利的概念，认为公民权可分为公民权利、政治权利和社会权利。社会权利是指从某种程度的经济福利与保障权利到分享社会发展成果并依据社会普遍生活标准享受文明生活成果等一系列的权利。社会权利是公民权利混合体的一部分，社会权利源自公民在社会中应当拥有的地位，决定了个人获得公正的类型和途径，同时也决定了主体参与其所属之共同体事务管理的方式。国家需通过公共财政和社会保障来确保公民社会权利。See T. H. Marshall, *Citizenship and Social Class and Other Essays*, Cambridge University Press, 1950, p. 10 – 29.

② 陆益龙：《户籍制度——控制与社会差别》，商务印书馆2003年版，第446页。

③ 胡玉鸿：《个人的法哲学叙述》，山东大学出版社2008年版，第492页。

配置机制长期与户籍制度相捆绑，导致城乡社会救助制度的二元化，而二元化的社会救助制度及其制度惯性则进一步固化城乡二元户籍制度及其背后所承载的利益，从而进一步加深城乡社会救助制度的二元化。计划经济时期，我国建构了以国家财政资金支持的、企事业单位和行政部门工作人员为对象的就业救助为核心的城市社会救助制度的同时，建构了以土地为基础的、集体和家庭为救助责任主体的生活救助为核心的农村困难家庭救助制度。随着改革开放的实施、计划经济的逐步瓦解，由集体所保障的农村困难家庭和由国家供养的城市困难群体被推向社会。为了对转型期弱势群体基本生存权进行保障，我国先后对农村的扶贫、救困（如五保）制度与城市社会救助制度进行改革，先后出台了《农村五保供养工作条例》（1994）、《城市居民最低生活保障条例》（1999）、《民政部、卫生部、财政部关于实施农村医疗救助的意见》（2003）、《城市生活无着的流浪乞讨人员救助管理办法》（2003）、《法律援助条例》（2003）、《关于建立城市医疗救助制度试点工作的意见》（2005）、《农村五保供养工作条例》（2006 新修订）以及《自然灾害救助条例》（2010）等城乡二元化的社会救助制度。2014 年《暂行办法》的出台更标志着我国形成了以最低生活保障制度为核心，以医疗救助、住房救助、教育救助、就业救助等专项救助制度和以灾难救助、临时救助等特殊救助制度为辅助的社会救助体系。虽然《暂行办法》形式上追求社会救助的城乡一体化，但实质上城乡社会救助在保障项目、水平、资金、运行机制等方面依然存在二元化。首先，城乡社会救助保障项目和保障水平存在差异。城镇社会救助体系比农村社会救助体系完善得多，城镇居民实际享有的公共服务项目数量远多于农村居民。农村弱势群体在住房救助、就业救助、流浪人员救助等具体救助权利的享有上依然处于劣势地位。如城市流浪人员乞讨制度的建构对于在城市流浪的生活无着落的弱势群体权利保障具有重要意义，而农村同样具有流浪乞讨人员，对于其生活的保障却处于空缺状态。同时，即便城乡均有的最低生活保障制度，城镇居民的保障金额和覆盖面也大大地超过农村居民的最低生活保障金额和覆盖面。如 2014 ~ 2018 年城市最低生活保障月平均标准分别为 411 元/人、451. 1 元/人、494. 6 元/人、540. 6 元/人和 579. 7 元/人，而农村最低生活保障月平均补助水平分别为 231. 4 元/人、264. 8 元/人、312 元/人、358 元/人和 402 元/人，[①]而同时现

① 以上数据通过中华人民共和国民政部公布的《2014 年社会服务发展统计公报》《2015 年社会服务发展统计公报》《2016 年社会服务发展统计公报》《2017 年社会服务发展统计公报》《2018 年民政事业发展统计公报》获取。参见民政部：《统计公报》，载中华人民共和国民政部网，2008 年 1 月 ~ 2020 年 9 月 8 日，http://www.mca.gov.cn/wap/article/sj/tjgb/，2020 年 1 月 15 日最后访问。

行城乡基本生活保障成本的差距是否有补助水平那么大的差距值得更进一步思考。其次,社会救助资金供给机制不同。现行城市社会救助筹资渠道包含中央和地方财政支持。城市社会救助资金中很大一部分由中央政府拨付,但农村社会救助筹资渠道主要由地方政府财政支持。由于地方政府财力的限制和地区间经济社会发展的不平衡,使农村社会救助的资金保障存在不同,从而带来了城乡社会救助保障水平和社会救助权利实现的差异。虽然近年来中央和地方财政加大了对农村社会救助的支持力度,但支持力度和城市社会救助相比仍存在较大差距。最后,城乡社会救助运行机制存在差异。城乡社会救助的申请、审核以及监管等运行过程,由于所涉及的具体管理主体不同而不同。农村弱势群体申请社会救助一般均由民政部门管理,而城市弱势群体申请社会救助则因申请项目的不同而不同。城乡社会救助运行体系的二元化将不利于城乡弱势群体社会救助权的平等保护。另外,作为最基层的管理主体村民委员会和居民委员会由于非专业性和城乡差异性亦不利于社会救助的统一管理。

综上而言,由于户籍政策具有社会福利配置功能,不同的户籍政策意味着主体社会福利权保障的差异。建构于城乡二元户籍制度基础上的城乡社会救助制度由于户籍政策的先天因素影响而具有二元性,同时城乡二元社会救助制度建构又进一步强化了户籍政策的效果。为此,要克服户籍政策的阻却,实现城乡社会救助一体化,一方面在于使社会救助立法脱离户籍政策的先天影响;另一方面则在于自身制度的城乡一体化建构。

三、城乡一体化社会救助立法的完善

虽然我国已形成了以城乡低保为核心,以医疗救助、住房救助、灾难救助以及教育救助等为内容的社会救助体系,但由于深受户籍制度惯性的影响,城乡二元化的社会救助立法并未得到根本性改观,从而使本应作为社会公平承载和修正机制的社会救助立法在事实与规范间存在巨大的张力,在工具理性和价值理性间存在着巨大的冲突或矛盾。为此,在解构户籍制度桎梏的基础上,以实质公平为导向,建构和完善城乡一体化的社会救助立法成为解决我国现行社会救助立法困境、实现多方权益平衡和维护和谐社会秩序的可行性路径之一。

(一)城乡一体化社会救助立法的本质

城乡一体化在于改变传统城乡分治的体制安排,将城乡作为一个整体予以考量,通过深化体制改革消除城乡壁垒,实现城乡在时间、空间和内容上的关联、互动、融合和平等。① 城乡一体化社会救助立法是指立法者在制定社会救助法律法规时应全面考虑城乡政治、经济、文化的发展情况,建构城乡均衡的法律制度,给予城乡主体平等的权利,实现对城乡主体平等的保护。② 具体而言,城乡一体化社会救助立法以实质公平为导向,是工具理性和价值理性的统一。

1. 城乡一体化社会救助立法以实质公平为导向

公平是人类社会亘古不变的主题,是法律永恒的价值追求。虽然不同学科的不同学者从不同视角对公平予以了论述——公平是德性的总汇,强调主体间以平等对待平等;③公平是使不同主体应该获得的归于不同主体;④公平要求"同样情况同样对待""不同情况不同对待"⑤,但整体而言公平是对主体间关系的评述,公平只有在主体与主体间的关系中才有意义⑥。也正是在此意义上,公平成为对主体间关系固定化的社会制度的评价标准和价值导向,正如学者所言,"一个公平正义的社会基本制度安排,尤其是公平正义的社会政治制度安排,既是社会基本制度建设的根本目标,也是社会基本制度建设的最高成就"⑦。由于受个体(社会)的政治立场、社会需求、道德观念以及认知水平等因素的影响,不同时期主体(社会)对公平的认知并不相同,人们对公平的认知亦在以上因素的综合变迁中不断地发展。而不同的公平理论影响和决定着不同形式的法律,公平理论的演进、发展推动和促进着法律的发展、变革和现代化的进程。源于古罗马法的近代民法理论正是先贤们为了反对中世纪的黑暗、追求绝对的平等和自由,以形式公平为导向、以财产权为中心、以个人权利为本位而建构的。作为形式公平制度模型的民(私)法对于人性的解放、个体地位的独立和自由资本主义经济的发展起到了巨大的作用。但随着市场经济发展的深入,作为形式公平模型的民(私)法不仅不能使主体享有同样的自由

---

① 参见任淑艳等:《城乡一体化发展视域下的公共产品公平供给》,中共党史出版社 2013 年版,第 270 页。

② 参见蒋悟真:《我国社会救助立法理念及其维度——兼评〈社会救助法(征求意见稿)〉的完善》,载《法学家》2013 年第 6 期。

③ 参见[古希腊]亚里士多德:《尼各马科伦理学》,苗力田译,中国人民大学出版社 2003 年版,第 94 页。

④ 参见[意大利]托马斯·阿奎那:《阿奎那政治著作选》,马清槐译,商务印书馆 1963 年版,第 139 页。

⑤ [英]哈特:《法律的概念》(第 2 版),许家馨、李冠宜译,法律出版社 2011 年版,第 145 页。

⑥ 参见[英]彼得·斯坦、约翰·香德:《西方社会的法律价值》,王献平译,中国法制出版社 2004 年版,第 89 页。

⑦ 万俊人:《"和谐社会"及其道德基础》,载《马克思主义与现实》2015 年第 1 期。

而实现人性的解放，反而使民（私）法完全有可能成为保护强者的工具，导致实质的不平等。[①] 面对形式公平的不足和民法的困境，罗尔斯提出实质公平理念："每个人对与所有人所拥有的最广泛平等的基本自由体系相容的类似自由体系都应有一种平等的权利"，同时面对社会和经济的不平等时，应"在与正义的储存原则一致的情况下，适合于最少受惠者的利益，并且依系于在机会公平的条件下职务和地位向所有人开放"。[②] 实质公平表明了人们在经受了追求自由和人性解放的挫折后，希望通过对民（私）法这种形式公平模型进行制度的更新和变革，以重新配置不同主体间的权责从而重塑现代社会秩序的合乎价值理性的愿望。为此，实质公平价值理念的实现必须借助特定的制度模型，成为推动法律发展的内在动力和精神，而特定的制度模型则成为实质公平的外在形式和制度载体。20 世纪中期不同国家先后推出社会救助立法正是对实质公平理念追求作出的积极回应，我国城乡一体化的社会救助立法亦是如此。之所以说城乡一体化的社会救助立法是实质公平的制度模型之一，是因为城乡一体化的社会救助立法立基于社会整体利益，以人为本位，蕴含实质公平精神，以实质公平为导向。首先，城乡一体化社会救助立法注重起点公平。城乡一体化社会救助立法作为弱势群体权益保障的最后一道安全网，围绕公民社会权利而建构，克服了形式平等对人格的抽象，在权利义务配置中，针对不同主体具体人格的不同而采取有差别的倾斜性的权利义务配置，进而保障起点公平。其次，城乡一体化社会救助立法注重机会公平。"现代社会正义观中最受重视的是机会平等"[③]，机会平等是实现社会正义的一项重要价值理念和行为准则，是形式法治的外在表现。机会平等视野中的平等，并不保证站在起跑线上的人一定可以通过个人努力获得均一化的结果，只需要在社会构造的形式上保证机会均等即可。[④] 城乡一体化社会救助立法既克服了城乡二元化社会救助立法的不平等，更克服了形式公平对传统绝对契约自由的追寻，而追求有条件的相对的自由。城乡一体化社会救助立法正是面对日益严重的社会冲突，为保障公民社会权利，在社会整体利益的限度下（维续文明社会生活所必需），对各方主体利益、自由进行再配置的结果，

---

① 参见胡光志：《人性经济法论》，法律出版社 2010 年版，第 62 页。

② ［美］约翰·罗尔斯：《正义论》，何怀宏、何包钢、廖申白译，中国社会科学出版社 2009 年版，第 237 页。

③ John E. Roemer, *Equality of Opportunity: A Progress Report*, 19 Social Choice and Welfare 621 (2002).

④ 参见［日］大须贺明：《生存权论》，林浩译，法律出版社 2001 年版，第 33 页。

正如莱斯特·沃德所言,“机会公平存在于社会对不平等的社会条件进行强制干预的人为的平等之中”①。最后,城乡一体化社会救助立法注重结果公平。结果公平是起点公平和机会公平动态发展过程的表现,是在承认主体差异(能力、天赋以及老弱病残等条件)基础上,对传统形式公平进行矫正的结果。② 一方面,城乡一体化社会救助立法是在罗尔斯“差别原则”导向下,针对社会弱势群体而建构的特定规则;另一方面,城乡一体化社会救助立法旨在克服城乡不同主体间社会救助权利保障结果上的不平等,追求法律实施最终效果上的公平。城乡一体化社会救助立法作为实质公平的制度承载,是起点公平、机会公平和结果公平的统一。

2. 城乡一体化社会救助立法是工具理性和价值理性的统一

对理性的认知源自于古希腊哲学的“理性主义”——人可以通过理性确定知识,找到解决问题秩序原则和方法。③ 马克斯·韦伯在“理性主义”基础上,通过对社会行动的考察,将理性分为工具理性和价值理性。工具理性是“决定于对客体在环境中的表现和他人的表现的预期,行动者会把这些预期用作‘条件’或者‘手段’,以实现自身的理性追求和特定目标”④。工具理性关注是什么的问题,强调手段与目的间的合理性,以具有形式理性品格(精确性、规范性、可计算性、可操作性、程序性等特征)的规则体系或方法为技术工具,以效率至上为原则,以解决实际问题的功效为最终的价值追寻,表现了主体在社会行动中运用理念、逻辑、技术工具或方法解决社会问题、实现特定行为目标的能力。价值理性是“决定于对某种包含在特定行为方式中的无条件的内在价值的自觉信仰,无论该价值是伦理的、美学的、宗教的还是其他的什么东西,只追求这种行为本身,而不管其成败与否”⑤。价值理性回答的是应该是什么的问题,强调主体在社会行动中对特定价值或理念的坚持和信仰,特定的价值或理念成为评价社会行动成败的最终标准。工具理性和价值理性间并非绝对的对立关系,而是辩证统一的关系——价值理性的实现必须诉诸工具理性的依托,工具理性在“手

① Lester F. Ward, *Applied Sociology*, Boston, 1906, p. 22.

② 参见蒋悟真:《论竞争法的基本精神》,上海三联书店2008年版,第148页。

③ 众多古希腊哲学家在反对“怀疑论”的基础上提出了“理性主义”,强调通过理性压制感性,追求真理。如亚里士多德认为“人是理性的动物”;西塞罗认为“完美的理性存在于我们人性的深处”,等等。[美]罗兰·斯特龙伯格:《西方现代思想史》,刘北城、赵国新译,金城出版社2012年版,第5~6页。

④ [德]马克斯·韦伯:《经济与社会》(第1卷),阎克文译,上海人民出版社2010年版,第114页。

⑤ 同上。

段—目标”的模式下必须以一定的价值(合目的性)为导向,忽视工具理性的绝对的价值理性是一种乌托邦式的空想,忽视价值理性的绝对的工具理性则必然导致对道德、法律,甚至主体人格的无视,导致人的物化。

社会救助立法经历了从工具理性逐步走向工具理性与价值理性相统一的过程。随着启蒙运动的洗礼和自然科学技术的发展,以追求功用和效率为目标的工具理性得到了突飞猛进的发展,正日益挤压着价值理性的空间,使得工具理性逐渐背离了传统古希腊“理性主义”思想,使得主体只关心技术本身而忽视技术所承载的目的性,使人日益的物化,成为单向度、工具化的人①。在这种特定背景下,社会救助立法亦表现出特有的工具理性特征,即社会救助立法仅仅追求功用和效率,而忽视价值的追求。第一,社会救助立法承载着特定的功能性。社会救助立法成为国家实现特定政治、经济和社会目的的工具,而非保障公民社会权利之法。如日本的社会救助法在于维护社会公共治安和保障社会卫生的特定需求②;欧洲国家的社会救助法则在于国家经济的原始积累和对工人的需求③。我国城乡二元化的社会救助立法同样具有工具理性的特征——社会救助立法依托户籍制度,在改革开放前对城乡主体实施区别对待,更多的在于限制农村公民流入城市,获取农业剪刀差,推动城市重工业的发展;在改革开放后,社会救助等社会福利政策成为引进人才、吸引资金推动经济社会发展的手段。第二,社会救助立法的工具理性表现为对形式理性的过度追寻。实证主义法学提出“法律就是法律”“法律是人的命令”“法律与道德无涉”“法律是一个封闭性的逻辑系统”等观点④,将形式理性推向极致。社会救助立法要实现工具理性的功能就必须满足稳定性、公开性、明确性以及程序正义等八项法治原则⑤。社会救助立法的形式理性使社会救助立法与具体的价值、目的、信仰和主体人格不再具有联系,变成一台精确运行的机器,使社会救助立法自身实现工具理性逻辑自足的同时,保障社会救助不同主体对自身行为的准确预期和安排。由于过度工具理性与价值、道德以及信仰无涉,社会救助立法的工具理性在使社会救助具有明确性、公开性、稳定性和主体行为准确预期的同时,亦使被救助主体具有物化的风险,从而最终不

① 参见[美]赫伯特·马尔库塞:《单向度的人:发达工业社会意识形态研究》,刘继译,上海译文出版社2008年版,第42页。

② 参见[日]大须贺明:《生存权论》,林浩译,法律出版社2001年版,第16页。

③ 参见丁建定:《西方国家社会保障制度史》,高等教育出版社2010年版,第37、121、122页。

④ See H. L. A. Hart, *The Concept of Law*, Oxford University Press, 1961, p. 253.

⑤ 参见[英]约瑟夫·拉兹:《法律的权威——法律与道德论文集》,朱峰译,法律出版社2005年版,第190页。

仅不能实现公平、正义等价值，对被救助主体权利予以保护，更导致了制度悖论——社会断裂、贫富差距以及社会冲突等问题日益尖锐，被救助主体状况亦未改善，反而被甩到了社会体制之外。社会救助立法功效和目标的真正实现，必须引入价值理性，从而实现社会救助立法工具理性与价值理性的统一。因为每次理性活动前，都必须对情感活动予以评价，只有对主体的价值予以关注，主体才表现得有意义。[①] 为此，我国社会救助立法要克服工具理性的弊端，必须立基于保障被救助主体权利的最高目标，以实质公平为导向。正是在此意义上，我国城乡一体化的社会救助立法必须是工具理性与价值理性的统一。

（二）城乡一体化社会救助具体法律机制的完善

虽然以生存权和发展权为内容的社会救助权得到了普遍认同，国家承担着履行社会救助的法定职责，但由于特定政治、经济、文化和社会条件的限制，城乡社会救助立法的二元化导致城乡居民社会救助权在实现程度上存在着巨大差异。城乡二元化的社会救助立法既不利于社会救助权的平等保护，也有违公平正义的法治精神。城乡一体化的社会救助立法的完善成为公民权利平等保护和国家法治建设必须面对的问题。当然，要建构、完善城乡一体化社会救助立法机制平等保障公民社会救助权利就应立基于整体主义视角，在实质公平导向下，实现社会救助立法机制工具理性和价值理性的统一。

1. 社会救助立法位阶的提升

立法的目的在于将权利义务以成文法的形式固定下来，以实现权利保障的规范化、制度化。城乡一体化社会救助立法机制的完善在于以城乡困难居民的生存发展权为本位，将处在弱势地位缺乏有效法律保障的社会救助权，通过立法程序，制定相应的单项配套法律法规，对社会救助权的基本范畴、行使程序和保障监督等进行详细规定，以成文法的形式对社会救助权的实现和保护给予国家强制力的保障。在当前我国社会救助法律体系中，高位阶的社会救助立法并不多，除了《暂行办法》《城市居民最低生活保障条例》《农村五保供养工作条例》《城市生活无着的流浪乞讨人员救助管理办法》《法律援助条例》《自然灾害救助条例》等行政法规外，主要是一些规范性文件或政策规定，位阶和效力均较低，政策性较强，实施弹性较大，不利于公民权利的保护和社会救助工作的持续、稳定开展。因此，推进城乡一体化社会救助立法机制的完善，提高社会救助立法层级（位阶），加快社会救助法真正出台，以减少社会救助具体实施中的不确定性，成为必须解决的问题。

---

① 参见［德］拉普：《技术哲学导论》，刘武等译，辽宁科学技术出版社 1986 年版，第 7～8 页。

正如实证主义法学巨匠凯尔森所称,法律秩序是一个不同等级的诸多规范的等级体系——较低级规范的创造被较高级的规范所决定,较高级的规范又被更高级的规范所决定,这一过程以作为整个法律秩序的效力的最高理由的基础规范(宪法规范)为终点,这些规范构成了这一法律秩序的统一体。① 社会救助法律体系作为一个规范体系,同样应该是一个以基础规范(宪法规范)为终点的不同层级规范间互动的规范体系。之所以说社会救助法律体系是一个以宪法规范为终点的法律体系,是因为社会救助权作为共同体普遍认同的权利是公民的基本人权,只有宪法规范的效力的规定才能予以更好的保护②。社会救助法规范体系的品质(稳定性、确定性、公开性、可操作性、逻辑性等)决定了社会救助法理念、有限社会救助资源的合理配置、各救助主体权利均衡配置以及良性社会救助秩序的实现程度。虽然我国现已建构以宪法规范为基础,以《暂行办法》《城市居民最低生活保障条例》等为内容的社会救助法律体系,但由于《社会救助法》的缺失使得社会救助法律体系难以形成一个低层规范不断向高层规范回归递进的严密的逻辑体系,从而使得社会救助规范体系稳定性、确定性、逻辑性等形式理性品质不足,难以合理地保障公民社会救助权。具体而言,《暂行办法》作为除《宪法》外最高的社会救助规范与地方性法规间的逻辑层级关系并不是当然的是“上位法”与“下位法”的关系③。因为无论是从权力的等级上,还是事项的包容性上都不能证明两者间的关系,存在适用上的冲突。④《社会救助法》才是社会救助地方性法规的“母法”。为此,只有出台《社会救助法》才可以克服现行社会救助规范体系的缺陷,保障社会救助法规范体系的品质,实现社会救助法规范体系的逻辑自足。正是在此意义上,我国社会救助立法应提升法律位阶。

2. 城乡一体化社会救助管理体制的改革

现阶段我国社会救助的管理与实施主要由民政部门予以统筹,由卫健

---

① 参见[奥地利]凯尔森:《法与国家的一般理论》,沈宗灵译,中国大百科全书出版社1996年版,第141页。

② 现实中众多国家均在宪法规范中对公民社会救助权利作出规定,如日本最早在1945年《宪法》就对社会救助权作出规定;我国《宪法》第45条规定“中华人民共和国公民在年老、疾病或者丧失劳动能力的情况下,有从国家和社会获得物质帮助的权利”等。

③ 虽然依据我国现行《宪法》第100条、《立法法》第72条之规定,行政法规是地方性法规的上位(母)法。

④ 权力等级上《暂行办法》属于行政法规,是由国务院(最高行政机关)制定,而地方性法规由地方性人大(权力机关)制定,难以做出区分。同时,行政法规作为对行政执法、行政管理职权事项的规定,在立法事项范围上并不包含对地方事项做出综合性规定的地方性法规。参见胡玉鸿:《试论法律位阶划分的标准——兼及行政法规与地方性法规之间的位阶问题》,载《中国法学》2004年第3期。

委、教育部、住房和城乡建设部以及人力资源和社会保障部等多部门，按照各自职责管理相应的社会救助工作。现阶段我国社会救助组织的管理存在政出多门、分散管理、多头管理的问题，并不利于各部门的协调，反而会出现互相推诿的现象从而降低社会救助的效率，而且各部门负责社会救助工作的多不是专职人员，很多是借用、兼职，这就导致社会救助工作缺乏专业性，同时造成社会救助资源的分配不均和重复救助等不公平现象，阻碍了社会救助扶危济困功能的有效发挥。同时，目前我国地级市以上政府的民政部门均设有专门的社会救助局（司），但是在工作任务最重、最需要专门机构的县级民政部门却没有相关的专门性机构。另外，由社会救助局（司）进行管理，亦会形成管办合一的体制，不利于社会救助公平公正的实现。① 地方政府及其社会救助管理部门的行为亦存在依赖中央政府及其社会救助管理部门的政策决策偏好的趋势，而中央政府对各地方社会救助具体形势所具有的信息劣势则容易造成社会救助行政目标与实际情况脱节。如河南省的基层民政所在 2005 年到 2015 年，因为中央政策的变动“撤而复设”，对基层的社会救助工作造成非常大的负面影响。② 对于城乡一体的专门性救助管理机构缺乏，《暂行办法》和《社会救助法（草案征求意见稿）》不仅未做出明确的回应，反而有固化多头监管的趋势③。

针对现行社会救助管理体制的弊端，城乡一体化社会救助应建构专门性管理机构。社会救助城乡一体化专门性救助管理机构的建构可借鉴英美发达国家经验予以完善，设置如英国的国民救助委员会④、美国的社会保障委员会等全国性的专门监管机构实施单独的垂直统一管理，提高管理

① 参见郑功成：《中国社会保障 30 年》，人民出版社 2008 年版，第 172 页。

② 2005 年国家乡镇机构改革时，大量的基层民政所被撤销，导致基层社会救助事权集中到机构简单、人手短缺的乡镇人民政府和街道办事处，最终导致河南省的基层社会救助因为工作力量不足而出现“低保对象认定不够准确、资金发放不够及时”等问题。而随着近两年的民生建设改革，政府整体对社会救助工作的投入加大，河南省又重新设立了基层民政所，社会救助工作力量不足的情况才得到改善。参见刘鹏程、郑诚：《河南乡镇民政所何以“撤”而复“设”》，载《中国社会报》2013 年 11 月 8 日，第 1 版。

③ 《暂行办法》第 3 条规定“国务院民政部门统筹全国社会救助体系建设。国务院民政、应急管理、卫生健康、教育、住房城乡建设、人力资源社会保障、医疗保障等部门，按照各自职责负责相应的社会救助管理工作”。《社会救助法（草案征求意见稿）》第 7 条规定与《暂行办法》基本一致。

④ 英国 1948 年《国民救济法》设立国民救助委员会作为统管全国社会救助事务的协调合作机构，并且在其下分级设立若干区域性社会救助协调机构来协调纵向和横向的政府间社会救助工作。1966 年以后将“国民救助”改为“补助待遇”，但是原有的协调机制仍然保留，通过设立独立的社会救助工作协调机构，既保证及时将地方政府的救助信息汇总传递给中央政府，也为中央政府与地方政府进行社会救助合作提供了良好的平台。参见邓新华、袁伦渠：《国外社会救助制度简述》，载《中国劳动》2007 年第 12 期。

的效率和合理性。具体而言，中央可以由人力资源与社会保障部来统一管理全国性的社会保障事务；省、市则由劳动与社会保障厅来实施；街道、社区则设置社保站或社保所等机构从而实现对社会保障（救助）的统一管理。① 专门性救助管理机构的建构具有着独特的优势。首先，专门性救助管理机构的建构可以较好地克服以民政部门统筹其他部门按职责管理可能带来的社会救助推诿现象，提升社会救助管理效率；其次，专门性救助管理机构的建构能较好地克服管办合一的弊端，防止管理机构权力恣意，保障救助公平；再次，专门性救助管理机构凸显专业性能够克服以前救助管理主体专业性不足的弊端，如《暂行办法》第 11 条规定由乡镇人民政府、街道办事处对公民申请低保的实际情况进行入户调查、信息核查等就会由于专业性不足而产生对公民实际情况认知的差异，从而损害公民社会救助权益；最后，专门性管理机构的设置能够更好地明晰权责，有利于权力（利）的实施、责任追究和监管。

3. 城乡一体化社会救助联动机制的建构

随着中国城市化水平的不断提高、经济的快速发展，农村劳动力人口正在快速向城市流动，2018 年全国农民工总量已达到 28, 836 万人，其中外出农民工达到 17, 266 万人，②农民工（进城务工人员）社会救助权益保障已经成为中国社会健康发展不可忽视的问题。与城市人口相比，进城务工人员遭受各种风险的几率要比城市人口高得多，其自身抗风险能力比城市人口要弱得多，因此，进城务工人员对社会救助有着更为强烈的需求。大量的失地农民和进城务工人员，为城市的快速发展做出巨大贡献，但他们却因户籍不在城市而不能享有与城市居民同等水平的就业、医疗等社会保障，被排除在城镇社会救助体系之外，无法享受社会发展的成果。③ 城乡二元社会结构将进城务工人员排除在城镇社会救助体系之外，使进城务工人员成为城市中的“边缘人”，城乡的“两栖人”。④ 社会救助立法的城乡二

---

① 参见郭明霞：《社会救助的国际比较及其经验借鉴》，载《兰州大学学报》2010 年第 3 期。

② 农民工作为一个特殊群体，住房、医保、随迁儿童就学、社会融合等问题，一直与其相伴随。2018 年进城农民工月均收入 3721 元，仅有 2.9% 享受保障性住房，1.3% 租赁公租房，绝大部分人（61.3%）租房居住；50.8% 的农民工家长反映随迁子女上学面临问题，反映随迁子女升学难、费用高的比率义务教育阶段分别为 26.7%、27.2%，而 3 ~5 岁随迁儿童则分别 38.7% 和 51.4%；社会融合方面，城市越大融入率越低，500 万人以上大城市社会融合比率仅为 16.8%。参见国家统计局：《2018 年农民工监测调查报告》，载国家统计局网，http://www.stats.gov.cn/tjsj/zxfb/201904/t20190429_1662268.html，2019 年 10 月 30 日最后访问。

③ 参见李大光：《新生代农民工就业存在的问题及其对策》，载《行政与法》2013 年第 12 期。

④ 参见陈喜梅：《“城乡统筹”的社会保障制度一体化战略初探》，载《人口与经济》2010 年第 4 期。

元化导致农村居民、失地农民和进城务工农民与城镇居民在社会救助权上的不平等使城乡两极分化趋势加剧,且呈不断扩大之势。当前城乡社会救助权的不平等使农村居民和进城务工人员不能获得和城市居民平等的发展机会,既有违社会救助机会平等的原则,也有违科学发展观中"发展成果由人民共享"的本质要求。基本的社会救助如最低生活保障、教育救助、法律援助等应实现标准、范围等指标上的均等化提供而不应厚此薄彼。排除物价因素等生活成本,当前城镇居民享有的最低生活保障金的数额远大于农村居民享有的最低生活保障金的数额,而且城市居民享有更高水平的医疗救助、教育救助、住房救助和法律援助等社会救助。因此,只有完善城乡社会救助法律机制,将进城务工人员纳入社会救助体系,才能实现社会福利的全民平等,消除制度的歧视和排斥,保障城乡居民平等享有社会救助权利,使进城务工人员享有与城市居民同等的基本社会救助保障,①而建构、完善城乡一体化社会救助联动机制则是其题中之义。

第一,进一步深化户籍制度和相关领域的配套改革,扩大城市社会救助的范围,将进城务工人员合理纳入其中。2014 年后,国务院先后出台的相应法规与系列政策文件是对打破传统城乡二元户籍制度、实现社会公共物品供给的均等化和保障进城务工人员权益的积极性改革尝试,具有重要意义。② 虽然从全国总体情况来看,户籍制度改革的步子越迈越大,力度越来越大,国家亦从稳定和扩大进城务工人员就业创业、维护进城务工人员劳动保障权益、逐步实现进城务工人员平等享有城镇基本公共服务以及促进进城务工人员社会融合等方面做出了巨大的努力,但由于改革的渐进性和相关规定的概括性,相关措施依然不能合理解决进城务工人员的社会救助问题。具体而言,首先,建立城乡统一的户口登记制度虽然形式上打破了传统城乡二元户籍制度,但与户籍制度相配套的规范、措施并未真正改变,所以相应主体的权利义务配置亦未改变。"新一轮户籍改革采取差别化落户和居住证并行的二元路径,延续了户籍改革的利益扩散和利益剥夺模式",差别化落户"促使流动人口进一步向大城市非户籍迁移,增加了改革难度",而居住证的实施则"演变为大城市'抢人(才)'大战,而原本的

① 参见郑功成:《中国社会保障改革与发展战略——理念、目标和行动方案》,人民出版社 2008 年版,第 16 页。

② 《居住证暂行条例》(国令第 663 号)、《国务院关于进一步推进户籍制度改革的意见》(国发〔2014〕25 号)、《国务院关于进一步做好为农民工服务工作的意见》(国发〔2014〕40 号)、《国务院关于深入推进新型城镇化建设的若干意见》(国发〔2016〕8 号)以及《国务院办公厅关于印发推动 1 亿非户籍人口在城市落户方案的通知》(国办发〔2016〕72 号)等法规和系列政策文件。

改革受益对象农民工被排除在外”。① 其次,户口迁移政策放开建制镇和小城镇落户限制,却对中等城市、大城市以及特大城市的落户或常住人口条件进行了不同程度的限制,对于众多的进城务工人员享有均等的教育、医疗、住房和社会救助意义并不明显。② 因为一方面进城务工人员主要集中在大城市和特大城市,小城镇则非常少;另一方面公共产品供给的优势亦集中于大城市和特大城市。最后,进城务工人员对社会救助、就业扶持、住房保障、养老服务等公共物品的享有是以居住证(最少居住半年以上)、连续居住年限和参与社会保险的年限为条件的,并且不同的年限还具有不同的享有权。这对于具有流动性特征的众多进城务工人员的社会救助权的保障不会产生根本性影响。综上可知,关于户籍制度的改革只是对旧制度进行了修改完善,并没有从本质上消解二元户籍制度给城乡公共物品供给带来的不平等;我国现行户籍制度及其相应配套机制仍将流动性较强的进城务工人员排除在城镇社会救助系统之外,户籍制度及其相关配套机制依然是使进城务工人员无法获得同等社会救助的重要根源之一。一旦进城务工人员工作、生活遇到较大的困难和风险时将难以获得最低生活保障、就业援助、法律援助等基本社会救助公共服务。贫困群体可以因地域而享受不同水平的救助,但社会救助制度不能因此进行城乡分割。鉴于此,在推进进城务工人员待遇城乡平等化、将进城务工人员纳入城市管理服务体系的同时,还应完善城乡社会救助体系,将进城务工人员群体逐步纳入城镇居民最低生活保障体系之中。③ 在逐步推进我国户籍制度深化改革的基础上,合理地剥离城镇户籍所附带的福利,消除进城务工人员享受社会救助服务的外围制度障碍。同时,更应逐步推进城乡社会救助衔接机制的建构、完善,实现城乡社会救助运行的正常转移接续,有效地解决进

① 邹一南:《户籍改革的路径误区与政策选择》,载《经济学家》2018 年第 9 期。

② 以《国务院关于进一步推进户籍制度改革的意见》(国发〔2014〕25 号)规定为例,虽然在扩大基本公共服务覆盖面中规定“保障农业转移人口及其他常住人口随迁子女平等享有受教育权利”,“逐步完善并落实随迁子女在流入地接受中等职业教育免学费和普惠性学前教育的政策以及接受义务教育后参加升学考试的实施办法”;“把进城落户农民完全纳入城镇社会保障体系……加快实施统一的城乡医疗救助制度”;“把进城落户农民完全纳入城镇住房保障体系”等等,但以上权利或资格的获取均以子女受教育权(对于受教育权,由于许多进城务工人员工资收入较低难以承受子女城市学校教育其他的费用,特别是学前教育的费用,从而使得受教育实现困难)外,其他均以“进城落户农民”“常住人口”为前提条件,而“落户”与“常住人口”资格的获取,除小城镇全面放开外,中等城市、大城市、特大城市,在稳定就业年限、就业范围、社会保险年限、落户积分等方面设置了条件,从而使得流动性较大、收入较低的进城务工人员根本无法享有获得社会救助的资格。

③ 参见张瑞书、李宏:《河北省农民工权益保障机制研究》,载《河北学刊》2010 年第 3 期。

城务工人员、被征地农民等群体的社会救助问题，在条件成熟时实现城乡社会救助体系的有机整合与统一。①

第二，扩大社区公共服务职能，促进进城务工农民融入城市社区。进城务工人员为推进城市经济社会发展做出了贡献，但进城务工人员从农村走向城市，由传统血缘、地缘关系为主的熟人社会网络走向以业缘关系为主的陌生人社会网络的过程中，由于国家经济社会环境或特定政策的限制，无法融入新的城市社会系统，出现"社会排斥"②现象。城乡二元化社会救助制度就是其中典型制度之一，该制度使进城务工人员被排除在城市社会救助体系之外，生存权与发展权无法得到保障。"社区是国家和民众之间互动的基本层面，能够满足流动人口对社会政策的部分需求，也有特殊的组织和人力资源优势，从社区层面创新社会治理，可以打造更好的流动人口服务平台"。③ 社区作为城市社会网络的基础单元，"是基层政府、社会组织、社区精英、社区居民等多元主体往复互动的媒介，能够在优化公共服务、化解社区冲突、培育公共精神等方面重构治理关系"，④具有整合多元社会关系、平衡多主体社会利益的功能，应合理地发挥社区在进城务工人员社区救助方面的整合功能，提升进城务工人员社区融入度。特别是在党的十九届四中全会强调"坚持和完善共建共治共享的社会治理制度，

---

① 参见柳清瑞、穆怀中：《中国有无土地和有无子女两序列农民养老模式及水平分析》，载《人口与经济》2014 年第 4 期。

② 社会排斥理论是 20 世纪 90 年代欧洲国家为了应对福利国家危机，通过变革相应社会福利政策实现福利分配公平而兴起的社会理论。虽然不同学者从不同切入点对社会排斥予以界定，例如 Burchardt 认为社会排斥是个体没有以社会主体身份参与社会正常活动的状态。See T. Burchardt, J. Le Grand & D. Piachaud, *Social Exclusion in Britain* 1991 – 1995, 33 Social Polity & Administration 227 (1999). Robbins 认为社会排斥强调社会连接的断裂(See D. Robbins, *Social Europe toward a Europe of Solidarity*: *Combating Social Exclusion*, European Community, 1994)，但总体而言，"社会排斥是社会成员希望以公民的身份参与社会而被他们不能控制的社会因素阻止的社会问题"，"社会排斥是社会成员公民权利没有实现的表现"。彭华民等：《西方社会福利理论前沿：论国家、社会、体制与政策》，中国社会出版社 2009 年版，第 218 页。进城务工人员社会网络关系具有浓厚的传统乡村社会的亲缘、地缘和血缘关系，绝大多数新生代进城务工人员居住在农村社区(52.3%)、城乡结合部(23.5%)，邻居多为外地人(56.1%)，本地人仅为 16.4%；社交圈主要集中于老乡(26%)、亲戚(24.1%)及熟人(24.2%)之间，而极少部分与本地同事(8.7%)、同学(5.9%)及亲戚(3.9%)有关；出现困难时，也更多向本地户籍的同乡(23.3%)、亲戚(25%)和朋友(20.7%)求助；加入当地党支部和志愿者协会的也仅为 8.7%。参见汤兆云、张憬玄：《新生代农民工的社会网络和社会融合》，载《江苏社会科学》2017 年第 5 期。

③ 刘娜：《断裂型社会排斥：农民工社会福祉融入的制度、区域与阶层困境》，载《山东社会科学》2019 年第 4 期。

④ 辛方坤：《"三治融合"视域下城市社区公共空间的构建——基于上海 D 社区的探索》，载《社会科学》2018 年第 3 期。

保持社会稳定、维护国家安全”的背景下，突破户籍制度的限制实现社会救助均等化，扩大社区公共服务职能，促进进城务工农民融入城市社区无疑是保障进城务工人员社会救助权益的重要措施。《国务院关于进一步做好为农民工服务工作的意见》强调在城乡公平和以人为本的原则下，从进城务工人员民主政治权利的保障、人文关怀、公共文化服务体系以及留守儿童与老年人服务体系建构等方面促进进城务工人员的社会融合。[①] 这些无疑为扩大社区公共服务职能，促进进城务工人员融入城市社区，实现城乡社会救助一体化，提供了可供借鉴的路径。政府推动进城务工人员融入社区应在实质公平思想的指导下，健全覆盖进城务工人员的社区服务和管理体系，构建以社区为载体的进城务工人员统一管理平台，出台促进进城务工人员融入社区的政策措施，整合社会救助资源以保障进城务工人员权利，最终使得进城务工人员融入社区的同时享受均等社会救助公共服务。[②] 具体而言，首先，在完善社区社保所（站）建设的基础上，形成以社保所（站）为核心的社区社会救助管理平台和社会组织、市场等多主体参与的社会救助服务供给平台。以社区社保所（站）为核心的社会救助管理与服务平台，一方面，可以发挥专业性管理机构优势，科学管理社区进城务工人员救助活动；另一方面，社会组织、市场等主体可以更好地收集或反馈被救助主体信息，合理配置社会救助资源，提升社会救助效率。其次，应以进城务工人员救助需求为导向，构建以最低生活保障与就业救助为重点，医疗救助、教育救助、心理救助等为辅助的进城务工人员社会救助体系。进城务工人员一般文化水平较低、就业竞争力较差，为此，除了解决生存的物质救助外，进城务工人员大部分情况下最为急切、最为相关的救助需求应该是就业救助，社区社保所（站）应合理发挥就业咨询、就业信息供给、就业技能培训等方面功能，提升进城务工人员就业技能，合理解决进城务工人员就业问题。最后，合理引导邻里互动、志愿服务及社会组织的发展，规范社会服务购买活动，推动进城务工人员社会救助服务供给的效率。通过邻里互动、参与社区志愿者服务或特定社会组织，不仅可以增强进城务工

---

① 参见国务院：《关于进一步做好为农民工服务工作的意见》（国发〔2014〕40 号），载中华人民共和国中央人民政府网，http://www.gov.cn/zhengce/content/2014-09/30/content_9105.htm，2015 年 10 月 19 日最后访问。

② 参见民政部：《关于促进农民工融入城市社区的意见》（民发〔2011〕210 号），载民政部网，http://www.mca.gov.cn/article/zwgk/fvfg/jczqhsqjs//201201/20120100249568.shtml，2015 年 10 月 19 日最后访问。

人员的社区归属感、认同感和获得感[①]，增强社区融合度，甚至通过邻里间的交流、社会组织功能的发挥可以很好地给予进城务工人员心理慰藉，缓解进城务工人员心理压力，提升其自尊心与自信心。

第三，根据“风险（原因）发生地 + 受益地”原则，完善城乡一体的社会救助保障体系，建构进城务工人员社会救助信息管理系统。现行社会救助制度功能由于受户籍制度、特定经济发展目标等相关制度因素的影响，难以实现城乡救助一体化，与进城务工人员特困救助、就业救助、医疗救助、教育救助以及司法救助等相关的社会救助权益也难以得到保障。我国进城务工人员群体数量庞大且还将长期存在，进城务工人员社会救助权的保障程度关乎经济发展的稳定和社会和谐的维护。为此，应针对进城务工人员的生存现状制定相对应的救助政策，保障生存、教育、卫生和医疗需求，切实维护社会救助的底线公平。[②] 具体而言，应跳出传统户籍制度的禁锢，根据“风险（原因）发生地 + 受益地”原则，建构以低保救助、就业救助、医疗救助等为内容的城乡一体的社会救助保障体系。所谓“风险发生地”是指导致被救助主体生存权与发展权受到威胁的原因发生的地点，如进城务工人员在进城务工过程中因工作、生活中的风险而导致生存与发展威胁则可将风险发生地界定为该务工城市；而“受益地”则是指因被救助主体之前工作（务工）行为而受益的地方或主体所在地，如进城务工人员工作（务工）行为受益地（受益主体），一般为务工所在地城市（政府），一旦发生风险，该救助责任应由该地政府负责，即陷入风险的进城务工人员的权益保障应适用该城市社会救助体系。之所以采用以上原则，原因有：首先，作为社会救助制度核心的“社会权利”本身就是为了最大限度规避和降低社会对个体带来的社会风险，从而保障社会再生产的进行，在此意义上，社会权利或作为社会权利保障的社会救助制度应是“是保证企业竞争力和最大限度地适应经济发展的过程中的一种‘生产性投资’”[③]；其次，风险发生地政府或市场主体因进城务工人员参与该地的社会再生产活动而受益或因进城务工人员参与该地的社会大生产活动而面临风险或受到损失；再次，基于实质公平原则，进城务工人员既然同所在地市民同等参与社会化大生

① 进城务工人员的认同感、归属感，不仅来自对特定社区活动或社区功能区块的参与，更来自自身作为主体参与社区社会救助功能区块建设或社区救助制度建设带来的对制度或规范秩序的认同。

② 参见景天魁等：《当代中国社会福利思想与制度——从小福利迈向大福利》，中国社会出版社2011年版，第87页。

③ 郑秉文：《社会权利：现代福利国家模式的起源与诠释》，载《山东大学学报（哲学社会科学版）》2005年第2期。

产，共同面对可能产生的风险，就应该受到同等的保护，而非采取歧视化待遇；最后，进城务工人员的家庭成员享受社会救助服务，一方面是基于整体面向的国家视角，家庭成员享受教育救助、最低生活保障是一种维护社会化大生产的投资；另一方面家庭成员之所以面对生存权与发展权无法保障的风险，是因为进城务工人员在参与该地社会化大生产时发生风险而导致的。是故，建构以最低生活保障、就业救助、医疗救助、教育救助、司法救助等为内容的城乡一体化的社会救助法律保障制度，以保障进城务工人员享受同所在地居民同等的社会救助权，是实现社会化大生产的现实要求，更是保障公民社会权利与实质公平的本质要求。同时，为防止重复救助、交叉救助和遗漏救助的发生，必须加快建立全国共享的社会救助信息网络共享系统，实时共享城乡居民社会救助信息，实现社会救助信息的全覆盖。由于进城务工人员的流动性较强，救助信息变动非常快，并且信息收集反馈的渠道不畅，信息的迟滞导致进城务工人员的社会救助权利难以得到及时有效的保障，社会救助的底线公平功能被大大削弱。因此，应在构建全国性的社会救助信息互联网平台、建立差别化的个人救助信息数据库、实现社会救助跨部门与跨地区统筹协调的基础上，[①]针对进城务工人员构建的社会救助管理信息子系统，以做好进城务工人员社会救助信息的及时更新和社会救助措施的落实、落地为目标，从而在合理实现不同区域、不同省份进城务工人员社会救助信息的共享的同时，为实施社会救助提供信息基础，为真正实现城乡社会救助或不同区域救助横向公平提供保障。

4. 城乡一体化社会救助法律程序机制的健全

正当程序思想滥觞于“自然正义”理念，但对法律程序价值的真正关注则是20世纪80年代以后的事情。早期法学的发展中，只是注重实体法的价值，而忽视程序法的价值。当前综合程序法理念的发展经历了绝对工具主义、相对工具主义、程序本位主义再到程序综合主义的发展历程。综合程序法理念的发展历程就是对程序法和实体法关系认识的深化过程。绝对工具主义认为法律程序没有任何独立的价值，其自身存在不是为实现自身的内在价值，程序仅仅是实现实体法律目的或价值的工具，对于价值的实现程序是第二位的，只有实体法目的或价值才能实现程序的价值，程序依赖于实体而存在，正如边沁所言，“实体法的唯一正当目的是最大限度地增加最大多数社会成员的幸福”，“程序法的唯一正当目的，则为最大限度地实现实体法；程序法的最终有用性要取决于实体法的有用性……除非

① 参见张燕：《加快完善我国农业转移人口的社会保障制度》，载《经济纵横》2014年第1期。

实体法能够实现社会的最大幸福，否则程序法就无法实现同一目的”①。相对工具主义的代表罗纳德·德沃金在坚持正当程序是实现实体的工具的前提下认为正当程序（程序性权利）自身的存在能更好地体现、维护自然正义和道德价值。② 程序本位主义则正好相反，认为程序的作用先于实体而存在，程序在实现法的价值中独立并重于实体，正如法谚所言“正义不仅要实现，而且要以看得见的方式实现”，程序具有决定性作用，只要在正当程序下为一定的行为，结果必然公正且与相关事实无关，正如达弗所认为，审判程序的公正与否与裁判结果的公正性具有内在的必然联系，程序具有独立的价值而与实体无关。③ 无论是程序工具主义还是程序本位主义都只在于强调一方的重要性，有失偏颇。随着法治的发展，程序工具主义与程序本位主义趋于融合，正当程序应是工具主义与程序本位的统一。④ 社会救助法律程序作为特定法律程序机制同样是内在价值和外在价值的统一——社会救助法律程序不仅具有参与性、平等性、中立性、正统性、人道性、及时性、公开性、终止性等内在品质，⑤亦具有外在价值追寻，如对公平、正义、安全、人权等价值的追求。唯有如此，社会救助法律程序才能真正实现有限救助资源的合理配置、弱势群体社会救助权的保障和良性社会秩序的维护。社会救助法律程序作为社会救助法现代性的表征，在追寻自身内在品质的同时，以维护社会公共利益、保障被救助主体权利为

---

① Gerald J. Postema, *The Principle of Unility and the Law of Procedure: Bentham's Theory of Adjudication*, 11 Georgia Law Review 1393 (1977).

② 参见［美］罗纳德·德沃金：《原则问题》，张国清译，江苏人民出版社 2005 年版，第 96～131 页。

③ See R. A. Duff, *Trial and Punishment*, Cambridge University Press, 1986, p. 110－114.

④ 参见［美］迈克尔·D. 贝勒斯：《程序正义——向个人的分配》，邓海平译，高等教育出版社 2005 年版，第 141～196 页。

⑤ 参与性是指程序应具有“承认他们为了得到对自己有利的决定而提出证据并进行理性地说服和辩论”的品性。Lon L. Fuller & Kenneth I. Winston, *The Form and Limits of Adjudication*, 92 Harvard Law Review 353(1978). 平等性是指程序应具有保障“各方当事人都应得到公平机会来对另一方提出的论据和证据做出反响；对各方当事人的诉讼都应给予公平的注意”的品质。［美］马丁·P. 戈尔丁：《法律哲学》，齐海滨译，三联书店 1987 年版，第 240～241 页。中立性品质表现为自己不能是自己案件的法官，结果中不应当包含纠纷者利益。正统性是指社会救助法律程序在法律、政治和道德上的权威性或正当性。人道性是指程序应具有尊重人性，除非在非正常情形下，否则不得有损的品性。See Robert S. Summers, Evaluating and Improving Legal Processes—A Plea for Process Values, 60 Cornell Law Review 1(1974). 及时性是指社会救助法律程序应具有保障社会救助合理且有效的品性。参见［美］迈克尔·D. 贝勒斯：《法律的原则——一个规范的分析》，张文显等译，中国大百科全书出版社 1996 年版，第 36 页。公开性是社会救助法律程序应具有使救助所经历的任何阶段和步骤都要以看得见的方式进行的品质。终止性指社会救助法律程序在法定的时段内具有终结性的品质。

目标。“每一种社会管理形式都会产生一套程序要求,正是这些程序要求保障了此种社会管理形式的公正性”①,而“如果将法律解释为社会生活的形式,那么作为‘形式的法律’的程序法,则是这种形式的形式”②。社会救助实体法只有借助正当的程序才能使有限的社会救助资源得到最优配置。社会救助法的建构亦只有将程序法充分融合到实体法的实现之中,才能在应对日益复杂的社会经济问题时充分发挥社会救助法律程序的功能。特别是社会救助作为一种行政给付行为,唯有在正当程序制度的保障下,才能更好地使法治贯穿于社会救助的全过程,保障行政部门社会救助给付职责履行的正当性与合法性、有限社会救助资源配置的公平以及被救助主体权益得到最好的关照。③ 因此,要实现城乡一体化社会救助法律机制的建构与完善,除了关注法律位阶、管理机制以及城乡联动机制等实体法的完善的同时,必须注重社会救助法律程序的完善。

“所有的法的历史发展均立足于这样一点:人及其相互关系在任何特定的时代具有很鲜明的特性,以至于他们只可能是他们那个时代当时呈现的样子,因此也在时间的流变中经受一种永恒的变迁。”④我国具有“重实体轻程序”的法律文化传统,以“无讼”为价值目标,以“合情合礼”为结果正当的判断标准,而“程序的实质是管理和决定的非人情化”⑤。现今每一制度建构都夹带着传统因子,社会立法深受传统法律文化的影响,社会救助立法在社会救助申请、救助资格的审查、救助过程的监督等程序上存在着严重的缺失,而《暂行办法》仅仅对相关程序予以笼统的规定,必须加以完善。

第一,社会救助启动程序的完善。社会救助启动程序一般依申请或供给主体主动供给而发生。《社会救助法(草案征求意见稿)》第 39 条、第 40 条对救助申请程序作出了概括性规定,而《暂行办法》第 11 条、第 16 条、第 30 条、第 40 条、第 44 条分别对最低生活保障、特困救助、医疗救助、住房救助以及就业救助申请作出了规定,但仅仅对困难主体申请的机关(街道办

---

① [英]卡洛尔·哈洛、理查德·罗林斯:《法律与行政》(下卷),杨伟东等译,商务印书馆 2004 年版,第 916 页。

② [德]拉德布鲁赫:《法学导论》,米健、朱林译,中国大百科全书出版社 1997 年版,第 120 页。

③ 社会救助供给过程中,一方面行政部门拥有较大的自由裁量权,缺少正当程序的规制可能发生“权力寻租”现象;另一方面被救助主体处于弱势地位,维护自身权利的能力较弱,正当程序是他们保护自身权利的有力手段,是“国家给予他们(弱势群体)足够的生存照顾与人文关怀”。高秦伟:《论社会保障行政中的正当程序》,载《比较法研究》2005 年第 4 期。

④ [奥]欧根·埃利希:《法社会学原理》,舒国滢译,中国大百科全书出版社 2009 年版,第 432 页。

⑤ 江伟:《市场经济与民事诉讼法学的使命》,载《现代法学》1996 年第 3 期。

事处和乡镇人民政府）和书面申请形式作出了规定，其他均处于空白。但正如贡斯当所言，“程序是社会的保护神……它们是使人们融洽相处的唯一手段”。[①] 社会救助启动程序作为一种利益分配机制是实现个人利益、国家利益和社会利益最优化的程式，是公平、正义、自由与秩序等价值的实现机制，事关被救助主体权利的保护、救助公平的保障，甚至于不同主体对社会救助最终决定的内心认同，应予以完善。[②] 首先，在申请方式上，应增加口头申请，实现书面申请为主，口头申请为辅。书面申请是各国社会救助申请普遍采取的形式，既有利于救助申请机构的标准化管理也有利于对申请机构自身行政行为的监管，而口头申请则存在申请内容不固定、表达准确性不如书面、增加行政工作人员麻烦等不足，[③]但有利于被救助主体权利的保障，特别是被救助主体条件受限制时，如年龄较大的进城务工人员由于文化水平低而无法直接提供书面申请；从事高危行业的进城务工人员突发事故；以及其他突发性紧急性原因导致的应急性救助等难以进行书面申请的情况。只要行政工作人员将相关口述内容详细记录，并由申请者确认即可。其次，代位申请机制适用域的扩展。《暂行办法》分别对最低生活保障申请和特困救助代位申请作出规定——最低生活保障可以由共同生活的家庭成员或由村委会和居民委员会代为申请；特困救助可以委托村委会和居民委员会代为申请，而在医疗救助、灾难救助、住房救助、就业救助等救助中并未作出规定。[④]《暂行办法》中代为申请制度的设置是基于最低生活保障主体、没有生活能力的老人或未成年人等主体申请不能的情形。但医疗救助、灾难救助、就业救助等被救助主体亦会存在申请不能的情形，同时这些救助类型被委托人或被委托机构无论在所掌握的真实信息上，还是技术优势上，与前两者并无区别。为此，为了更合理地保障被救助主体权利，应将代为申请救助机制的适用域扩张到以上所有救助类型。最后，应急救助启动程序的建构。针对自然灾难（害）、特定公共事故（如非典、新冠疫情以及重大污染）等特定情况，国家应建构社会救助应急启动

① [法]邦雅曼·贡斯当：《古代人的自由与现代人的自由》，阎克文、刘满贵译，世纪出版集团、上海人民出版社2005年版，第236页。

② 参见季卫东：《正义思考的轨迹》，法律出版社2007年版，第58页。

③ 参见杨思斌：《社会救助程序法治——价值、原则与制度的完善》，载《山东社会科学》2012年第2期。

④ 《暂行办法》第11条规定“申请最低生活保障，按照下列程序办理：（一）由共同生活的家庭成员向户籍所在地的乡镇人民政府、街道办事处提出书面申请；家庭成员申请有困难的，可以委托村民委员会、居民委员会代为提出申请”；第16条规定“申请特困人员供养，由本人向户籍所在地的乡镇人民政府、街道办事处提出书面申请；本人申请有困难的，可以委托村民委员会、居民委员会代为提出申请”。

程序。这种特定社会救助应急启动程序应凸显应急性、高效性,因为无论是自然灾害或特定公共事故都将会对许多公民生存权造成严重威胁,公民生存权救助具有紧迫性。并且,自然灾害或公共事故带来风险的真实性毋庸置疑。为此,此类应急启动程序由政府部门依职权主动启动将会更有利于特殊情况的应对和困难群体生存权与发展权的保护。

第二,社会救助审查程序的完善。社会救助审查程序除了对申请进行形式审查外,主要体现为主管机关家计调查活动。《暂行办法》和《社会救助法(草案征求意见稿)》规定,乡镇人民政府、街道办事处通过入户调查、邻里访问、群众评议等方式对申请者收入、财产状况进行审查,但由于测贫标准的缺乏、税收体系与金融信用体系的不完备以及村委会(居委会)或邻里间弄虚作假、相互包庇①,导致家庭收入难以核查②。实际执行中依据申请者出示的收入证明、入户调查、邻里举证等方式,难以防止弄虚作假,消除瞒报、少报家庭收入情形的发生。首先,应改变传统家计调查仅仅立基于家庭收入(财产)的调查标准,结合困难主体类型身份以共同区分。"利用类别身份进行目标定位,在满足特定类别条件的群体内采取普惠制比如老人、儿童、残疾人等,主要优点在于管理上的可行性和简便性",③从而不仅减少了行政部门家计调查的成本④,亦有利于被救助目标的准确定位。我国以类型化为基础的家计调查可以在明确孤寡老人、单亲家庭、残

---

① 由于现行社会救助家计调查程序太过注重收入证明、入户调查及邻里举证等形式,家计调查程序不仅难以合理确定救助对象(目标),更会产生负激励作用或福利污名效应。在社会救助申请过程中,弱势群体由于主体意识薄弱,很少会主动申请,往往是由村委会(居委会)推荐,再经过民主评议决定。但由于家庭经济困难情况复杂、社会救助具体测贫标准缺乏,而村委会(居委会)在推荐困难主体中又拥有较大的自由裁量权,村委会(居委会)的管理者可能会基于合谋或某些特定主体的利益而出现逆向选择或道德悖逆现象,邻里间也会出现相互包庇的现象,甚至于受到传统宗族主义思想的影响整个自然村村民共同合谋提供虚假信息骗取社会救助金,从而使真正困难的群体得不到救助。

② 《暂行办法》第 4 条规定"乡镇人民政府、街道办事处负责有关社会救助的申请受理、调查审核,具体工作由社会救助经办机构或者经办人员承担。"同时,第 11 条第 2 项规定"乡镇人民政府、街道办事处应当通过入户调查、邻里访问、信函索证、群众评议、信息核查等方式,对申请人的家庭收入状况、财产状况进行调查核实,提出初审意见,在申请人所在村、社区公示后报县级人民政府民政部门审批"。《社会救助法(草案征求意见稿)》第 42 条规定第 1 款"乡镇人民政府、街道办事处受理申请后,可以依法依规通过入户调查、邻里访问、信函索证、信息核查等方式,对申请人报告的情况进行调查核实"。

③ 李振刚:《我国农村最低生活保障制度目标定位机制的反思——从家计调查到类别身份》,载《广东社会科学》2016 年第 2 期。

④ 社会救助家计调查行政成本一般占总给付的 3% ~8% 之间属于正常情况,如超出该区间就属成本过高,导致资源浪费。See Word Bank, *Safety Net Programs and Poverty Reduction: Lessons from Cross-Country Experience*, The Word Bank, 1997, p. 16 – 17.

疾人家庭以及因病(读书)致贫家庭等类型化的基础上予以实施,类型化贫困发生的原因则由困难主体提供证明①。其次,完善行政部门家计调查正当程序。家计调查过程是一把“双刃剑”,面对着社会公共利益维护、有限社会救助资源最优配置与被救助主体隐私权保护间的张力。虽然家计调查过程中国家可以对困难群体实际情况进行强制力的调查,但“任何对基本权利的剥夺、利益的侵害和义务的负担,非有法律依据不能行使”,②家计调查应以突显正当程序本质的目的正当性原则、维护人性尊严原则和透明化原则等为指导,建构具体的程序制度。③ 针对《暂行办法》和《社会救助法(草案征求意见稿)》没有对行政主体具体调查程序作出具体规定的问题,可以依据行政调查程序对社会救助家计调查程序作出更细化规定,从而合理规范调查过程,如调查人员证件出示、调查结果的告知并说明理由、相对人陈述等程序。再次,完善回避制度。家计调查回避制度在于防止行政部门、村委会(居委会)以及特定个体(如宗亲)等主体为了利害关系人利益而滥用权力(利),以保证家计调查过程的公平、公正。家计调查过程“从常规申请阶段就要求救助主体与受助对象间不得存在可能影响救助公正和中立性的社会关系”④,利害关系主体应主动申请回避或某些被救助主体可以申请与其中被救助主体有利害关系的主体回避。最后,建构银行、税收、劳动保障、工商行政一体化的信息网络平台,完善失信惩戒机制。困难群体基本信息的获取是家计调查程序的出发点和落脚点。银行、税收、劳动保障、工商行政等多部门一体化的信息网络平台建设有利于困难群体基本信息的整合,使调查机关可准确获取被调查者的家庭财产和收入等信息,从而防止被调查者主体虚报、假报家庭困难信息,阻却政府部门或宗亲等不同主体权力(利)恣意,合理确定救助目标,将有限的社会救助资源分配给真正需要的困难主体。⑤ 社会救助失信惩戒制度则一般在于通过对失信主体失信行为的惩戒,以规制、引导失信主体行为。但现行社会救助失信惩戒制度存在概念模糊、惩戒边界不明、实施不规范以及被

---

① 由困难主体承担贫困证明责任,可以较好地修正传统家计调查中民主评议后予以公示对被救助主体隐私权的侵害,减少对被救助主体的“羞辱效应”,提升被救助主体的社会融入度,维护社会和谐。参见顾昕:《中国社会安全网的制度建设》,浙江大学出版社 2008 年版,第 14 页。

② 城仲模:《行政法之基础理论》,台北,三民书局 1992 年版,第 130 页。

③ 参见何平:《家计调查行为的法学思考》,载《武汉理工大学学报(社会科学版)》2014 年第 2 期。

④ 蒋悟真、汪湖泉:《社会救助法的程序价值及其法律机制完善——兼论社会救助法〈征求意见稿〉程序规定之不足》,载《首都师范大学学报(社会科学版)》2013 年第 2 期。

⑤ 参见杨立雄、[日]于洋、[韩]金炳彻:《中日韩生活保护制度研究》,中国经济出版社 2012 年版,第 55 页。

惩戒主体救济权不足等困境,影响了其功能的合理发挥。为此,应在法治国原则下对社会救助失信惩戒制度予以重塑,慎用失信记录、告诫、重点监管,特别是社会救助资格罚、声誉罚,[①]赋予被惩罚主体相应的对抗性程序权利,如知情权、抗辩权以及异议权等,以实现惩罚施动者与惩罚受动者间的平衡,保障惩戒措施实施的合理性,也最终推动家计调查程序功能、目标的实现[②]。

第三,公众参与程序的建构。参与程序使“一个处于法律关系中的个人不得被任意地逐出一个法律社会之外”,从而保证“法律命令不得自失其真”。[③] 协商参与和监督程序作为契合程序正义的内在精神,是一种通过多元协商的方法以防止实质性价值争论激化、维护多方利益平衡、实现社会救助供给公平的最基本的制度框架。[④] 社会救助是一种行政给付行为,事关被救助主体利益的处分,为此应通过听证程序、信息公开程序赋予被救助主体参与、监督的机会,从而保障被救助主体的知情权。首先,听证程序的建构。“听证程序是行政机关作出行政行为前给予当事人就重要事实表示意见的机会,通过公正、公开、民主的方式达到行政目的的程序。”[⑤] 社会救助法的听证制度针对申请人或具体行政行为相对人,赋予当事人、利益相关者就重要事实表达意见的机会,内在契合于法律正当程序理念。社会救助法律规范或文件中引入听证制度,一方面搭建起信息交流平台,使得各类官方信息与私人信息得以交汇融合,保证供给决策的信息充裕;另一方面保证听证参与人的多元化,将促进社会救助供给决策的依据、过程和参考信息确定化和公开化。《暂行办法》《社会救助法(草案征求意见稿)》并未对听证程序作出规定,为此必须予以完善。具体而言,社会救助听证程序应包括以下内容:一是社会救助听证主体应包括利益相关者、专家以及相关程序人员;二是明确、具体的听证事项(听证主体、地点、事项等);三是赋予听证参与者质询和提出意见的权利;四是在公平、公开的环境下对听证事项进行决定。其次,信息公开机制的完善。社会救助信息公开是指社会救助主体的救助信息都应该公开,涉及国家或被救助主体秘密的除外。信息是主体(社会组织、利益相关者)参与和监督政府社会救助

---

① 参见沈岿:《社会信用体系建设的法治之道》,载《中国法学》2019 年第 5 期。

② 参见杨丹:《失信惩戒对象的程序权利研究》,载《河南社会科学》2020 年第 3 期。

③ [德]施塔姆勒:《正义法的理论》,夏彦才译,商务印书馆 2012 年版,第 121 页。

④ 参见季卫东:《正义思考的轨迹》,法律出版社 2007 年版,第 14 ~ 17 页。

⑤ 马怀德:《论听证程序的适用范围》,载《中外法学》1998 年第 2 期。

行为过程的基础,更是各主体间信用的保障①。同时,阳光是最好的防腐剂,只有保证救助主体的救助行为在公开的前提下,才可以制约救助主体的不当行政行为。《暂行办法》并未对社会救助信息公开进行规定,亦未作出与《政府信息公开条例》相衔接的规定,必须予以完善。社会救助信息公开包括依申请公开和依职权公开,但无论是哪种公开方式都至少应包含以下内容:一是社会救助作出的过程必须予以公开;二是社会救助的结果(内容)必须予以公开;三是赋予公众查阅社会救助结果的权利,从而使不同社会主体具有随时查阅相关信息的可能。最后,极端参与机制——权利救济机制(诉讼机制)的建构。《暂行办法》《社会救助法(草案征求意见稿)》并未对权利救济机制作出规定,应予以完善。诉讼程序相对于行政救济程序而言更为理性和权威,而社会救助供给双方的不对等除了一般性诉讼救济机制外可尝试通过特殊的团体性诉讼程序建构来提升其救济效用(如何建构前文已论述,此处不予赘述)。② 因为团体诉讼可以使处于弱势地位的当事人基于共同利益凝聚起来,从而实现原被告地位或力量的平衡。

① 参见张维迎:《信息、信任与法律》(第2版),生活·读书·新知三联书店2006年版,第193页。

② 参见郑尚元:《社会法的存在与社会法理论探索》,载《法律科学(西北政法学院学报)》2003年第3期。

第四章　就业政策与社会救助方式的变革

虽然《暂行办法》在“就业救助”与“社会力量参与”中对造血型救助方式作出了相应规定,《社会救助法(草案征求意见稿)》仅在“社会力量参与”对造血型救助方式作出规定,①但目前我国社会救助立法无论在内容上还是形式上均具有明显的应急性、消极被动性、以物质救助为主等输血型特征,造血型救助方式依然未成为我国社会救助的主流形式。② 这将严重制约社会救助功能的发挥和被救助主体生存权与发展权的保障。因为随着人权和法治的发展,社会救助权作为公民社会权利已经得到多数国家法律的确认,但权利的法定化、明确化不是将其作为纸面上、形式上的“摆设”,公民社会救助权必须以具体的可实现的方式得到真正保障。此外,一项制度正当性的判断标准在于该制度能否增加最大多数人的幸福,这种实现方式应以社会共同体普遍认同和各方权利配置帕累托最优为前提。③以输血型救助为主的社会救助方式严重影响了我国社会救助的效率和公民社会救助权的实现程度,社会救助方式亟需由输血型救助向造血型救助转化。特别是在党的十九届四中全会强调“坚决打赢脱贫攻坚战,巩固脱贫攻坚成果,建立解决相对贫困的长效机制”的背景下,如何合理地实现我国社会救助方式由输血型向造血型转化,从而提升被救助主体自我救助能力、克服“福利依赖”与“贫困陷阱”、实现有限社会救助资源的最优配置、保障被救助主体权利,成为必须面对的课题。政策与法律间的互动关系已被法学理论所证成,从就业政策与社会救助立法间的互动关系视角,对我国社会救助方式变革予以阐释无疑是可供选择的路径之一。

一、就业政策的嬗变

就业政策是政府在治理就业或失业问题中为提升劳动者就业能力、促

① 参见《暂行办法》第 42 条、第 45 条、第 46 条、第 53 条和《社会救助法(草案征求意见稿)》第 60 条相关规定。

② 参见蒋悟真:《我国社会救助立法理念研究》,北京大学出版社 2015 年版,第 93 页。

③ 参见[英]边沁:《道德与立法原理导论》,时殷弘译,商务印书馆 2000 年版,第 59 ~ 60 页。

进就业等而采取措施的总和。[①] 就业政策在于追求劳动力供给和需求的平衡。就业政策的变迁是随着不同社会经济条件和不同就业理论的变化而发展的。早期由于受斯密古典自由思想的影响，萨伊提出了“供给即需求”的理论，认为在市场机制的作用下，供给自身创造需求，社会可以自发实现充分就业，就业政策亦没有存在的需要。[②] 20 世纪 30 年代的经济危机打破了萨伊的理论构想。面对大失业，凯恩斯认为社会就业量是由商品总供给价格和总需求价格达到均衡时的总需求或有效需求决定的，但由于受心理上的因素（消费倾向、灵活偏好以及对资产未来收益的预期）的影响，总需求（有效需求）总处于不足的状态，所以社会就业是不充分的。为此，政府应运用税收政策、财政政策、货币政策和外贸政策刺激总需求，以增加就业，就业干预政策应运而生。[③] 但面对 20 世纪 70 年代“滞胀”局面，凯恩斯的有效需求理论也缺乏解释力。此时立基于人力资本、结构性失业等理论基础上的以萨缪尔森、托宾、罗宾逊等为代表的混合经济学派认为，微观部门供给、市场价格、福利支出以及劳动力市场结构等方面的因素导致了失业和通货膨胀，应发挥政府的财政政策、货币政策和收入政策的作用，发挥市场机制功能和个体能动性，通过增加教育投资与职业培训、把福利支出与技术培训相结合、推行职业介绍和劳动力市场信息服务、通过降低银行利率与税收优惠鼓励投资、通过减税和补贴鼓励企业雇佣等措施，发挥宏微观政策的功能，推行积极就业政策，解决失业问题。[④] 我国就业政策的发展自中华人民共和国成立初期至今经历了由统包统配向市场转化、政府主导到多主体协同、消极就业政策向积极就业政策转变的过程（具体情况见表 2）。虽然我国现行就业政策未形成大一统的综合政策体系，未完全消除城乡二元就业结构，未建构有效的就业政策评估机制，但推行积极就业政策是一以贯之的方向。总体而言，积极就业政策已成为现今世界各国就业政策发展的常态。

---

① 参见[美]托马斯·R.戴伊：《理解公共政策》，彭勃等译，华夏出版社 2004 年版，第 16 页。

② 参见[法]萨伊：《政治经济学概论》，陈福生、陈振骅译，商务印书馆 1963 年版，第 141 ~ 150 页。

③ 参见[英]J. M.凯恩斯：《就业、利息和货币通论》，徐毓丹译，商务印书馆 1981 年版，第 206 ~ 213 页。

④ 参见王志伟编著：《现代西方经济学主要思潮及流派》，高等教育出版社 2004 年版，第 23 ~ 42 页。

表2　我国就业政策变化与发展

时间	就业政策	典型性对策
1955～1977年	统分统包	一切部门的劳动力调配必须纳入计划，增加人员必须通过劳动部门统一调配，不准随意招收人员
1978～1996年	“劳动部门介绍就业、自愿组织起来就业和自谋职业相结合”的三结合就业方针	将竞争机制引入就业，企业可公开招用工人，农村人口可以向非农产业转移，逐步建立劳动合同制
1997～2001年	劳动者自主择业、市场调节就业和政府促进就业的方针	积极推行再就业工程、实施社会保障（基本生活保障、失业保险和失业救济）、加强职业技术培训、鼓励民营经济发展以及促进就业的宏观经济政策等方式实现就业
2002年至今	积极就业政策	实现经济发展与扩大就业间的良性互动；实现城乡统筹就业将积极就业政策适用对象扩展至所有新增劳动力和农民工；通过税收、财政等手段鼓励企业吸收再就业人员、再就业人员自谋职业（自主创业）；推行社会保障与促进再就业联动机制；建立失业预警等失业调控和管理政策；以及鼓励社会力量参与再就业等措施

注：表中内容依据1955年中央在《关于第二次全国省、市计划会议总结报告的批示》、1980年全国劳动就业工作会议文件《进一步做好城镇劳动就业工作》、1986年《国营企业招用工人暂行规定》、1998年《中共中央、国务院关于切实做好国有企业下岗职工基本生活保障和再就业工作的通知》、2002年《中共中央、国务院关于进一步做好下岗失业人员再就业工作的通知》、2005年《国务院关于进一步加强就业再就业工作的通知》、2008年《小额担保贷款财政贴息资金管理办法》、2008年实施的《就业促进法》、2010年《国务院关于加强职业培训促进就业的意见》以及2015年《国务院关于进一步做好新形势下就业创业工作的意见》等相关政策法规整理而成。

积极就业政策一直在市场与政府、个体自由与社会责任以及个人福利与社会福利的互动中向前发展，是公平与效率相统一原则、多元治理理念和激励理念的体现。

首先，积极就业政策追求公平与效率的统一。平等的劳动就业权作为一种社会权利得到各国法律的认可。积极就业政策以保障劳动主体平等的劳动就业权为己任，这也是积极就业政策正当性的来源。但积极就业政策不是对就业形式平等的保护，而是在实质公平导向下，实现对失业者保护的同时，通过社会购买服务、就业保障机制变革实现有限就业资源的最优配置。

其次，积极就业政策推进多主体合作治理。积极就业政策克服传统就业政策过度依赖政府的困局，不仅强调自由竞争的市场，强调政府通过财政、税收、制度供给等手段保障就业，还强调社会力量与失业者自身的力量。[①] 如面对高失业率，法国在尊重市场作用的基础上，发挥政府产业调整、税收激励等作用，颁布《社会团结规划法案》动员社会力量，明确个体角色责任、强化个体自身的作用。[②]

最后，积极就业政策强化激励理念。积极就业政策是西方国家为了克服"福利国家"危机而实施的，激励理念的强化是其本质特征。积极就业政策主要通过税收、财政补贴以及特定政策措施引导社会、企业、失业者的行为，促进就业增长。如西方国家推行"求职者津贴计划"、"从福利到工作"的就业计划、"熟悉工作补贴"以及"连续就业补贴"等措施激励失业者积极再就业，通过税收优惠、低息贷款、就业促进补贴、社会保险费减免等方式鼓励企业或社会组织吸收失业者、实施再就业培训等。[③] 而我国积极就业政策同样强调对吸纳下岗失业人员就业的企业以及社会组织，推行财政、税收、金融等多元化的就业扶持和激励政策。

二、就业政策推动社会救助方式的变革

社会救助立法作为一个独立的自创生的社会次级系统，必然与其他系统相互作用，社会救助立法的运行是其他系统发展的条件，而法律自身的运行及其功能的实现同样依赖于其他系统的运行及其功能的实现。[④] 就业政策与社会救助立法间存在耦合关系。就业政策与社会救助立法间通过特定的机制相互作用并彼此影响。

第一，就业政策与社会救助立法通过共同的目标（价值追求）相互作用、相互影响。随着消极就业政策向积极就业政策的转变，就业政策所追求的政策目标或效果从简单的解决就业问题（效率）向对失业者的救助效果和救助公平转变。社会救助立法同样经历了从输血式救助向造血式救助的转变，所承载的价值则由救助公平向公平与效率的统一转化。就业政策和社会救助立法通过特定价值相互作用——在我国现阶段，由于就业政策的发展快于社会救助立法，积极就业政策所承载的目标促推着社会救助立法由救助公平向救助公平与效率的统一转化。

---

① 参见莫荣等：《中国积极就业政策形成、发展和完善》，社会科学文献出版社 2015 年版，第 113 页。

② 参见张金玲：《法国就业政策改革及其治理》，载《欧洲研究》2015 年第 1 期。

③ 参见丁建定、柯卉兵：《发达国家积极就业政策及其启示》，载《华中科技大学学报（社会科学版）》2004 年第 2 期。

④ See Niklas Luhmann, *Social System*, Stanford University Press, 1995, p. 161.

第二,就业政策与社会救助立法通过就业援助机制或就业救助机制相互作用、相互影响。就业政策一般由就业扶持政策、就业服务与管理机制、职业教育与培训以及就业援助政策构成,而社会救助立法一般由最低生活保障、特困救助、医疗救助、住房救助、就业救助以及灾难救助等构成。就业政策和社会救助立法在就业援助或就业救助领域存在救助对象和救助机制的重叠。就业救助或就业援助机制就是就业政策与社会救助立法相互作用、相互影响的中介(特定对象和机制)。如对于享受最低生活保障且失业者权益的保护,既可以适用社会救助又可适用就业政策,因为两者在该对象适用上是同一的。

第三,就业政策与社会救助立法通过社会福利机制相互作用、相互影响。西方国家一般在广义上使用社会福利概念,即社会福利包括社会保障、教育保障、住房保障、健康保障以及就业保障等,我国主流观点亦是如此,如景天魁的“基础整合社会保障体系说”①、王思斌的“适度普惠型社会福利体系说”②等。就业政策和社会救助立法统一于社会福利体系,在社会福利体系中相互作用、相互影响。

就业政策通过福利体系和就业援助(就业救助)机制与社会救助立法相互影响、相互作用,进而推动社会救助方式的变革。福利危机后,西方国家先后在公平与效率统一原则和福利多元主义思想指导下对传统的国家父爱式的“从摇篮到坟墓”的福利制度进行改革。正是在此背景下,立基于“社会需求不足”的凯恩斯式就业政策向宏观需求与微观供给相统一的积极就业政策转化,传统输血型社会救助方式向造血型社会救助方式转化。积极就业政策和造血型社会救助在福利体系下通过就业救助机制共同作用,保障着公民的生存权和发展权。现阶段,在我国积极就业政策走向成熟的今天,输血式社会救助方式不仅影响了社会救助自身功能的真正发挥,更影响着积极就业政策的实行和整个社会福利体系的完善。要想合理实现积极就业政策功能,实现两者间良性的互动,必须在公平与效率统一和福利多元主义导向下对我国社会救助方式进行改革,建构合理的耦合机制——就业救助机制。正是在此意义上,就业政策通过社会福利体系和

① 景天魁认为,社会福利制度是以保障和改善民生为宗旨的社会制度,包括就业保障、医疗保障、收入保障、教育保障、住房保障、社会救助以及社会服务体系等内容。参见景天魁、高和荣、毕云天等:《普遍整合的福利体系》,中国社会科学出版社2014年版,第246~443页。

② 适度普惠型社会福利以全体公民需求为导向,包含公民基本生活的诸多面向,如生活保障、医疗保障、养老保障、社会保护、就业保障以及住房保障等。参见王思斌:《我国适度普惠型社会福利制度的建构》,载《北京大学学报(哲学社会科学版)》2009年第3期。

就业救助机制推动着我国社会救助方式由输血向造血转化。

三、我国造血型社会救助方式的法治化重构

无论是以高福利著称的北欧还是以社会保险为中心的德国，造血型社会救助方式的建构是社会救助立法发展成熟的必经之路。造血型救助方式强调在多元主体互动的基础上，在公平与效率统一原则导向下，通过多元化的救助手段激发被救助主体的积极性，从而实现对被救助主体生存权和发展权的保障。虽然我国社会救助立法取得了长足的发展，但以输血型救助为主要救助方式的社会救助立法制约了社会救助功能的发挥，阻却了有限社会救助资源的优化配置，无法实现多主体间权利（力）配置的均衡，更无法实现被救助主体生存权和发展权的内在统一。我国社会救助方式亟需由输血型救助方式向造血型救助方式转化。

（一）造血型社会救助方式建构的理论基础

造血型救助方式的建构在于对我国传统输血型救助方式进行变革，从而更好地配置不同主体间的权利（力）、激发主体的能动性，以实现个体利益与社会利益的统一。造血型救助方式与责任伦理、激励理论所蕴含的内在精神相契合。

1. 责任伦理理论

责任伦理是在承认信念伦理作用的前提下，强调行为结果对主体应有的价值和意义，主体必须对其行为承担后果责任，理性地为一定行为。责任伦理“充分考虑到采取行动的手段以及由这种手段所造成的后果，并对这种后果承担完全的责任，它要求对行动的手段与后果之间的关联进行充分地考察，强调行动者自身是唯一对行动的价值负责的主体”。[①] 责任伦理在社会救助法律关系中表现为政府、社会组织及被救助主体等主体行为的责任伦理，各主体应对自身行为承担后果责任，不仅是政府和社会组织应对自身的行为承担后果责任，被救助主体更是如此。面对“物化”意识盛行、工具理性扩张以及祛魅后多元价值之争而诞生的责任伦理，相对于信念伦理等传统伦理具有自身独有的特征和内在精神。正是这些内在本质使其引导着造血型社会救助方式的建构、完善，正如学者所言，“责任伦理之所以能够超越学术范围，引起广泛的重视，就在于它适应了时代的精神”[②]。

---

① 贺来：《现代人的价值处境与“责任伦理”的自觉》，载《江海学刊》2004 年第 4 期。

② 甘绍平：《忧那思等人的新伦理究竟新在哪里？》，载《哲学研究》2000 年第 12 期。

第一，责任伦理具有预防性、前瞻性。责任伦理强调社会救助法律主体在参与社会救助法律关系为一定行为时应对自身行为的后果进行积极地预测，“意识到了对自己行为后果的责任，真正发自内心地感受着这一责任，然后他遵照责任伦理采取行动”①，以高度的责任意识来规范自身行为，对自身行为进行超前的道德考量，从而“使你的行为后果与人类真正永恒的生活保持一致”②。

第二，责任伦理内涵着人本主义精神。人本主义的内涵可概括为“人的价值高于一切；人是目的，不是手段；人是发展的中心主体；促进人的全面发展；崇尚和彰显人性；坚持人的独立自主；尊重人的首创精神；权利优位于义务；权利优位于权力；尊重和保障人权”。③ 人是制度的出发点和最终落脚点。社会救助造血机制正是对以“个人本位”和“形式公平”为理念建构制度所造成的人日益工具化问题的修正。

第三，责任伦理是社会本位理念的承载，推动着造血型救助方式建构。责任伦理承载着社会本位理念，要求“当其他社会成员需要帮助时，你应该帮助他或他们；当社会利益与个人利益发生冲突时，你应该放弃个人利益，服从社会利益；你应该把全体社会成员的最大幸福作为你毕生追求的目标”。④ 在市场机制中，不同主体在利己心的引导下，追求自身利益最大化的同时，往往忽视其他主体的利益或社会整体利益，造成贫富分化问题。社会救助造血机制的建构正是政府基于责任伦理，在实现多方利益配置平衡的导向下，通过制度供给形式规制主体行为外部性、消除贫困而保障弱势主体权利、推进社会可持续发展（对弱者的帮助是实现社会再生产的条件）的行为。同时，对于被救助主体而言，只有在责任伦理基础上的社会救助机制，才可引导其在被救助的同时关注有限社会救助资源的优化配置和其他主体的利益，使被救助主体积极利用有限的救助资源和机会提升自我，从而实现个体利益与社会利益的统一。

2. 激励理念

激励是指主体追求特定行为目标的动力，正如某学者形象地定义，激励就是在人前面放个大金花，在人后面放只老虎，跑得快的得金子，跑得慢

---

① ［德］马克斯·韦伯：《学术与政治：韦伯的两篇演说》，冯克利译，生活·读书·新知三联书店 1998 年版，第 40 ~ 41 页。

② Hans Jonas, *The Imperative of Responsibility: In Search of an Ethic for the Technological Age*, University of Chicago Press, 1985, p. 11.

③ 李步云：《法的人本主义》，载《法学家》2010 年第 1 期。

④ 赵文洪：《市场经济与社会本位价值观》，载《哲学研究》1996 年第 12 期。

的被老虎吃掉。[①]“激励的目的就是把个体行为的外部性内部化,通过规则的强制,迫使产生外部性的个体将社会成本和社会收益转化为私人成本和私人收益,使行为主体对自己的行为承担完全责任,从而通过个体的最优选择实现社会最优”。[②]激励理念作为造血机制的内在作用机理贯穿于造血机制运行的整个过程,而造血机制运行的每一环节也无不显现激励理念的精神本质。首先,造血机制以各主体的动机和行为为作用基点。“人们为了满足需要会产生各种各样的动机,动机本身对于人的行为就有激励作用,法律规范可以通过抑制某些人的恶劣动机,预先就对人的行为方向作出指引”。[③]同时,“对于法律来说,除了我的行为之外,我是根本不存在的”。[④]造血机制通过对社会救助各主体不同动机和行为的引导、规制,影响主体行为的方式、目的或后果,以实现其对特定价值的追求,即造血机制通过影响各主体信息或资源获得的可能性,通过塑造主体行为的动力和建立主体行为的规则而实现对主体行为的引导。其次,认同感是造血机制运行的价值基础,即共同的价值追求是造血机制发挥作用的基础。造血机制以最大限度地确保社会救助公平与效率的统一、各方利益的帕累托最优为目标。此共同价值追求成为各主体社会救助行为的导向、正当性的证成和激发的动力来源。造血机制通过主体认同感激发主体合法行为的产生,使社会救助主体受到鼓励,从而做出其所要求和期望的行为,实现其所设定的整个社会关系的模式系统的要求和其所追求的法律效果或社会秩序。[⑤]造血机制在此意义上正是国家基于共同体价值而对不同主体的需求予以认同的结果。再次,造血机制以实现各主体的“自我激励”为最终形态。自我激励是指“激励主体和激励客体的角色都由同一组织成员来承担的激励类型。个体行为的启动、监控、评估以及奖惩都由个体自身完成”。[⑥]由于发展、奋斗与惰性在个人生活和社会中都是固有的,所以人为了实现人所具有的建设性和创造性的能力,就必须采取一切可能的合理手段激励其在发展和奋斗方面的欲求。[⑦]造血机制作为国家立法机关建构的合理机

---

① 参见陈惠湘:《联想为什么?》,经济日报出版社 2008 年版,第 161 页。

② 张维迎:《信息、信任与法律》(第 2 版),生活·读书·新知三联书店 2006 年版,第 83 页。

③ 付子堂:《法律功能论》,中国政法大学出版社 1999 年版,第 71 页。

④ [德]卡尔·马克思:《评普鲁士最近的书报检查令》,载中央马克思恩格斯列宁斯大林著作编译局:《马克思恩格斯全集》(第 1 卷),人民出版社 1956 年版,第 16～17 页。

⑤ 参见付子堂:《法律的行为激励功能论析》,载《法律科学(西北政法学院学报)》1999 年第 6 期。

⑥ 俞文钊:《现代激励理论与应用》,东北财经大学出版社 2006 年版,第 228～229 页。

⑦ 参见[美]E. 博登海默:《法理学:法哲学与法律方法》,邓正来译,中国政法大学出版社 2004 年版,第 407 页。

制客观上发挥着对社会救助各主体的激励功能。同时,激励功能的最终实现还依赖于被激励主体自身对激励机制所承载的理念的认同,即造血机制激励功能的发挥只有在造血机制所秉承理念"能够融入行为人的评价体系和行动函数之中并被接受时(认同感或共同体价值产生并融入社会救助主体价值体系之中),才能产生真正的激励功能"。[①] 在自我激励状态形成后,社会救助主体能够在共同价值下,依据不同社会发展情形,建构合理的造血机制,以实现造血机制与价值或社会现实的动态平衡,进而合理实现社会共同追求的法律效果和法律秩序,实现社会救助公平与效率的统一,实现个人利益与社会利益协调统一、各主体权力配置的帕累托最优。

(二)造血型社会救助方式建构的基本原则

"法律原则是法律的基础性真理、原理,或是为其他法律要素提供基础或本源的综合性原理或出发点。"[②]造血型救助方式重构的基本原则是责任伦理和激励理念的承载,引导着具体造血型救助规则的建构。社会救助造血机制的建构应以多主体互动和公平与效率相统一为基础和出发点,从而保障具体社会救助造血机制建构的科学性、合理性。

1. 多主体互动原则

20 世纪 80 年代面对国家与市场在社会资源配置中的失灵,西方国家提出了治理理念,认为对社会事务的治理是在政府引导下,个体、社会组织等多元化的主体在自愿基础上发挥各自优势互动与合作的过程。[③] 对被救助主体进行救助的过程就是政府、社会组织以及个体等多元化主体在市场机制下发挥各自优势互动与配合的过程。首先,在社会救助造血机制建构中,必须遵循市场对资源配置的基础作用,合理发挥市场在资源配置上的优势。因为自由竞争的市场机制能够实现资源的优化配置,是获得繁荣和保证繁荣最有效的手段。[④] 虽然社会救助作为公共物品,具有非竞争性、非排他性的特征,市场主体作为社会救助公共物品的最终供给已无法受到价格机制的激励,更不可能依照价值规律获得增值收益,但并不影响市场在资源配置中基础性作用的发挥。因为社会救助作为公共物品具有供给与生产的可分性,即在明确政府作为公共物品最终供给者基础上,可

① 丰霏:《法律激励的理想形态》,载《法制与社会发展》2011 年第 1 期。

② 张文显主编:《法理学》,高等教育出版社、北京大学出版社 2007 年版,第 121 页。

③ 参见[英]格里·斯托克:《作为理论的治理:五个论点》,载俞可平:《治理与善治》,社会科学文献出版社 2004 年版,第 34 页。

④ 参见[德]路德维希·艾哈德:《来自竞争的繁荣》,祝世康、穆家骥译,商务印书馆 1983 年版,第 11 ~ 12 页。

以在公共物品的生产环节发挥市场作用,引入竞争,提高公共物品供给效率。正如文森特·奥斯特罗姆所言:“公共物品和服务的生产有必要与公共付费的提供区别开来。政府提供不必介入公共生产,实际上,从原始材料到制成品的某个阶段上,每种公益物品都天然地具有私人渊源。因此,一个公共机构通过与私人的契约安排,或者与其他公共机构的契约安排,能够为地方社群提供公共服务,而不用亲自介入生产事务。”①其次,在社会救助造血机制建构过程中,应注重发挥国家在资金给付和制度供给上独有的优势,建构合理的激励机制引导和监管其他主体参与社会救助活动。“造成贫困的原因中社会因素在总体上大于个人因素,国家与政府应负担起救助贫困的责任”,而国家与政府在宏观上负有“对社会组织进行管理和引导的职责”,“承担起制度建设职责,而且还应当肩负起具体保障职能,为贫困者提供各种救济措施”。② 国家之所以应发挥其在制度供给、资金给付以及对其他社会主体的监督与引导功能,一方面是因为这本身就是其职责所在,另一方面正是其职责定位成就了国家相对于其他社会主体的独有优势。最后,在社会救助造血机制建构中应注意,除了发挥社会组织扩大社会救助资金来源和发挥特有的技术、信息优势克服国家与公民在救助过程中信息不对称外,还应发挥社会组织作为政府与民众(公民社会)间互动的桥梁的作用,从而使国家受到多元社会权利(力)的制衡。③ 因为一方面社会组织是由社会主体自愿建构而成,可利用组织优势对多元主体利益予以整合,成为多主体共同利益诉求的表达平台;另一方面社会组织具有自身独特的专业技术(信息)优势与公益性,能够克服市场失灵,从而发挥自身优势参与和监督政府社会救助供给全过程,补充政府作用域的不足。④

2. 公平与效率相统一原则

虽然公平与效率间的冲突和权衡时刻充斥着社会,但这主要是由于两者所立足的场域或条件不同所导致,如在社会权利领域公平原则上优先于效率,而在市场领域则效率优于公平。⑤ 公平与效率之间是一种辩证统一

---

① [美]文森特·奥斯特罗姆、[美]查尔斯·M. 蒂伯特、[美]罗伯特·瓦伦:《大城市地区的政府组织》,载[美]迈克尔·麦金尼斯:《多中心体制与地方公共经济》,毛寿龙译,上海三联书店2000年版,第48~49页。

② 林莉红、孔繁华:《社会救助法研究》,法律出版社2008年版,第62~64页。

③ 参见马长山:《国家、市民社会与法治》,商务印书馆2002年版,第163页。

④ 参见蒋悟真:《市场监管法治的法哲学省察》,载《法学》2013年第10期。

⑤ 参见[美]阿瑟·奥肯:《平等与效率:重大的抉择》,陈涛译,中国社会科学出版社2013年版,第61页。

的关系——人们对公平的追求要以社会公认的效率为物质条件，只有在特定的社会发展水平下才会有特定的公平，公平是个不断变化的历史范畴；效率是以公平为条件的效率，只有在公平条件下才能激发主体的积极性，从而增进有限社会资源配置的效率；公平与效率间相互促进、相互制约。①公平与效率的统一是现代法律所保障的或值得保障的基本价值目标。②社会救助造血机制作为社会分配系统，适用和运行过程深嵌于特定的社会系统之中，不同阶段价值侧重不同，公平与效率内在地统一于社会救助造血机制适用和运行的过程，若偏废其一，必将阻却社会救助造血机制功能的发挥。③

社会救助造血机制在实质公平导向下，纠正市场作为资源配置机制所带来的不平等，维护被救助主体权益。因为“权利特别是穷人和弱者的权利，既是关注贫困的实质性问题，又是分配正义的关键问题”。④ 社会救助造血机制，一方面作为市场配置资源的纠正机制，在于对因疾病、年龄、意外事故而不能参与市场竞争的主体或因参与竞争而不幸失败者提供生存与发展的机会，以纠正市场分配失灵带来的不公平；另一方面作为再分配机制，维护被救助主体生存权与发展权，实质公平是其建立的价值基础。同时，任何制度的建构(变迁)总与特定的利益分配相关联，制度结构的调整意味着利益配置的变化，也由此带来了新的成本与收益的选择，要提升制度资源配置的效率，就应该对制度作出更合理的安排。⑤ 社会救助造血机制是对传统输血型救助机制以物质救助为主及消极性、被动性的修正，应注意救助效率的提升，即造血救助机制方式应有利于调动各主体的积极性，使社会救助造血机制在保障被救助主体权利的同时亦能激励被救助主体的主动性和积极性。例如，欧洲国家面对福利危机将市场竞争机制引入福利产品的生产过程、将单纯的输血救助转变为与工作福利式的救助模式正是实现公平与效率相统一的造血救助机制的最好例证。

(三)造血型社会救助法律机制的建构和完善

随着我国市场经济的快速发展，民生问题日益凸显。如何在政府、社会组织及社会个体的帮助下提升困难群体自我救助能力，维护困难群体的

---

① 参见吴宣恭：《实现公平与效率互相促进》，载卫兴华、张宇主编：《公平与效率的新选择》，经济科学出版社 2008 年版，第 63 ~ 65 页。

② 参见[日]川岛武宜：《现代化与法》，王志安等译，中国政法大学出版社 1994 年版，第 246 页。

③ 参见蒋悟真、詹国旗：《公共物品视角下社会救助的法律解释》，载《比较法研究》2016 年第 1 期。

④ 孙君恒：《阿马蒂亚·森的分配正义观》，载《伦理学研究》2004 年第 5 期。

⑤ 参见[美]丹尼尔·W. 布罗姆利：《经济利益与经济制度——公共政策的理论基础》，陈郁、郭宇峰、汪春译，上海三联书店、上海人民出版社 2006 年版，第 266 页。

生存权和发展权,从而适应新形势下民生需求,彰显社会公正,传播社会正能量成为必须面对的课题。造血型救助机制以提升被救助主体的自我造血能力、维护被救助主体的人格尊严为目标,对造血型社会救助机制予以建构、完善无疑是推进我国社会救助立法向现代性转化、解决社会民生问题可供选择的路径之一。

1. 特定主体造血型救助的类型化

类型是“有联系的、有意识的意义关联”,是“法理念与生活事实的这个中间点”,是“规范正义与事物正义的中间点”,恰当地处理事实与规范间的关系,保证了规范对变化不居的事实的开放性和适应性。① 类型化过程是对众多的经验事实、法律现象予以总结、提炼的过程。在类型化的过程中,不仅需借助“经验法则”从不同的社会救助现象中抽象出类型化的特征,形成经验性的“表现形象”,更离不开对“规范目的及规整背后的法律思想”的考量。② 也正是经验性和规范性因素的共同参与使类型化思维模式具有了开放性特征,从而较好地克服了传统概念化思维模式的抽象性、封闭性弊端,能更好地适应发展变化的社会现实,消解事实与规范间的内在张力。对社会救助造血机制予以类型化是认知社会救助造血机制本质和完善社会救助造血机制的可行性进路之一,正如马克斯·韦伯所言,“理想类型的概念将训练研究中的归源判断:它不是假设,但它将指出假设构成的方向。它不是现实的一种描述,但它将给描述提供明确的表达手段”。③ 同时,类型化救助意味着对特定类型被救助主体地位的尊重。这种主体性地位不仅要求社会应尊重被救助主体“独立存在者”的地位,④而且要求被救助主体在接受救助时“必须同时不断地问自己,在追求自己的愿望和利益的过程中,其他人会受到什么样的影响”,⑤认识到其作为独立的主体应当承担的社会责任。2015 年 11 月中共中央、国务院颁布的《关于打赢脱贫攻坚战的决定》将“精准扶贫、精准脱贫”作为基本方略,为实现类型化救助提供了思想和方向的指引。类型化救助针对不同的类型采

---

① [德]亚图·考夫曼:《类推与“事物本质”——兼论类型理论》,吴从周译,台北,学林文化事业有限公司 1999 年版,第 111 ~ 113 页。

② 在形成类型及从事类型归属时,均同时有经验性及规范性因素参与其中,而这两类因素的结合亦正是“规范性的真实类型”的本质。[德]卡尔·拉伦茨:《法学方法论》,陈爱娥译,商务印书馆 2003 年版,第 340 页。

③ [德]马克斯·韦伯:《社会科学方法论》,韩水法、莫茜译,中央编译出版社 2005 年版,第 39 页。

④ 参见[日]川岛武宜:《现代化与法》,王志安等译,中国政法大学出版社 1994 年版,第 53 页。

⑤ [德]U. 伯姆:《思想的盛宴——与西方著名思想家伽达默尔等对话》,王彤译,浙江人民出版社 2001 年版,第 116 ~ 117 页。

取不同的救助方式，在保障被救助主体权利的同时，提高了救助的精准性和效率。但《暂行办法》《慈善法》《社会救助法（草案征求意见稿）》均未针对救助对象的类型化而具体设计相关救助制度。在具体的社会救助实践活动中，政府部门往往也很少考虑不同弱势主体的不同情况，而是依据社会救助规范采取“一刀切”做法。这样既不利于被救助主体权利的保护、救助公平的实现，又不利于救助效率的提升，造成政府社会救助供给与被救助主体社会救助需求间的脱节。为避免因社会救助规范设计不合理造成救助权利实现的困境，应按照救助对象不同将社会救助划分为儿童救助、老年人救助、残疾人救助等，予以类型化救助。

第一，儿童救助机制的完善。儿童①作为国家的未来，我国历来重视儿童贫困②问题，儿童救助经历了由“慈善救助”到“国家补缺型救助”再到“普惠性救助”的过程。国家围绕儿童救助先后出台了系列法律政策，③推动儿童救助的规范化、法治化，但相关规定更多的是宣示性规定，缺乏专门、具体、有针对性的规定，从而使得儿童救助权利难以从“纸面上的权利”变为现实权利，进而导致儿童救助实效不足、儿童权益侵害事件屡屡发生。④ 是故，针对我国儿童救助的现实，应在保障儿童生存权与发展权的目标下，强化救助主体责任，从而提升儿童救助实效，维护儿童被救助权利。首先，针对儿童心理健康维护和能力培养的特殊需要，在救助上应侧

① 民政部《关于进一步开展适度普惠型儿童福利制度建设试点工作的通知》“将儿童群体分为孤儿、困境儿童、困境家庭儿童、普通儿童4个层次”，其中“孤儿分社会散居孤儿和福利机构养育孤儿2类；困境儿童是指自身状况存在困境的儿童，分残疾儿童、重病儿童和流浪儿童3类；困境家庭儿童指家庭状况存在困境的儿童，分父母重度残疾或重病的儿童、父母长期服刑在押或强制戒毒的儿童、父母一方死亡另一方因其他情况无法履行抚养义务和监护职责的儿童、贫困家庭的儿童4类”。

② 儿童贫困相对于成人贫困拥有自身的特殊性：“一是剥夺，即缺乏其发挥潜能所需的物质条件和服务；二是排斥，即其经历了不公正的过程，尊严、话语和权利都被否定，生存受到威胁；三是脆弱性，即在其生活环境中，没有社会能力去应对其生存和威胁。”秦睿、乔东平：《儿童贫困问题研究综述》，载《中国青年政治学院学报》2012年第4期。

③ 如《中国儿童发展纲要（2001－2010）》（2001）、《母婴保健法实施办法》（2017修订）、《儿童社会福利机构基本规范》（2001）、《禁止使用童工规定》（2002）、《家庭寄养管理暂行办法》（2003）、《城市生活无着的流浪乞讨人员救助管理办法》（2003）、《关于加强孤儿救助工作的意见》（2006）、《关于加强和改进流浪未成年人救助保护工作的意见》（2011）、《中国儿童发展纲要（2010－2020）》（2011）、《关于发放艾滋病病毒感染儿童基本生活费的通知》（2012）、《未成年人保护法》（2020修订）、《关于加强农村留守儿童关爱保护工作的意见》（2016）、《关于加强困境儿童保障工作的意见》（2016）、《母婴保健法》（2017修订）、《义务教育法》（2018修订）等系列法律政策。

④ 2012年毕节流浪儿童取暖中毒死亡事件、2013年兰考儿童火灾事件、2014年广州福利院婴儿安全岛被遗弃死婴事件、2015年毕节留守儿童自杀事件等。

重于儿童心理和教育的救助。我国现行儿童救助更多地是基于最基本的生存需要而推行的物质救助,却忽视了儿童心理与教育救助。过于注重物质救助而忽略心理救助和教育救助,使儿童回归社会后缺乏应有的适应性,难以真正融入社会,甚至因缺乏认同感而发生极端事件。但由于真正有心理疾病的儿童并不多,儿童救助更多表现为由于缺少亲人或家庭的关爱而出现的"情绪障碍或认知不良",所以对儿童的心理救助除了提供常态化的心理辅导和心理预防等措施外,更重要的是"提供最纯粹的心理关爱"。[①] 并且,儿童作为特殊群体正处于成长期,维护被救助儿童适时受教育的权利,保障被救助儿童享受常态性基础教育,是其之后作为一名合格公民、适应社会所必需。同时,"教育和医疗的质量应当是推行有条件现金转移支付项目的核心,如果现金转移的条件是强制使用质量低下且低效的公共服务,那么根本无法看到预期的福利效果",[②]不仅要注重儿童救助的数量,更应注重救助的质量。其次,设置专门儿童救助保护部门和官员,引导救助活动,实现家庭、社会、国家等多元责任主体间的合作协调。例如,英国要求建立地方儿童保护董事会和成立儿童专员,从而实现不同地区不同主体间儿童救助的协调与信息共享,这一做法就值得借鉴。[③] 再次,在采取税收优惠、家庭补贴、救助津贴等家庭激励机制时,应针对不同的家庭结构、不同的年龄区分设置不同的救助标准,从而合理激发家庭救助功能。例如,德国对处于单亲家庭的年幼的儿童的救助津贴可达到平均工资的98%,而普通家庭儿童的救助津贴则为平均工资的70%,这一做法就值得借鉴。[④] 最后,强化家庭、社会和国家的惩罚性责任。对于未能合理实施儿童救助的家庭的父母给予批评教育,甚至取消父母的监护资格。对于国家而言,可以使履行救助职责的公务人员的考评、晋升与儿童救助履行的好坏相联系,并明确不当行权责任。对于社会其他主体,应进一步明确法律责任,提升惩罚的威慑性,如合理完善虐待(买卖)儿童、组织儿童乞讨等相关行为的刑事惩罚机制。

第二,老年人救助机制的完善。由于受到年龄、知识、技能以及社会排斥的影响,困难老年人往往缺乏再生产能力的同时,还伴随着生活自理困

---

① 于璐、熊韦锐:《从"回家"到"回归"流浪儿童救助模式的转换与整合》,载《中国青年研究》2013年第2期。

② Laura B. Rawlings, *A New Approach to Social Assistance: Latin America's Experience with Conditional Cash Transfer Programs*, 58 International Social Security Review 133(2005).

③ 参见李莹、韩克庆:《我国困境儿童托底性保障制度的建构》,载《江淮论坛》2015年第5期。

④ 参见邱莉莉:《国外救助与就业激励政策及启示》,载《国外社会科学》2010年第2期。

难与缺乏精神慰藉问题。因此,老年人救助不能简单地关注经济救助,更应注重生活护理与精神救助。生活护理主要是针对老年人自理能力缺失问题;精神救助则是针对老年人"精神安全需求、归属与爱的需求、自尊需求和自我实现的需求"无法得到保障的问题。① 随着人口老龄化、家庭小型化以及失独家庭和空巢老人等问题的大量出现,仅仅依靠传统养儿防老(家庭养老)已无法保障老年人正常的生活护理与精神慰藉的需要。针对老年人困难和需求特点,老年人救助应以政府、社会等外在救助为主,以激发自身救助能力为辅。首先,建构、完善由经济救助、生活护理以及精神救助组成的老年救助制度体系。我国现行老年救助往往以经济救助为主,而忽略生活护理与精神救助问题,但困难老年人,如农村空巢老年家庭、失独家庭以及孤寡老人等对于生活护理与精神慰藉的需求更迫切。是故应建构系统的困难老年人生活护理和精神救助制度。② 其次,合理实现社会救助与其他养老保障制度的协调与衔接。如对拥有基本养老金资格的贫困老人可考虑将其养老金60%左右计入收入,在此基础上再根据老年救助标准决定补助情况。③ 再次,合理发挥家庭、社区等在老年人生活护理和精神救助中的作用。虽然家庭养老功能逐步弱化,但家庭养老依然是我国养老的基本形式,应合理激发家庭养老功能。如新加坡将与老人同住和购买、租赁组屋挂钩,规定只有与老年人同住才可享有购买和租赁组屋的资格,而三代同堂者可优先解决。④ 同时,利用资金或政策优势,以社区为基础,发动亲朋好友、邻里及志愿者推行友好扶助、寄养老人、家庭病床、上门医疗、心理辅导等多元化的社区服务,为老年提供护理救助和精神慰藉。最后,可以适度激发有工作能力的老年人的经济自救。可依据不同的家庭结构、不同年龄、工作能力(时间)和特定情况(如空巢、失独)等予以类型化并采取不同的救助标准和救助方法,如使救助标准与工作时间相联动,工作时间越长的老年人在困难时具有更高的救助标准,以鼓励老年人自我救助。同时,借鉴欧美国家经验,完善就业歧视规则为老年人就业创造平

---

① 蒋悟真:《精神赡养权法治保障的困境及其出路》,载《现代法学》2014年第4期。

② 虽然许多的国家通过专门的长期照顾保险制度弱化护理救助的功能,通过直接的经济救助使更多贫困老人得到社会救助,而不必投入长期照顾服务,但实际效果并非如此,护理救助的兜底功能无法取代。如21世纪以来德国申请护理救助的人数一直处于上升趋势,而非减少,长期的照顾保险无法覆盖所有困难老人。参见刘涛:《联邦德国的老年防贫体系:社会救助制度的动态扩展与增量扩容》,载《社会保障评论》2017年第2期。

③ 参见陈友华、苗国:《老年贫困与社会救助》,载《山东社会科学》2015年第7期。

④ 参见马志刚、刘建生:《新加坡的社会管理》,群众出版社1993年版,第114~115页。

等的雇佣环境，积极推行老年人就业培训计划提升就业技能。①

第三，残疾人救助机制的完善。虽然我国先后出台了《残疾人就业条例》（2007 年）、《残疾人保障法》（2008 年）、《残疾人就业保障金征收使用管理办法》（2015 年）等法律规范，残疾人救助正向法治化转变，但残疾人救助依然深受传统人道主义思想的影响，残疾人作为权利主体的地位并未得到有效的尊重，残疾人自身主动性未得到激发，在救助中往往出现“重救轻助”、“救助依赖”以及“救助不足”并存的现象，使残疾人权利无法得到合理保障，必须予以完善。首先，在理念上，应尊重残疾人主体性，激发残疾人能动性。残疾人不能因为残疾而成为权利上的特殊主体。残疾人拥有与普通人一样的权利和责任，其在享有国家保护权利的同时，同样应该承担与其能力相当的社会责任。国家不能因为“残疾”而在救助供给中忽略残疾人应有权利的尊重和责任承担，而一厢情愿地对残疾人采取供养的方式。残疾人除了有被救助的权利同样具有与普通人一样工作的权利。如 20 世纪 70 年代，美国残疾人权利倡导者就反对法律仅仅是消极地对残疾人承诺康复服务、现金补助和医疗保健等福利，“提出为残疾人提供反对歧视的法律而不是社会福利———这是通过为残疾人提供自己谋生的机会来消除福利计划的关键”。② 其次，以激励和增加残疾人自我救助能力为导向的具体残疾人救助制度建构。为了克服传统残疾人救助制度带来的“福利依赖”的弊端，一方面在识别标准上，应立足于贫困而非简单地立足于残疾，提高贫困主体的识别精准度；③另一方面在能动性激发上，尊重残疾人主体性，合理发挥就业激励机制的功能。如美国将残疾人就业收入的第一个 20% 或 30% 直接扣除不作为家庭收入，剩下的 50% 才作为扣除数额，并通过扣除一定比例家庭收入的形式鼓励积极学习技能或参与职业培训的被救助者，从而激励残疾人家庭的劳动意愿和就业意愿。④ 最后，可依据不同的残疾原因、残疾级别、家庭情况等予以类型化，采取不同标准或方法予以救助。例如，法国的做法就值得借鉴，一方面设置了针对残疾

---

① 欧美国家有些城市为了消除对老年人的就业歧视，制定了老年就业歧视规定，如美国纽约《禁止就业中的年龄歧视法案》、英国伦敦《雇用平等（年龄）规则》等。同时，积极加强老年培训，如老年社区服务计划、“新政 50 +”计划等，鼓励企业雇佣老人。参见张水辉、夏瑾：《全球城市视域下的上海老年就业政策研究》，载《经济体制改革》2019 年第 4 期。

② Samuel R. Bagenstos, *The Future of Disability Law*, 114 The Yale Law Journal 1 (2004).

③ 参见杨立雄：《中国残疾人福利制度建构模式：从慈善到社会权利》，载《中国人民大学学报》2013 年第 2 期。

④ 参见［美］戴安娜·M. 迪尼托：《社会福利：政治与公共政策》（第 5 版），何敬、葛其伟译，中国人民大学出版社 2007 年版，第 147 ~ 148 页。

人的特别救助体系；另一方面对不同的残疾人设置不同的救助标准或特定救助项目（专项教育津贴只适用于年龄在20岁以下的重度残疾子女以补偿他们额外的教育支出）。我国同样应针对不同残疾人救助需求差异，在救助供给数量与结构上采取差异化产品的供给，从而合理保障残疾人权益。①

2. 就业救助机制的完善

就业救助机制是实现造血式救助的重要形式之一。就业救助机制要么是为避免福利依赖而实施的“工作福利政策”，要么是为了促进社会融合（针对结构性失业导致社会排斥）而推行的“激活政策”，两者共同构成了就业救助的内容。为此，我国就业救助机制建构和完善应从工作福利政策和激活政策两方面展开。

对于“工作福利政策”，《暂行办法》第45、46条进行了相应规定，②但并不健全，必须予以完善。首先，应实现就业救助与最低生活保障制度的脱钩，避免导致“养懒汉”现象。③ 因为我国现行就业救助与最低生活保障制度相捆绑，④将最低生活保障作为享受就业救助的前提条件，既使最低生活保障边缘的困难群体社会救助权无法得到保障，又使就业救助获得

---

① 如学者对南京残疾人需求调查发现不同类别的残疾人接受福利供给和对福利需求的迫切程度也不同。例如，听力残疾人接受福利供给主要集中在医疗服务与救助、辅助器具、贫困残疾人救助与扶持等；而对福利需求则集中于辅助器具、医疗服务与救助和贫困残疾人救助与扶持等。视力残疾人接受福利供给集中在医疗服务与救助、辅助器具、生活服务等；而对福利需求则集中于医疗服务与救助、辅助器具和康复训练与服务等。言语残疾人接受福利供给集中在医疗服务与救助、康复训练与服务、就业安置或扶持等；而对福利需求则集中于医疗服务与救助、康复训练与服务和贫困残疾人救助与扶持等。肢体残疾人接受福利供给集中在医疗服务与救助、辅助器具、康复训练与服务等；而对福利需求则集中于医疗服务与救助、辅助器具和康复训练与服务等。智力残疾人接受福利供给集中在贫困残疾人救助与扶持、医疗服务与救助、教育费用补助或减免等；而对福利需求则集中于贫困残疾人救助与扶持、医疗服务与救助和康复训练与服务等。精神残疾人接受福利供给集中在医疗服务与救助、贫困残疾人救助与扶持、康复训练与服务等；而对福利需求则集中于医疗服务与救助、康复训练与服务和生活服务等。详见黄俊敏、杨文健：《残疾人福利需求差距分析及对策研究——以江苏省南京市为例》，载《社会保障研究》2015年第6期。

② 《暂行办法》第45条规定：“最低生活保障家庭中有劳动能力但未就业的成员，应当接受人力资源社会保障等有关部门介绍的工作；无正当理由，连续3次拒绝接受介绍的与其健康状况、劳动能力等相适应的工作的，县级人民政府民政部门应当决定减发或者停发其本人的最低生活保障金”。第46条规定：“吸纳就业救助对象的用人单位，按照国家有关规定享受社会保险补贴、税收优惠、小额担保贷款等就业扶持政策”。

③ 参见李秉文：《社会救助：“全民就业”式优于“全民低保”式》，载《经济学家》2010年第11期。

④ 《暂行办法》第42条规定：“国家对最低生活保障家庭中有劳动能力并处于失业状态的成员，通过贷款贴息、社会保险补贴、岗位补贴、培训补贴、费用减免、公益性岗位安置等办法，给予就业救助。”

者缺乏脱贫的动力。特别是随着我国精准扶贫(脱贫)任务的完成,绝对贫困问题将成为极少数现象,相对贫困问题则成为常态,如将就业救助与最低生活保障制度相衔接,将导致就业救助无法启动的困境。其次,建构工作与救助相捆绑的救助方式。现行立法虽然对就业救助作出了相应规定,但过于粗放,应细化。一方面,所有的被救助者只有工作才可享受救助;另一方面,享受救助者没有特殊条件拒绝工作会受到一定的惩罚,如德国第一次拒绝至少会减少25%的救助、多次拒绝将会取消救助就值得借鉴。① 最后,对被救助者进行就业激励。例如,美国对被救助者工作所得进行税收抵免,参与工作后仍享受6个月的救助,直到收入高于贫困线50%。②

结构性失业与经济发展相伴随,社会劳动生产率每提高1%就将减少130个就业岗位。③ 对于为应对结构性失业而建构的"激活政策",《暂行办法》和《社会救助法(草案征求意见稿)》并未作出相应规定,应予以完善,从而与就业援助政策相衔接。首先,国家可以通过税收优惠或补贴形式鼓励企业对失业者进行雇佣。因为"对企业的税收激励倾向于促进劳动力需求,并能够在短时间内迅速产生就业促进的政策效应"。④ 在具体税收激励机制的建构方面,荷兰对企业雇佣工资低于最低工资115%的人员享受特别减税幅度、对为长期失业者提供岗位的企业进行补贴的做法就值得借鉴。⑤ 其次,在逐步完善职业教育体制机制的基础上,⑥针对被救助主体不同情况推行不同的职业培训计划(如针对进城务工人员的短期技能培训;针对青年人的青年机会计划、青年学徒制度或特定的培训项目等;针对被救助主体创业的中长期专业技能培训、依据市场需求而展开的"订单式"培训等),以增加被救助主体的素养和技能以适应社会现实工作需求,

---

① 参见江树革、[瑞典]比约恩·古斯塔夫森:《国外社会救助的经验和中国社会救助的未来发展》,载《经济社会体制比较》2007年第4期。

② 参见李乐为、王丽华:《就业激励和援助:贫困救助制度演进和优化的基本取向》,载《甘肃社会科学》2011年第3期。

③ 参见宋小川:《无就业增长与非均衡劳工市场动态学》,载《经济研究》2004年第7期。

④ 高菲、谢林:《供应面视角下促进就业的税收政策研析》,载《税务研究》2014年第8期。

⑤ 参见尼尔·吉尔伯特:《激活失业者——工作导向型福利政策跨国比较研究》,王金龙等译,中国劳动社会保障出版社2004年版,第113页。

⑥ 随着产业升级、经济结构调整,职业教育将成为我国教育体系的重要组成部分。从根本上,我国应完善国家职业教育制度体系,构建国家职业教育标准,从而形成合理的高层次应用人才培养体系,为开展高质量的职业培训,培养与经济社会发展所需的技术技能人才提供制度保障。参见《国务院关于印发国家职业教育改革实施方案的通知》(国发〔2019〕4号)。

并对培训机构进行税收、补贴等政策支持以鼓励其发展。① 最后，可依据2015年《国务院关于进一步做好新形势下就业创业工作的意见》的精神，②对特定的失业困难群体或失业大学生实施创业式救助。政府可以通过财政补贴、小额贷款、税收优惠、技术支持等方式鼓励具有创业条件的失业大学生进行创业以解决失业问题。同时，可依据家庭情况、就业与否、就业时间的长短，采取不同的救助标准或救助手段，以鼓励大学生积极就业，如对于就业时间较长者采取较高的救助标准。

3. 教育救助机制的健全

贫困的生活环境使困难主体有着自身独特的生活方式、行为规范与价值观念，集中表现为一种"贫困亚文化"。"贫困亚文化"中"自暴自弃""宿命论"等消极的价值观念使困难主体缺乏打破命运牢笼、拼搏发展的动力，且容易被代际传递，渐渐的社会中便形成了一个独立特殊的"贫困群体"。③ 因为贫困是对特定主体平等参与社会关系之自由和能力的剥削，而这种社会排斥则进一步加深了特定主体的贫困，使这一群体与社会发展相脱节，被排斥在社会发展之外。④ 从文化的角度消除贫困最有效的途径莫过于教育。教育是社会文明发展的必然产物，更是提升主体素养，使主体驾驭文明、享受文明成果的重要方法。"教育救助制度作为一种重要的教育干预政策，既是代际流动机制的有机组成部分，发挥着促进特定社会阶层再生产的作用，又是调整社会分层结果偏差的重要工具。"⑤受教育权是公民的基本权利，对被救助主体进行教育救助有助于提升受助群体的智力和思想意识水平，增强受助群体的自我造血机能，进而从根本上战胜贫困。⑥ 虽然我国

---

① 参见徐延辉：《教育救助与社会流动》，厦门大学出版社2012年版，第195～196页。

② 《国务院关于进一步做好新形势下就业创业工作的意见》（国发〔2015〕23号）强调"面对就业压力加大形势，必须着力培育大众创业、万众创新的新引擎，实施更加积极的就业政策，把创业和就业结合起来，以创业创新带动就业，催生经济社会发展新动力，为促进民生改善、经济结构调整和社会和谐稳定提供新动能"，"运用财税政策……促进大众创业"，"将小额担保贷款调整为创业担保贷款，针对有创业要求、具备一定创业条件但缺乏创业资金的就业重点群体和困难人员，提高其金融服务可获得性"，"加大减税降费力度……高校毕业生、登记失业人员等重点群体创办个体工商户、个人独资企业的，可依法享受税收减免政策"，等等。

③ 郑航生、李迎生：《全面建设小康社会与弱势群体的社会救助》，载《中国人民大学学报》2003年第1期。

④ 参见［印］阿玛蒂亚·森：《论社会排斥》，王燕燕摘译，载《经济社会体制比较》2015年第3期。

⑤ 袁同成：《我国教育救助制度的变迁逻辑考察——代际流动与教育干预》，载《学术界》2016年第9期。

⑥ 参见蒋悟真、马媛：《我国社会救助造血机制及其立法完善》，载《社会保障研究》2013年第4期。

出台了一系列与教育救助相关的法律政策,[①]但我国并未形成全国统一的教育救助安排。教育救助存在幼儿教育与继续教育阶段空白、救助范围狭窄以及受户籍政策影响等缺陷,严重影响了困难群体教育救助权的实现,应予以完善。

第一,一般教育救助机制的完善。首先,完善幼儿、高中、继续教育以及职业教育救助机制。幼儿教育、高中教育、继续教育和职业教育对困难群体而言,依然是难以保障的教育项目,应依据经济困难家庭贫困程度的不同对幼儿教育、高中教育、继续教育和职业教育实施教育救助,从而提升困难群体受教育的机会。[②] 扩展义务教育阶段教育救助的范围,将农村贫困家庭学生的活动费、校服费以及车船费纳入其中。同时,消除户籍制度的影响,摆脱进城务工人员随迁子女户籍所在地和所在城市两不管的困局,通过建立转移支付专项资金,为困难进城务工人员随迁子女提供教育救助,保障其受教育的权利。[③] 其次,实行教育券制度,克服户籍制度的限制。教育券制度在于改变对学校的直接投入,而将教育经费以教育券的形式直接发给学生,由学生凭教育券自主选择学校。[④] 这样既在学校间引入了竞争,提升了教学质量,又克服了户籍制度的限制。再次,加强对贫困或偏远农村地区教育救助政策的倾斜。不仅要针对贫困或偏远农村地区教育基础设施和教育资金缺乏的现实提供专项财政资金支持,实现教育资金配置的均衡,还要出台特殊的(大学生)教师支援计划或(大学生)教师激励机制(如学费补偿、助学贷款代偿、职称评定、工资以及特定的贫困或偏远地区教师培育计划等)鼓励和培育优秀老师到贫困或偏远农村从教。复次,完善心理救助机制。一方面。实施代偿机制(困难学生要获得救助,必须完成一定的社会服务,实现权利义务的对等),缓解

---

① 如《教育法》(2021 年修正)、《高等教育法》(2018 年修正)、《义务教育法》(2018 年修正)、《国家教育委员会关于对普通高等学校经济困难学生减免学杂费有关事项的通知》(教财〔1995〕30 号)、《国务院关于建立健全普通本科高校高等职业学校和中等职业学校家庭经济困难学生资助政策体系的意见》(国发〔2007〕13 号)、《教育部、财政部关于认真做好高等学校家庭经济困难学生认定工作的指导意见》(教财〔2007〕8 号,已失效)、《财政部、教育部、中国人民银行、银监会关于进一步落实高等教育学生资助政策的通知》(财科教〔2017〕21 号)、《教育部等六部门关于做好家庭经济困难学生认定工作的指导意见》(教财〔2018〕16 号)、《高等学校勤工助学管理办法》(教财〔2018〕12 号)以及《暂行办法》(国令第 709 号)等系列法律政策。

② 对高中教育纳入义务教育的范畴,也是对困难群体救助的方式。如自 2016 年秋季起陕西省推行的 13 年免费教育就值得借鉴。

③ 参见徐丽敏:《农民工随迁子女社会融入的能力建设》,载《学术论坛》2015 年第 5 期。

④ 参见姚建平:《中美社会救助制度比较》,中国社会出版社 2007 年版,第 155 页。

被救助主体的精神压力和自卑感;①另一方面,学校可通过开设心理健康课、专门的心理咨询机构以及建立心理帮扶组织等形式引导困难学生正确认识和处理"贫困问题",形成积极健康的认知和心态。最后,发挥多元主体参与教育救助,扩大教育救助资金的来源,共同推动"希望工程""爱心助学"等救助活动。②

第二,大学生特别救助机制的完善。虽然我国困难大学生救助法律和政策日益完善,资助人数和金额亦逐年提高,③但在困难学生精准识别、救助项目间的整合与衔接等方面依然存在不足,无法全面保障困难大学生救助目标的实现。要实现有限救助资源的优化配置、维护救助的公平、保障困难大学生生存权与发展权,必须对相应制度予以完善。首先,困难大学生精准识别机制的完善。只有精准识别被救助对象才有后续救助资金分配公平与救助有效性问题,困难大学生精准识别是救助实施的前提条件。困难大学生精准识别的关键在于贫困信息的真实性与准确性。现实中出现学生通过人情关系或权力寻租形式出具虚假贫困信息骗取助学金的情况,损害了救助公平,挤占了其他贫困大学生受救助的机会。为了克服部分学生在资格认定上弄虚作假,一是应当明确民政部对困难学生情况的实质审查职责,对违背相应职责者追究相应行政责任或刑事责任;④二是建构专门的教育救助管理机构,行使贫困生鉴定与救助金发放等职能,实现教育救助管理权由高校向行政部门的转移,保障贫困生救助信息的对称,防范救助道德风险的发生,如上海独立家庭收入核定认定中心的建立就值

---

① 参见谭兵:《香港、澳门、内地社会援助比较研究》,北京大学出版社2009年版,第203页。

② 参见蒋悟真、杨娣:《我国教育救助法律困境及其制度完善》,载《湘潭大学学报》2015年第5期。

③ "2018年,全国累计资助学前教育、义务教育、中职学校、普通高中和普通高校学生(幼儿)9801.48万人次(不包括义务教育免除学杂费和免费教科书、营养膳食补助),比上年增加211.07万人次,增幅2.20%;累计资助金额2042.95亿元(不包括义务教育免除学杂费和免费教科书、营养膳食补助),比上年增加160.81亿元,增幅8.54%。学生资助资金连续12年保持快速增长。"其中,资助学前教育幼儿951.57万人次,资助金额111.91亿元,比上年增加18.71亿元,增幅20.08%;义务教育寄宿生生活补助资助1499.58万人次,资助金额190.99亿元,比上年增加11.88亿元,增幅6.63%;资助中职学校学生1629.70万人次,资助金额399.96亿元,比上年增加34.67亿元,增幅9.49%;资助普通高中学生1332.74万人次,资助金额189.79亿元,比上年减少4.01亿元,降幅2.07%;资助普通高校学生4387.89万人次,资助金额1150.30亿元,比上年增加99.56亿元,增幅9.48%。详见全国学生资助管理中心:《2018年中国学生资助发展报告》,载《中国教育报》2019年3月11日,第6版。

④ 参见张健一:《法社会学视野下高校学生资助政策的公平性研究》,载《海峡法学》2016年第2期。

得借鉴推广；[①]三是在正当程序理念导向下建构由政府、司法、执法、社会第三方组织、校内外师生组成的多元监督问责机制对贫困生认定的所有环节予以监督。[②] 其次，合理实现救助项目的优化及各项目间的衔接。现行大学生救助项目包括国家奖学金、国家励志奖学金、国家助学金、企业助学金以及助学贷款等。这些救助项目有着各自不同的设置目的，困难大学救助目标的实现有赖于这些项目的衔接与配合。但由于某些项目间的目标冲突或具体实践中项目运行目标的偏差，影响了大学生救助目标的实现，应在准确定位救助项目目标的基础上，实现救助项目间的衔接，形成救助合力。一是从宏观上实现多元资助项目间的整合、互动。现行大学生不同类型的奖学金、助学金评定缺乏衔接性和协调性，导致某些特别贫困的大学生可能获得所有救助项目，使最终救助水平高于其贫困水平、有限救助资源未得到最优配置。为此，可以建立资助档案，合理整合现有资助项目信息，实现多元救助项目间的互动，如结合被救助大学生个体实际情况设置资助最高限额或制定个性化的资助包，从而避免以上现象的出现。[③] 二是完善国家助学贷款机制。在现行教育救助体系下相对贫困大学生难以得到救助，往往在绝对贫困大学生得到救助后，相对贫困大学生可能比绝对贫困大学生更贫困，但其却无法得到相应救助。为此，可将国家助学贷款适用对象的范围扩展至家庭比较困难又没有被列入贫困生的普通学生，从而保障其平等的教育救助权。三是克服将国家奖学金作为助学金的现象。国家奖学金设置的目的在于"奖优"而非"助困"。如果将国家奖学金作为助学金就会损害其他学生的权益，应予以修正，如英国将国家奖学金项目获得对象从所有家庭经济困难学生调整为极少数最应获得者就值得借鉴。[④] 四是对国家励志奖学金、国家助学金适用条件予以细化。一方面，进一步细化国家励志奖学金"学习成绩优秀"的具体考察标准和奖励分档（如同助学金一样分 2～3 档），从而更好地保障奖励的公平性和困难大学生的权益；另一方面，因为国家助学金的目的在于助困，不应将"勤奋学习、积极上进"作为先决条件使得部分困难学生无法得到救助，但可将"勤奋学习、积极上进"作为更高档次助学金获取的条件，从而同时发挥助

---

① 参见邹海贵、卢清华：《高校贫困生教育救助中的道德风险及对策》，载《高教发展与评估》2011 年第 6 期。

② 参见薄存旭：《论精准助学贫困大学生：贫困生成机理及助学行动导向》，载《高等教育研究》2018 年第 6 期。

③ 参见冯涛：《大学生资助政策的历史回顾与制度设计》，载《中国高等教育》2018 年第 12 期。

④ 参见王玉蕾、胡娟：《英国大学生资助政策效果研究：焦点、问题与启示》，载《复旦教育论坛》2017 年第 4 期。

学金的救助与激励功能。五是修正国家奖学金与国家励志奖学金不可兼得的规定。[①] 因为国家奖学金在于奖优而非助困,并不存在与国家励志奖学金目标的重合与冲突。

4. 精准脱(扶)贫中金融激励功能的法制保障[②]

金融扶贫是脱贫攻坚的重点工程,是精准脱贫的重要制度安排,更是相对贫困长效解决机制建构的题中之义,而金融激励功能则通过这些制度安排激发精准脱(扶)贫中多元主体的能动性,事关精准脱(扶)贫目标的合理实现。虽然我国近年来积极推进金融体制机制改革,[③]为完善金融扶贫机制进行了有益尝试,亦为合理发挥金融激励功能指明了方向,但在合理平衡政府干预与市场配置功能、发挥多主体金融供给优势、完善风险分担以及实现相关制度间的衔接等方面依然存在许多亟待解决的问题。要合理发挥金融激励功能、实现精准脱(扶)贫目标必须对以上问题作出积极合理的回应。

(1)金融激励功能的阐释

激励功能是金融制度应具有基本功能,金融激励功能通过特定金融制度的合理安排,激发不同主体在精准脱(扶)贫中的能动性,使这些主体做出精准脱(扶)贫所期望的行为,并最终实现精准脱(扶)贫所追求的目标和秩序。[④] 发挥金融激励功能的目的在于"把个体行为的外部性内部化,通过规则的强制,迫使产生外部性的个体将社会成本和社会收益转化为私人成本和私人收益,使得行为主体对自己的行为承担完全责任,从而通过个体的最优选择实现社会最优"。[⑤] 金融激励功能的发挥贯穿于政府精准脱(扶)贫实现的全过程,而精准脱(扶)贫中金融激励制度合理运行的每个环节都突显出激励功能。

第一,精准脱(扶)贫中金融激励功能的发挥以贫困主体、企业、社会组织以及个体等精准脱(扶)贫相关主体的动机与行为为作用点。精准脱(扶)贫相关主体身处特定精准脱(扶)贫社会关系中,有着不同动机,如贫

---

① 《普通本科高校、高等职业学校国家助学金管理暂行办法》第 13 条第 2 款规定:"在同一学年内,申请并获得国家助学金的学生,可同时申请并获得国家奖学金或国家励志奖学金。"

② 金融激励机制在就业救助与教育救助中有所涉及,为了避免重复,在此特针对特殊困难群体予以救助的精准脱(扶)贫予以特别论述。

③ 如 2015 年国务院颁发《推进普惠金融发展规划(2016 - 2020)》;《党的十九大报告》强调"深化金融体制改革,增强金融服务实体经济能力";《中共中央、国务院关于打赢脱贫攻坚战的决定》与《中共中央、国务院关于打赢脱贫攻坚战三年行动的指导意见》强调"加大金融扶贫力度";等等。

④ 参见付子堂:《法律的行为激励功能论析》,载《法律科学(西北政法学院学报)》1999 年第 6 期。

⑤ 张维迎:《信息、信任与法律》(第 2 版),生活・读书・新知三联书店 2006 年版,第 83 页。

困主体的脱贫需求、企业的社会声誉与税收优惠、社会组织自身功能实现、个体特定精神需求的满足等,而这些动机则激励着精准脱(扶)贫相关主体行为的实施。金融激励功能的实现只有合理地立基于这些主体的动机,并通过特定金融法律制度对良性动机的引导,才能实现对不同精准脱(扶)贫相关主体行为的指引。同时,金融激励机制通过对相关主体符合精准脱(扶)贫精神、目的或要求行为的正向激励,对不符合的行为则予以负激励,实现对精准脱(扶)贫相关主体行为的合理引导和规制。

第二,精准脱(扶)贫中金融激励功能以实现不同主体的"自我激励"为最终目标。[①] 不同主体"自我激励"的实现过程是金融激励功能通过对精准脱(扶)贫过程中相关主体正当、合理行为的正激励和不当行为、错误行为的负激励,引导这些主体对自身行为予以合理的评估与预期,并最终在精准脱(扶)贫目标导向下形成行为自觉的过程,是不同主体对自身行为予以修正,实现个体行为目标与精准脱(扶)贫目标逐步统一,并达到个体利益与其他主体利益、社会利益综合平衡的过程。

(2)精准脱(扶)贫中金融激励功能实现的困境

"结构影响功能,功能影响结构。"[②]金融激励功能的实现深受其自身特有的制度结构影响。金融激励机制所秉承的价值及其特定的制度安排都决定着金融激励功能的实现程度。正是我国现行金融机制价值理性的不足和具体金融机制的不完善,阻却了精准脱(扶)贫中金融激励功能的合理发挥。

第一,现行金融机制突显特定的工具目标,而忽略了应以贫困主体为基本点、以激励为机理的内在本质,从而影响了金融激励功能的发挥。我国现行金融机制将国家实现精准脱(扶)贫的政治任务和特定的经济调节功能作为其追寻的目标,而忽略了精准脱(扶)贫中金融政策发挥作用的基本点应是作用于贫困主体,并发挥其对贫困主体、企业、社会组织等多元主体参与精准脱(扶)贫的激励作用,从而导致金融激励功能难以发挥应有作用。在精准脱(扶)贫中,金融激励功能的合理发挥,应是在工具理性与价值理性统一下维护贫困主体生存权和发展权,合理实现其所承载的政

① "自我激励"是制度激励功能的最终理想形态。金融激励功能的发挥必须依赖于被激励主体的价值观、目标、行为评价标准、需求、欲望等内在因素,金融激励功能只有融入被激励主体的评价体系和行为函数时才能真正发挥作用。参见丰霏:《法律制度的激励功能研究》,法律出版社 2015 年版,第 125 页。

② [美]罗伯特·K. 默顿:《社会理论和社会结构》,唐少杰等译,译林出版社 2008 年版,第 166 页。

治目标、经济目标以及激发其他参与精准扶贫主体活力等多元目标的平衡,任何偏废都将阻却金融激励功能的真正实现。

第二,农村金融机制的不健全阻碍了金融激励功能的实现。阻却金融激励机制的实现既有农村金融机制自身内部制度建构的问题,也有农村金融机制与财政、保险等相关制度的衔接问题。首先,现行农村金融机制更多地强调政府干预,还未形成一个以市场为基础的成熟的金融运行体系。现行农村金融机制无论是在多元金融主体的市场准入还是在具体的金融运行中都过于强调政府干预,而忽略了金融市场竞争的本质,从而影响了金融激励功能的实现。其次,农村金融产品或服务供给主体较为单一。农村金融产品或服务的供给主体主要表现为国家政策性银行或农业银行、邮政储蓄银行、信用社等国有性金融机构,商业性银行或其他金融机构基于风险考量很少参与农村金融市场,这影响了金融激励功能与农村金融扶贫产品或服务供给的效率。再次,金融风险化解机制不完善。农村金融市场面临着农业产业风险大、抵押物缺乏、信用保障机制不成熟以及保险制度不健全等问题,从而使得农村金融风险较高,许多金融机构望而却步。最后,特定的政策配套或激励政策不健全。虽然国家先后采取了一系列税收优惠、财政补贴(奖励)以及存款准备金减免等措施,但依然较为宏观,难以发挥对特定金融机构、企业或社会组织等多元主体积极参与农村金融扶贫的激励作用。

(3)金融激励功能实现的路径选择与制度保障

我国现行贫困主体的贫困往往表现为一种“制度性贫困”。金融扶贫制度是保障精准脱(扶)贫资金,实现金融激励功能的重要机制。现行金融机制通过扶贫再贷款、政策性金融债、创新金融产品、对稳定还款项目采用过桥贷款等举措激发了金融激励功能。但由于金融机制在供给主体、风险分担以及特定财政配套与激励机制等方面的不足,依然影响着金融激励功能的实现,要合理实现金融激励功能、维护贫困主体生存权与发展权,应在政府与市场相结合、以贫困主体为核心的路径下,形成多元金融主体供给格局,健全金融风险补偿机制,建构合理的征信体系,完善财政配套激励机制和金融扶贫法律责任。

在精准脱(扶)贫中,政府通过金融机制实现对社会资源的再配置以保障贫困群体基本的生存权与发展权是政府履行法定职责的典型方式之一。但政府运用金融机制时应以尊重市场规律为底线原则,而不能滥用金融政策,否则将无法实现金融激励功能。不仅因为市场在资源配置中应发挥着根本性作用,而且政府运用金融机制实现对社会资源的再配置,并不意味着政府亲自参与资源的市场运行、具体的市场环节，市场依然是最有效的资源配置方式。[①] 如果在精准脱(扶)贫过程中，过度强调政府金融干预职能不仅存在行政权力侵害贫困主体权利的风险，还会导致贫困者等靠要的思想、“长官意志下”的脱贫行为难以经受市场考验缺乏可持续性等弊端与困境。

同时，保障贫困主体生存权与发展权是金融扶贫最根本的目的所在，事关精准脱(扶)贫的成败。在金融扶贫过程中，政府、村委会、企业、社会组织、个人等多元主体有着各自不同的利益追求和目标导向，从而发生某些主体为了自身利益而扭曲脱贫目的，侵害贫困主体权利，阻却精准脱贫的实现。因此，在金融扶贫中要合理实现金融激励功能，只有以尊重贫困群体主体性、保障贫困主体生存权与发展权为根本导向，才可消解市场逻辑、行政逻辑与金融扶贫事业发展间的张力与不同主体间利益的冲突，否则将会出现市场利益、行政利益、个人利益侵害和绑架贫困主体利益的情况，影响金融激励功能的发挥，导致金融扶贫的失败。

金融扶贫制度是保障精准脱(扶)贫资金，实现金融激励功能的重要机制。针对现行金融激励机制的不足可从以下方面予以完善。

第一，应推进金融供给主体的多元化。除了发挥政策性银行、国有银行的作用外，还应积极鼓励商业银行参与金融扶贫，合理促推农村金融服务组织的发展。特别是针对农村金融服务组织不健全的现实，可以结合农村实际，发展小额贷款公司、农村资金互助社，对民间金融组织进行合作性改造，增加农村银行网点，促推农村金融供给主体的多元化，从而合理满足金融扶贫的现实要求。同时，推行市场化运作模式，健全金融贷款机构的准入与退出机制，制定灵活多样的利率政策鼓励金融供给主体发展。

第二，健全金融扶贫风险分担、规避机制。贫困主体的贫困更多地表现为知识贫困、信息贫困和技术贫困，自主创新能力缺乏。贫困主体往往只能从事种植业、养殖业等抗风险能力差的行业，而金融资金对风险具有天然的厌恶性。要激发金融资金扶贫积极性，合理实现金融资金的扶贫救助功能，健全金融扶贫风险补偿机制成为可选择措施之一。具体而言，首先，依据不同的脱贫形式，建构贫困主体、公司、合作社、村集体、金融机构等不同主体收益共享、贷款风险各自分散共担制度；其次，针对贫困主体财产稀少、抵押物缺乏的现实，依据农村土地流转和房产确权的实际，推进住

① 参见董晓琳、朱敏杰:《农村金融供给侧改革与普惠金融体系建设》，载《南京农业大学学报(社会科学版)》2016 年第 6 期。

房、宅基地、土地承包权等新的抵押担保形式或“建立以公共财政为主的扶贫贷款担保基金，为贫困户的扶贫贷款提供担保服务”[①]；最后，针对贷款期间银行面临的信用风险，建立贫困主体贷款风险补偿金和扶贫项目（产业）保险制度。[②] 在贫困主体不能偿还贷款或金融扶贫项目（产业）失败的情况下可通过风险补偿金或保险予以偿还，从而合理分担了银行所面临的潜在损失，减少金融扶贫风险，增加金融机构扶贫的积极性。

第三，建构合理的征信体系和信息披露制度。征信体系和信息披露制度是合理规避金融扶贫风险的重要措施。通过征信体系和信息披露制度的完善，可以对贫困主体情况予以详细了解，并定期对贫困主体的信用度和脱贫能力进行评估，从而使得金融扶贫机构能够准确地掌握贫困主体信息，合理地评估风险，进而积极指导自身金融扶贫活动。例如，对信用度等级较高的贫困主体，可有限度地提供无担保或无抵押贷款。

第四，完善配套财政激励机制。通过对税收优惠、降低存款准备金、政府贴息以及财政奖励适用的对象、条件等予以系统化、明细化，激励银行、企业、社会组织积极参与农村金融扶贫。例如，对参与农村金融扶贫的金融机构降低特定比例的存款准备金；对扶贫贷款予以贴息；对参与开发适合扶贫的保险产品的保险公司，给予财政补贴、税收减免等激励政策；通过一定比率的税收优惠、专项资金等激励措施鼓励其他企业、社会组织或个人参与金融扶贫活动；等等。

第五，金融扶贫法律责任机制的完善。金融激励功能的实现不仅需要法制的正激励，也需要法制的负激励。除了完善金融扶贫民事责任外，更重要的是从正负双向激励方面健全政府主体责任。[③] 如细化公务员的奖惩、晋升制度，使其与公务员在金融扶贫中的表现直接挂钩。

---

① 赵红艳：《金融助力产业扶贫的制约因素及消解路径》，载《价格理论与实践》2017 年第 12 期。

② 参见陈放：《乡村振兴进程中农村金融体系改革面临的问题与制度构建》，载《探索》2018 年第 3 期。

③ 参见蒋悟真：《政府主导精准脱贫责任的法律解释》，载《政治与法律》2017 年第 7 期。

第五章　社会保险政策与社会救助立法的协调

贫困问题与人类社会的发展相伴相随，长期性嵌入式贫困在大多数国家仍然是一个问题，贫困问题的解决有赖于国家积极的福利政策干预。① 社会保险与社会救助作为我国社会保障体系的重要组成部分，社会保险政策和社会救助立法是国家解决贫困问题的重要手段。两者贫困解决功能的发挥不仅受自身制度建构好坏的影响，也深受与其相伴相随的制度体系的影响。在国家先后颁布《关于打赢托贫攻坚战的决定》和《"十三五"脱贫攻坚规划》②的背景下，我国贫困问题的解决不仅在于建构完善的社会救助立法或社会保险政策，更在于在系统性思想的指导下实现社会保险政策与社会救助立法的互动与配合，以发挥两者贫困解决功能的协调与互补，进而实现对贫困主体生存权和发展权的保障，维护和谐的社会秩序。

一、社会保险政策与社会救助立法间的协同关系

帕森斯的结构功能主义认为社会结构系统是由政治、经济、文化等不同系统构成，每个系统各自又由不同的次级系统构成，各子系统在结构功能上相互影响——各系统间是一种互为环境、互相激扰的关系，彼此相互渗透，每一个系统都构成了社会环境的一部分并完成自身的功能。③ 为此，法律系统作为一个独立的自创生的社会次级系统，必须通过一般的沟通媒介（真理、爱、宗教信仰以及基本价值等）与其他系统相互作用，法律系统的运行是其他系统发展的条件，而法律自身的运行及其功能的实现同样依赖于其他系统的运行及其功能的实现。④ 社会救助立法作为保障公民生存权和发展权的特定法律系统，其自身的运行及社会救济功能的实现不仅深受社会救助立法自身内部结构系统和我国特有的政治、经济、文化

---

① 在绝大多数的欧盟国家，5 年中连续处于贫困状态的人依然约有 8%。[英]安东尼·吉登斯：《全球时代的欧洲》，潘华凌译，上海译文出版社 2015 年版，第 70、89 页。

② 《"十三五"脱贫攻坚规划》是国家脱贫攻坚的行动指南，其中明确提出要"促进扶贫开发与社会保障有效衔接"。

③ See Talcott Parsons, *Action Theory and the Human Condition*, Free Press, 1978, p. 7.

④ See Niklas Luhmann, *Social System*, Stanford University Press, 1995, p. 161.

环境的影响,也深受社会救助立法所处的社会保障法律体系的各自系统的影响。①特别是在社会福利尚不完善的条件下,要实现社会救助立法与社会保障立法体系的协调,必须注重社会救助立法与社会保险法②间的互动与协同,从而在实现社会保障法律体系的全面、高效、协调的同时,实现社会救助立法与社会保险法各自的合理运行和功能发挥。

"法律系统是一个把效力授于规范性期待,通过'合法—非法'的二进制密码表达出来的行为网络",是自生自发的通过"法律行为、法律规范、法律过程、法律教义学的自我关联循环"而产生的一种自治秩序,即当"规范与法律行为交互地产生彼此并且通过过程与教义学确立了这些组成部分之间的某种关系"时,法律就成为一个自创生系统。③社会保障法律系统是个自创生系统,而社会救助立法和社会保险法共同统一于社会保障法律体系之中,对公民生存权和发展权的保护有赖于社会救助法律规范和社会保险法律规范的互动与配合。第一,在社会保障法律体系下,社会对实质公平价值的追求需要通过社会救助法律规范和社会保险法律规范的共同作用才可转化为对法律价值的追求。因为社会价值向法律规范化转化必须"通过反求于这些价值的构成性规范从法律自身中产生"④,而这些构成性规范是两者间通过法律行为、法律规范、法律过程、法律教义学的自我关联循环所共同产生的。第二,社会救助立法与社会保险法在功能上的互补性。虽然两者功能的具体侧重点不同,但两者间具有互补性和共通性,共同致力于公民生存权和发展权的保障。社会救助立法以国家对弱势群体的救助为本位,在救助过程中彰显了"权利保险"的特性(公民以权利让渡向国家投保,换取国家的救助),而社会保险法以预防不确定性的风险为本位,但在运行过程中同样彰显出国家救助的特点(国家也是社会保险的共同投保人)。⑤

二、社会保险政策与社会救助立法协调机制的建构

在全面深化政治经济体制改革过程中,人们在享受着经济高速发展带

---

① 参见蒋悟真、詹国旗:《"结构—功能"视角下社会救助法的救济功能》,载《社会科学研究》2013 年第 5 期。

② 我国社会保险政策集中反映为社会保险法的内容,为此下文将社会保险法与社会保险政策在同一语意上替代使用。

③ [德]贡塔·托依布纳:《法律:一个自创生系统》,张骐译,北京大学出版社 2004 年版,第 10、46 页。

④ Gunther Teubner, *Law as an Autopoietic System*, Blackwell Publishers, 1993, p. 36.

⑤ 参见蒋悟真:《我国社会救助立法理念研究》,北京大学出版社 2015 年版,第 151 页。

来的各种社会经济效益与福利的同时，仍有大部分落后地区的“边缘化”群体承受着社会变革带来的巨大成本和代价。为此，十八届五中全会明确提出要以人民生活水平和质量的普遍提高为新的目标，中共中央、国务院亦在此基础上发布了《关于打赢脱贫攻坚战的决定》，以此实现贫困人口的全部脱贫。在社会学视角下，对一种社会现象的功能解释，“须在这种现象与某种社会目的的关系中即社会效用的关系中去寻找”①。法律系统与其他可控制的系统一样，均具有自我参照、自成一体的属性。② 社会保险与社会救助的产生与发展是社会经济关系中人权关系得以确认并彰显的能动性结果，通过不断的实践、反馈及调整，社会保险与社会救助法律规范日益体系化、科学化，适应着社会政治经济结果的变迁。社会保险法与社会救助法基于其存续的目的、特殊的调整方式而具有着十分重要的社会保障功能。作为对现行国家主导下社会保障关系的回应，社会保险法和社会救助立法势必要进行完善并相互协调，以更好地应对社会现实生活的需求，而建立健全现代社会保障法律体系对防范和缓解社会贫困风险的扩大至关重要。

(一)农村医疗救助与新型农村合作医疗制度的衔接

长期以来，我国对社会成员的保障实行的是城乡分离的“二元”社会保障模式，在这一体制下，农村居民的社会保障主要是由村集体互助和家庭承担。伴随着人民公社体制的瓦解和集体经济的衰落，村集体的保障功能逐步退化或者退出，现代农村家庭的规模日趋缩小，家庭抵御风险的能力大大降低。③ 在经济结构转型、诸多社会矛盾日益凸显的背景下，社会成员的保障方式必然从单一的家庭走向多元的社会，这有着深刻的制度性原因。④

随着经济发展观的改变以及财政体制改革积极影响的凸显，政府强制性制度变迁动力大大增加，在农村人口健康保障方面的制度供给呈现上升的趋势，逐渐实现了农村人口在获取基本公共医疗服务上的制度均衡。⑤

---

① [法]E. 迪尔凯姆：《社会学方法的规则》，胡伟译，华夏出版社1999年版，第90页。

② 系统在与外部进行区分界定时，总是包含着自我参考。系统从外部审视自我，把运作过程中产生的新的区分纳入到系统之中进而不断完善系统的自我结构，自成一体。See Louis H. Kauffman, *Self-reference and Recursive Forms*, 10 Journal of Social and Biological Structures 53 (1987).

③ 参见李磊：《社会保障法律问题研究——基于社会保障权视角》，中国民主法制出版社2011年版，第108、109页。

④ 参见黎建飞：《社会保险立法的时机、模式与难点》，载《中国法学》2009年第6期。

⑤ 参见朱俊生：《对我国农村合作医疗变迁的制度经济学解释——制度的均衡、非均衡、变革与制度供给》，载《人口与经济》2009年第5期。

满足贫困人口的最基本的健康需求,国际国内最常用的直接有效的方法就是对贫困人口实施医疗救助,而现代医疗救助制度常常跟一国的医疗保险制度相连结共同保障贫困人口的生命健康权。而两个制度之所以能相互协调并共同为贫困人口提供医疗保障,主要是基于医疗救助与保险制度保障对象的重合性。农村医疗救助作为政府提供的公共产品,以政府财政为主要来源并承担底线责任,目的是对农村贫困主体(如五保户等家庭)应对疾病风险进行一定的费用救助;而新型农村合作医疗则属于社会保险范畴,采取多元主体共同分散贫困人口疾病风险的方式,旨在解决广大农村地区人口"因病致贫""因病返贫"的问题。与此同时,农村医疗救助与新型农村合作医疗制度的承载与保障能力的有限性与社会整体保障资源的稀缺性决定了二者必须通过互相协调与衔接的方式发挥各自的社会保障作用。农村医疗救助由政府财政承担主要且兜底责任,因此农村医疗救助的水平与范围必然受到所在地政府财政能力的约束,而往往贫困人口较多的地区财政能力也较弱,所以农村医疗救助所承载的社会保障功能是无法覆盖所有贫困人群的。而新型农村合作医疗的开展则需要实现个人、集体以及政府三者责任的统一,只有个人缴纳了参保费用,集体与政府才可能对其进行补贴,以此实现风险与损失的分担,这就要求参保人员具备一定的缴费能力,才能获得新型农村合作医疗制度保障。在整体社会保障供给不足的现实背景下,要实现基本公共服务的均等化,提高农村医疗服务保障的可及性,必须实现农村医疗救助与新型农村合作医疗制度间的有效衔接。农村医疗救助与新型农村合作医疗制度间协调、衔接的方式具体表现为农村医疗救助机制的实施一部分是通过新型农村合作医疗的运行来实现。新型农村合作医疗制度是农村医疗救助实施的内容载体,这一点通过2002年发布的《中共中央、国务院关于进一步加强农村卫生工作的决定》即可看出。① 这种衔接方式与新型农村合作医疗制度的保险属性息息相关,在"大数法则"下,由医疗救助补贴贫困人员参保,以此促进新型农村合作医疗在更大范围中互助共济,将更有效地发挥新型农村合作医疗制度的社会保障作用,也可同时优化农村医疗救助的救助对象构成,提高农村医疗救助对最为贫困人员患病致贫的针对性。

我国现行的农村医疗救助与农村新型合作医疗保险均处于只在各自领域发挥作用的状态。这样做实际带来的是一种负效应,一方面,我国农

---

① 《中共中央、国务院关于进一步加强农村卫生工作的决定》明确规定,医疗救助形式可以是对救助对象患大病给予一定的医疗费用补助,也可以是资助其参加当地合作医疗。

村医疗专项救助工作尚处于起步阶段,“对因病致贫的困难群众的救助还停留在临时救济的层面上,医疗救助的政策不规范、不配套,很难起到救助保障的作用”①。农村最低生活保障以及五保供养标准低下,2013 年 1 月,农村最低生活保障支出水平全国平均仅 111.71 元②,面临突发的疾病难以有效进行风险抵御。另一方面,新型农村合作医疗按照个人缴费、集体扶持、财政补贴的方式进行筹资,主要补助参合农民的大额医疗费用或住院医疗费用,但在新农合的试点建设中也面临着很多问题,如现阶段农民收入普遍不高、定点医院费用高、起付线高而报销范围窄③、水平低且程序复杂等,不同程度影响了农村医疗保险功能的发挥。社会救助立法亟须打破城乡二元化的管理体制,在立法上着重完善农村医疗救助内部制度与新型农村合作医疗的制度衔接④,其中最主要的是要实现农村被救助主体的门诊救助与新型农村合作医疗住院保障的协调与衔接。我国新型农村合作医疗自 2003 年试点以来,对农村人口就医问题发挥了极大的作用,改善了农村人口尤其是贫困人口所享受的医疗服务现状,但也应看到,现行新型农村合作医疗在其发展过程中对参加新农合人员的医疗费用的平均补偿水平依旧偏低,囿于起付线的设置使实际上农村贫困人口获得新型农村合作医疗的补偿比例十分有限。为此,一方面在对农村贫困人口的门诊救助中,应提高相应的救助比例,扩大基本医疗卫生服务在农村贫困人口中的可及性与普适性;另一方面则应分情况降低新型农村合作医疗在住院报销方面的起付线金额,在农村贫困人口与非贫困人口之间设置不同起付线。对于那些同样接受农村医疗救助的贫困人口,在其住院时依照病种的不同降低甚至是取消相应的起付线,保障其在大病保险中的基本受益权利,对于非贫困的农村人口,则可以按正常的标准设置相应的起付线。而无论是对农村贫困人口还是非贫困人口的医疗保障,都应坚持国家责任的原则,体现社会保障的公共服务属性,扩大基本医疗公共服务的范围并提高其服务水平。

---

① 杨莲秀主编:《社会保障法学》,北京大学出版社 2011 年版,第 211 页。

② 参见民政部:《2013 年 1 月份全国县以上农村低保情况》,载中华人民共和国民政部网,http://files2.mca.gov.cn/cws/201302/20130225142031937.htm,2015 年 7 月 1 日最后访问。

③ 新型合作医疗对“大病”作了严格的规定,各地标准不一,很多种病被合作医疗排除在外,如一些慢性病、特殊病种。

④ 相关法规及指导意见对此在理念上作了肯定性的宣示。例如,《农村五保供养工作条例》在第 9 条规定:“农村五保供养对象的疾病治疗,应当与当地农村合作医疗和农村医疗救助制度相衔接。”卫生部会同其他部门下发的《关于加快推进新型农村合作医疗试点工作的通知》特就农民就医问题,明确要“建立和完善农村医疗救助制度,做好与新型农村合作医疗制度的衔接”。

此外,农村医疗救助与新型农村合作医疗在运行上的有效衔接也面临着诸多因素的阻碍。我国新型农村合作医疗制度从2003年开始试点,而农村的医疗救助则起步较晚。农村医疗救助的运行方式除了资助救助对象参保新型农村合作医疗外,也包括对贫困人口就医所花费用进行补贴。实践中,各地区农村医疗救助的补贴报销方式大概分为事后救助、事中救助以及事前救助三个模式。[①] 无论哪一模式,都需要相关管理机构积极履行相关职责,落实对救助对象的资助与补贴,而在现行农村医疗救助与新型农村合作医疗分开保障的情况下,则意味着要实现多层级的管理机构相互配合与运行。现行与我国农村医疗救助有关的管理部门包括村委会、基层民政部门、医疗机构,新型农村合作医疗的管理部门则涉及"新农合"管理中心、卫生部门、财政部门。而现实中这些部门间还欠缺信息的有效共享和协调,在贫困人口的申请、审批及认定上,两个制度间并没有统一的标准,因而在政策落实为权利的过程中极大地加剧了保障对象申请与报销的难度,导致申请程序复杂化、时间耗费过长等现象发生。[②] 近年来,虽然各地都在加强农村医疗救助与新型农村合作医疗"一站式"服务,但落实程度差异显著,有些地区的报销程序依旧烦琐、滞后。[③] 对此,应积极优化农村医疗救助与新型农村合作医疗的信息网络建设,实现两个制度间信息采集与管理的共享,以此缩短报销的程序及时间,简化保障对象实现相关权利的程序,真正使农村医疗救助与新型农村合作医疗有效发挥其社会保障作用。

在优化农村医疗救助与新型农村合作医疗的信息网络建设的同时,应注重其他医疗救助手段诸如慈善救助的运用以及统一救助平台的构建,发挥多主体救助结构的优势,补足政府主导下社会救助实施的短板,与政府实施社会救助、医疗保险共同形成完备的社会医疗保障体系。福利国家危机后,替代性的福利多元主义被学者提出与倡导,认为国家不再成为唯一的福利提供者,其角色应由福利的提供者向福利服务的促进者、规范者和购买者转变,市场中的其他社会性组织等不同主体应与政府一同在福利供

---

① 参见毛瑛、张明骏、徐飞:《农村医疗救助与新型农村合作医疗制度衔接问题研究》,载林闽钢、刘喜堂:《当代中国社会救助制度完善与创新》,人民出版社2012年版,第245~246页。

② 参见孙晓锦:《农村医疗救助与新型农村合作医疗制度有效衔接研究》,载《西北农林科技大学学报(社会科学版)》2011年第6期。

③ 例如,在四川简阳市,由于相关系统及信息更新的滞后,医疗救助与新农合的"一站式服务"仍未完全到位,救助对象为报销费用仍需四处奔波且要先行垫付医疗费用。参见刘星:《农村医疗救助报销亟待"齐步走"》,载《四川日报》2013年11月8日,第2版。

给中承担责任。[①] 当前,我国社会救助体制中逐渐引入慈善组织与个人作为救助的供给主体,慈善救助已成为重要的救助形式,且越来越被人们认可。2015 年国务院办公厅印发《关于全面实施城乡居民大病保险的意见》,明确要求“加强基本医保、大病保险、医疗救助、疾病应急救助、商业健康保险和慈善救助等制度的衔接,发挥协同互补作用,输出充沛的保障动能,形成保障合力”。从保障范围上看,政府医疗救助和医疗保险二者与医疗慈善救助具有功能互补的特征。政府医疗救助与医疗保险均是我国的基本社会保障制度,二者追求的是对每个个体的基本生存与发展权进行保护,是一种普惠性的保障与福利政策,而医疗慈善救助则更多地关注个案,依其自身能力专门针对某一领域或某一人群提供某种救助服务,所体现出的专业性正是政府实施社会保障所缺乏的。[②] 因此,加强医疗慈善救助与政府医疗救助和医疗保险对于提升针对居民的医疗救助与服务水平、建立全面完备的医疗保障体系具有重要意义。尤其是对于市县一级的医疗救助实施来说更彰显其重要性,因为医疗救助主要源于当地政府的财政支持,而基层地方政府往往财政水平难以匹配其医疗救助与医疗保险的支出,尤其是财政困难的偏远地区政府。同时从现实层面来看,2015 年《关于全面实施城乡居民大病保险的意见》在当前慈善发展的实践中也产生了积极影响,并具备一定的制度融合发展的社会基础。根据《2017 年度中国慈善捐助报告》显示,2017 年“捐赠收入过亿元的基金会已达 64 家,其中公募基金会 34 家,捐赠收入总计 209.3 亿元,非公募基金会 30 家,捐赠收入总计 114.2 亿元”,且社会捐赠“用途集中在扶贫与发展、医疗健康、公共事业人群服务等领域”。[③] 为此,政府应积极探索大病医疗慈善救助制度的设计,使之得以与医疗救助和医疗保险有效衔接,发挥医疗领域的保障功能。当前,我国已建立起大病社会救助平台,该互联网平台由国家卫生

① 参见孙远太:《政府救助与慈善救助衔接机制构建研究——基于整体性治理视角》,载《中国行政管理》2015 年第 8 期。

② 参见乜琪:《慈善救助与政府救助的衔接:国际经验与中国实践》,载《学习与实践》2013 年第 3 期。

③ 慈善组织的专业化和透明度进一步提升,接收捐赠的主体地位不断巩固。2017 年基金会与慈善会系统接受捐赠分别为 658.04 亿元、450.03 亿元,合计占全年度捐赠总量的 73.87%。与此相对应,2017 年以民政系统为主的政府部门与其他党政机关接受的慈善捐赠量大幅度下降,仅占总量的 1.74% 和 9.38%,与 2016 年相比分别下降了 45.28% 和 12.40%。与政府机构相比,捐赠方更倾向于向社会领域捐赠这就更加凸显了强化慈善组织参与医疗慈善救助的职能并使慈善救助与医疗救助体系相衔接的重要性。中国慈善联合会:《2017 年度中国慈善捐助报告出炉》,载中国慈善联合会网,http://www.charityalliance.org.cn/u/cms/www/201809/20232201v091.pdf,2018 年 12 月 10 日最后访问。

健康委员会指导,由中国人口福利基金会组织实施,这一国家级健康扶贫大病救助项目在2016年正式启动,成为有力推进卫生扶贫工作、落实健康扶贫工程的重要举措,也为动员多方资源促进大病救助提供了可操作的平台。① 但该平台对于专项救助的慈善项目尚未覆盖《关于进一步加强农村贫困人口大病专项救治工作的通知》所要求的所有专项救治病种,如食道癌、骨肉瘤等。因此,目前中国大病社会救助平台应与更多慈善组织,特别是与有医疗救助工作经验的慈善组织开展合作,将尚未覆盖到专项救治病种的慈善项目纳入合作范围。② 地方政府同时应积极设立相应平台,有效连接医疗慈善救助资源与医疗救助和医疗保险资源,根据各地不同的社会需求,有效推进慈善资金与财政资金的多元化配置。同时,也可以通过提供慈善服务来激励慈善救助资源的发展,使其成为衔接医疗救助与医疗保险的有效途径。国务院2014年出台的《关于促进慈善事业健康发展的指导意见》要求以扶贫济困类项目为重点,加大政府财政资金向社会组织购买服务力度。政府可通过购买服务、奖励典型等方式支持慈善医疗救助项目,以帮助慈善组织解决救助项目开展中的资金问题,提高重特大疾病公共服务的可及性和质量水平。③

(二)社会保险基金与社会救助基金的调适

资金是社会保障制度运行的核心,一国的社会保障制度实际上就是围绕着保障资金的筹集和使用范围、形式、标准等内容设计并制定的。④ 毫无疑问,有关保障资金的来源与运行的制度设计是极其重要的,它影响着整个保障制度的设计与执行,决定着社会保障内部相关制度的社会保障功能能否成功发挥、在多大范围内发挥、发挥到什么程度以及能否可持续发挥。因此,社会保险法与社会救助立法的有效衔接离不开社会保险与社会救助运行中资金运营情况的协调,良好保障资金的运营设计可以促进社会保险与社会救助领域的保障资金在社会保险与社会救助实施中公平与效率的统一,实现资金的最大化利用。

当前,无论是社会保险还是社会救助范畴,资金的使用均面临着低效率运行的风险。对社会保险而言,一方面,一直困扰我国社会保险基金有

---

① 参见申少铁:《中国大病社会救助平台启动》,载中央人民政府网,http://www.gov.cn/xinwen/2016-10/17/content_5119980.htm,2018年5月24日最后访问。

② 参见何兰萍、王晟昱:《中国大病社会救助平台慈善救助项目现状》,载《中国公共卫生》2019年第8期。

③ 同上。

④ 参见章亮明、钟刚:《社会保障法》,中国政法大学出版社2007年版,第65页。

效运行的因素便是统筹层次的问题,较低的统筹水平十分不利于社会保险基金的有效增值,同时也限制了基金投资的渠道,导致基金的投资收益有时还赶不上物价的上涨指数;[①]另一方面,社会保险基金内部也面临着结构性的问题。首先,社会保险预算总额控制较弱、政策目标断裂、管理会计缺失。[②] 其次,微观上看,各基金发展不平衡,养老基金“空账”运行严重而医疗保险基金运营绩效不高,且基金调剂规定缺乏。实践中,很多地方统筹单位面临养老保险基金“缺口”大,而医疗、工伤、失业保险基金却有较多积累的尴尬情况。现行的《社会保险法》第64条第1款[③]虽然删除了原有草案中的“不得互相挤占或者调剂使用”,对五类社会保险基金的基本使用作了概括性规定,但对于五类社保基金是否可以调剂使用并未正面回答。最后,就现有规定来看,社保基金亦无法实现地区间的流动。根据《中国养老金发展报告2012》的数据显示,当期结余和累计结余虽然增长很快,但省际差异也很明显。当期结余最多的广东省结余有600多亿元,最少的黑龙江则出现了负数,最多的是广东省基本养老金已滚存结余3000多亿元,与西部欠发达地区差异显著。[④] 鉴于社会保险基金运行低效的问题,在社会保险预算问题上,2017年修订的《社会保险基金财务制度》和《社会保险基金会计制度》为地方政府更好地编制和执行本地社会保险预算提供了操作上的标准,例如通过实行集中支付改革更好地管理社会保险基金财政专户,以此提高资金使用效率。[⑤] 然而,要想进一步发挥社会保险预算的控制与监督功能,还需针对性地出台相应规定,规范政府实施社会保险预算行为的动机,同时提供配套制度的激励,明确政府对于社会保险基金预算的责任。在社会保险基金的统筹层次和内部调剂问题上,随着近些年社会保险发展政策的陆续出台,社会保险基金的运行也面临相应改

① 2010年我国社保基金的年收益率为4.23%,同期CPI(居民消费价格指数)上涨3.3%;2011年社保基金年收益率降到0.84%,同期CPI上涨5.4%;2012年社保基金年收益率7.01%,同期CPI上涨2.6%。综合来看,社保基金的回报率十分有限。以上数据根据2010~2012年《国民经济和社会发展统计公报》和《全国社会保障基金理事会基金年度报告》整理而成。

② 参见张炭:《地方政府社会保险基金预算的模式与挑战——基于440份公开文本资料的分析》,载《甘肃行政学院学报》2017年第3期。

③ 参见《社会保险法》第64条第1款:“社会保险基金包括基本养老保险基金、基本医疗保险基金、工伤保险基金、失业保险基金和生育保险基金。除基本医疗保险基金与生育保险基金合并建账及核算外,其他各项社会保险基金按照社会保险险种分别建账,分账核算,执行国家统一的会计制度。”

④ 参见贾玥:《社科院专家:基本养老保险基金各省支出差异大》,载人民网,http://politics.people.com.cn/n/2012/1217/c99014-19921821.html,2015年7月20日最后访问。

⑤ 参见陈迪:《我国社会保障基金会计制度研究》,载《财会研究》2019年第12期。

革，无论是在单一基金内部还是整个社会保险基金内部，都呈现出整合性发展的趋势。在养老保险基金内部，自1997年在政府机关和事业单位实行养老金双轨制以来，对于如何使养老基金并轨运行成为养老保险制度改革的重点，2014年《事业单位人事管理条例》的出台正式明确事业单位开始缴纳养老保险，①自此养老基金内部逐步实现整合。就整个社会保险基金来看，几大保险基金的合并是近两年社会保险改革的中心，2019年国务院办公厅发布了《关于全面推进生育保险和职工基本医疗保险合并实施的意见》(国办发〔2019〕10号)，规定生育保险基金并入职工基本医疗保险基金，实施统一征缴，并在医疗服务的管理上也实现了统合。从社会保险基金的发展前景来看，立足于各个具体保险基金的性质、功能，实现社会保险基金内部的进一步整合，②无论是对于社会保险服务的优化供给还是对于社会保险基金的统筹运行与监管，均具有重要意义。在此基础上，明确规定社会保险基金内部的可调剂性及向社会救助的可流动性，不仅可以有效减轻地方政府实施社会救助的财政负担，弥补地方社会救助的资金缺口，还能大幅度提高社会保险基金的利用效率，整合与利用社会保障资源，以取得最大的社会效益。对于社会保险基金可携带性问题，事实上，促进基本养老保险实现个人可携带的阻碍因素之一便是如何处理好以分税制为基础的财政分配体制下各地方政府的经济利益。③ 如果个人所缴纳的基本养老基金可以实现地区的转移和调剂，那么养老保险的转移将不会对转入地财政带来过多压力，从而能够维持地区间养老保险基金量的平衡。在此方面，国务院于2018年发布了《关于建立企业职工基本养老保险基金中央调剂制度的通知》(国发〔2018〕18号)，正是为了均衡各地区间的保险基金负担与收益，对于缓解省级层面社会保障基金结余不平衡的问题以及提升社会保险基金的流动性发挥了重要的推动作用。从制度运行层面看，未来还需进一步厘清中央调剂过程中各级政府的责任划分，继续完善省级层面社会保险基金监管的内部治理，在制度改革上明确中央调剂金制度的"过渡性"定位，继续推动社会保险基金向纵深推进，例如实行"国民

---

① 《事业单位人事管理条例》第35条规定"事业单位及其工作人员依法参加社会保险，工作人员依法享受社会保险待遇"。

② 例如，有学者建议将现存的五大社会保险体系，合并为社会养老保险与社会健康保险两大类，对于各类保险基金则可以统筹征缴与使用，目前已具备客观环境和现实条件。参见刘继同：《新中国70年社会保险基金体系的历史变迁及其政策建议》，载《江苏社会科学》2019年第5期。

③ 参见张力、王美霞、马兰兰：《我国基本养老保险关系的转移困境》，载《经济导刊》2011年第6期。

年金+个人名义账户式”的“新统账结合”制度等,[1]在完善社会保险制度顶层设计的同时,也反向推动社会保险基金的全国统筹。

在社会救助领域,资金的稳定来源与有效使用同样面临着立法上的空白。根据《暂行办法》第5条的规定,地方政府预算承担了本地区社会救助实施所需的资金。但在我国实行财政分权的体制框架下,财政多集中于中央政府,地方政府财政能力十分有限。财政管理体制的不完善导致地方政府的事权大于财权,且各级政府间职能划分也尚不清晰,政府层级越低,事权与财权的相对偏差越大。[2] 尤其对于一些贫困的县市而言,当地需要接受社会救助的群体范围巨大,政府财政往往要面临救助资金给付缺口,严重影响了社会救助的实施效果。目前,我国还未形成统一的财政转移支付法律制度,在中央与地方各自承担救助财政责任的背景下,转移支付法律规定的缺失十分不利于社会救助资金从中央到地方的转移与流动,从而造成社会救助资金配置的无效率化。因此,首先应明确中央财政与地方财政的补贴责任,加大中央财政对地方的财政支持力度,对各地方的不同财政状况具体分析而施以不同比例的资金补贴。同时,也要加快相关法律制度的制定与实施(如《财政转移支付法》的制定),为财政在中央与地方之间的转移提供规范的法律保障。此外,社会救助资金的使用效率的提升同样离不开与其他社会保障资金的协调运行,例如,与同样旨在提供应急救助的各类慈善基金的衔接,而这也涉及如何更好地配置国家与社会在救助责任层面的承担问题。慈善基金的运作方式属于一种混合型收入再分配,同样蕴含有一定的社会保障功能。慈善性救助带有志愿性特征,而政府提供的社会救助则具有法定性特征,[3]尽管二者在义务本质上存在区别,但最终目的相同,慈善性救助是政府社会救助的有益补充。基于此,一方面,应当继续深化慈善组织设立与运行的制度改革,保障慈善组织的主体地位以加强其社会救助功能的发挥;另一方面,应健全政府社会救助与慈善组织的信息对接平台,引导并优化慈善资金对政府救助项目的倾斜与配置,与源于政府财政的社会救助资金合力发挥作用,以此提高社会救助资金运作的绩效。

除此之外,还应注意的是,在社会救助资金运行的内部还存在独立的

---

① 参见边恕、张铭志:《职工养老保险制度中央调剂最优比例研究——基于省际基金结余均衡的政策目标》,载《中国人口科学》2019年第6期。

② 参见蒯小明:《中国农村社会救助发展中的国家责任研究》,首都经济贸易大学出版社2009年版,第140页。

③ 参见郑功成:《现代慈善事业及其在中国的发展》,载《学海》2005年第2期。

社会救助专项基金，目前在立法中已明确进行规定的主要包括疾病应急救助基金以及道路交通事故社会救助基金。① 两类基金在使用方式上具有共同的特点，即遵循了国家责任的理念，以保障公民的基本生存权为目的承担着对应急性事故的支出予以先行垫付的义务。而这种先行垫付的功能并不是社会救助领域所特有，在社会保险涵盖的五类保险中，同样存在两类可以先行垫付的基金，分别是工伤保险基金和医疗保险基金。实践中，常会发生职工遭受工伤而用人单位却未按规定缴纳工伤保险的情形，在此种情况下，会面临受伤职工究竟应以何种方式维护自己的权益的问题。对此，按照新修订的《工伤保险条例》相关规定可知，是由未给职工缴纳工伤保险的单位按照《工伤保险条例》对受伤职工应当享有的工伤保险待遇项目和标准支付费用。② 但如果遇到未缴纳工伤保险的用人单位无偿付能力或是拒不偿付的情形，此时便会导致受伤职工无法获得补偿而使生活水平每况愈下的情况。《社会保险法》的出台无疑解决了在实践中上述受伤职工无法得到保障的问题，对用人单位未缴纳工伤保险，在发生工伤事故时又未依据规定支付给职工相关工伤保险费用的，从工伤保险基金中先行垫付。③ 垫付后，如果用人单位拒绝偿还相关费用的，社会保险经办机构依法享有追偿权。这种先行垫付制度在医疗保险领域同样适用在医疗费用本应当由第三人支付，但在第三人不支付或第三人无法确定的情况下，为了保证伤者能得到及时救治，应由基本医疗保险基金先行垫付，而后者有权向第三人追偿④。相比之下，社会救助中的两类基金的立法无疑略显粗糙，尤其是疾病应急救助基金，关于其资金的来源、适用范围、追偿及程序等内容仍未有明确规定，道路交通事故社会救助基金在具体实施中既存在操作规定背离制度宗旨的问题，⑤也面临着各地规范不一、

---

① 疾病应急救助基金主要由《暂行办法》在第 32 条进行规定，而道路交通事故社会救助基金则主要在《机动车交通事故责任强制保险条例》以及《道路交通事故社会救助基金管理试行办法》中进行相关规范。

② 《工伤保险条例》第 62 条第 2 款规定"依照本条例规定应当参加工伤保险而未参加工伤保险的用人单位职工发生工伤的，由该用人单位按照本条例规定的工伤保险待遇项目和标准支付费用"。

③ 《社会保险法》第 41 条第 1 款规定"职工所在用人单位未依法缴纳工伤保险费，发生工伤事故的，由用人单位支付工伤保险待遇。用人单位不支付的，从工伤保险基金中先行支付"。

④ 《社会保险法》第 30 条第 2 款规定"医疗费用依法应当由第三人负担，第三人不支付或者无法确定第三人的，由基本医疗保险基金先行支付。基本医疗保险基金先行支付后，有权向第三人追偿"。

⑤ 例如，《安徽省道路交通事故社会救助基金管理实施细则》第 23 条第 1 款就规定，交通事故赔偿义务人在赔付道路交通事故受害人赔偿款时，应优先支付救助基金所垫付的费用。这实际上就与社会救助基金的法理相悖反。

适用冲突[①]的情况。[②] 对于这两类基金制度来说，其完善应当综合考虑与侵权责任法、责任保险立法、行政法与刑法相关规定的衔接，在适用范围上既应遵循必要的限度但也要体现相应的补偿功能（主要是针对最低生活保障家庭成员、特困供养或是其他特困情形），在具体追偿制度的构建上应区分不同的情形考量追偿权的行使及抗辩。[③] 从社会保障体系整体来看，无论是社会保险中的工伤保险基金和医疗保险基金，还是社会救助中的疾病应急救助基金和道路交通事故社会救助基金，都是以维护受保障对象的基本权益为目的，采取的均是先行垫付形式，因而在实践中难免会出现适用上的竞合，即一项事故的发生既在社会保险专项基金的保障范围内，又满足社会救助专项基金救助的条件，此时则需要厘清基金彼此之间的性质与适用范围，以减少实践中的适用冲突，及时便捷地为相关遭受损失者提供基本权利保障。具体而言，社会保险本质上是一种社会范围内互助共济、分担损失的制度，保障的是社会成员的生存与发展权利；而社会救助则是政府针对社会成员的基本生存权承担底线救助责任的体现。因此，原则上当社会保险专项基金与社会救助专项基金在适用上发生竞合时，理应优先适用社会保险专项基金；而对于社会保险与社会救助内部的两类专项保障基金发生适用重叠时，则应按照特别优于一般的原则，优先适用专门领域内的专项基金，即工伤保险基金优先于医疗保险基金适用于工伤情况下的伤害事故，道路交通事故社会救助基金则优先于疾病应急救助基金适用于交通事故造成的急重危伤情形。而如若受伤患者身份不明，则此时基于相关规定只能由疾病应急救助基金予以救助，救助后若伤者确认身份，发现其系工伤或其本身有医疗保险，则此时疾病应急救助基金管理机构应向工伤保险基金或医疗保险基金主管机构进行追偿，保证应急救助基金适用的针对性以及兜底性，以提高基金的使用效率。

（三）社会保险与社会救助权利救济程序的共建

程序法治是现代法治建设的重要内容，尤其就行政程序法制的发展来看，针对个别领域之特质而健全完善个别行政领域的行政程序法制的构

---

① 参见李青武：《论我国道路交通事故社会救助基金制度之重构——以补偿制度为重点》，载《法商研究》2018 年第 1 期。

② 例如，在对社会救助基金已垫付的部分予以追偿时，通常在确保受害人已获赔偿时要优先偿还救助基金管理机构垫付的费用，但广东省规定的“优先权”具有约定性，而江苏省、山西省规定的优先权则属于“法定”优先权。

③ 参见李青武：《论我国道路交通事故社会救助基金追偿权》，载《中国法学》2019 年第 5 期。

建,应是未来法治发展的最重要课题。[①] 社会救助法与社会保险法作为社会保障法律体系内的重要法律制度,二者社会保障功能的有效发挥离不开正当程序机制的构建。在政府主导社会救助与社会保险实施的法治背景下,正当程序的法治化可以充分维护被救助者及被保险人的基本权利,规范社会救助与社会保险中的行政给付行为,提高社会救助与社会保险实施的实效。一个完善的程序正义至少意味着对什么是公平的分配有一个独立的标准,且达到预期结果的程序设计是可能的。[②] 对于社会救助与社会保险而言,保障被救助对象及被保险成员的基本生存与发展权利得以有效实现是体现二者所承载的公平与正义价值的最基本的标准,因此除了在实体法中赋予被保障对象具体的保障权利外,还要完善被保障主体的权利救济机制,而这种救济机制更多地表现为救济程序的设立。

第一,应建立、健全社会救助与社会保险保障信息全过程说明程序。尽管社会救助与社会保险的提供是现代国家履行其社会保障责任的体现,且有关公民基本权利的确认与保护也是基于法律保留原则而由法律进行规范,但就二者的具体实施来说,基于各地区经济发展状况及管理服务水平的差异,社会救助与社会保险的实施往往是以政策为主导进行的。不同于法律的稳定性,政策具有多变性,鉴于社会救助与社会保险具体保障项目的多样性,指导社会救助与社会保险实施的相关政策与规范往往是纷繁复杂且多变的,且由于立法层级的不同,社会救助与社会保险法律规范呈现的更多是一种分散性特征。而大多数的被救助对象及参加社会保险的社会成员都是社会的基层民众甚至是弱势群体,对社会救助及社会保险相关政策的更新、规则的改进很难进行及时、完全的了解,对于相关规范的意思解释也很可能不是非常清楚。因此,社会救助与社会保险主管机构有义务就更新的法律法规及其具体内容进行公开与说明,以保证被保障对象与保障制度实施之间的信息实现对称,更好地维护被保障对象的利益。基于此,《暂行办法》与《社会保险法》分别于第 62 条和第 74 条规定了社会救助和社会保险相关机构的公开、提

① 参见蔡秀卿:《现代国家与行政法》,台北,学林文化事业有限公司 2003 年版,第 249 页。

② 参见[美]约翰·罗尔斯:《正义论》,何怀宏、何包钢、廖申白译,中国社会科学出版社 2009 年版,第 66 页。

供咨询等义务，[1]但缺乏相关的权利救济规定，例如，当相关部门没有进行信息公开抑或拒绝提供查阅记录及咨询的时候，此时社会救助及社会保险相对人是否可以救济以及如何救济自己的权利没有规定。对此，应在《暂行办法》及《社会保险法》中健全信息公开及说明的程序，对于相关机构的不作为，社会保障对象应享有向上级主管机关进行申诉的权利及相应程序，由主管机构对社会救助与社会保险的相关信息进行强制公开，以保障弱势群体的基本保障权利。同时也应注重完善公示、听证与建议制度，对涉及被保障主体切身利益的决定都应经过公示与听证，让被保障主体对所获得的信息可以有所反馈，以真正解决救助与保险过程中的信息不对称问题，切实保障被保障主体的知情权与参与权。[2]

第二，完善社会救助与社会保险的监督机制，特别是要建构社会救助与社会保险事前与事中的监督程序。就社会救助而言，其救助对象的确定必须要经过家庭经济状况的筛选，而在社会救助对象的确定上，公示是其必不可少的一个重要环节，以此接受广大群众的监督。然而，此时的监督显然是事后性质的，如果此案出现异议则意味着又要进行进一步的调查、确认及再次公示，大大降低了社会救助的实施效率，也阻碍了急需接受救助对象权利的实现。事实上，国务院于 2007 年曾发布《关于在全国建立农村最低生活保障制度的通知》，在其中明确村民委员会应组织村民会议或村民代表会议民主评议后提出初步意见。这种民主评议则类似于一种前置性的听证程序，可以提前就社会救助对象的确定进行确认与监督，不仅提高了社会救助实施的针对性，也为公民监督权利的实施提供了有效的前置性程序，对建立行政主体与给付相对人的合作型行政具有积极作用。[3]

---

① 参见《暂行办法》第 62 条规定“县级以上人民政府及其社会救助管理部门应当通过报刊、广播、电视、互联网等媒体，宣传社会救助法律、法规和政策。县级人民政府及其社会救助管理部门应当通过公共查阅室、资料索取点、信息公告栏等便于公众知晓的途径，及时公开社会救助资金、物资的管理和使用等情况，接受社会监督。”《社会保险法》第 74 条第 4 款规定“用人单位和个人可以免费向社会保险经办机构查询、核对其缴费和享受社会保险待遇记录，要求社会保险经办机构提供社会保险咨询等相关服务。”

② 参见白小平、代枚训、王娅荣：《精准扶贫与社会救助制度“协同”观察》，载《重庆社会科学》2017 年第 5 期。

③ 参见喻少如：《论社会救助制度中的行政给付程序》，载《法学评论》2011 年第 4 期。

我国很多地方已开始相关的立法实践,[①]在各地积极践行民主评议的基础上,社会救助基本法应在今后的出台中借鉴经验,将民主评议程序正式纳入立法内容中进行规范,以有效保护被救助对象的利益和社会救助实施的效率。同时,虽然《暂行办法》和《社会保险法》都设置了特定的责任与救济机制,但通过隐瞒、伪造、虚构、冒用社会救助或社会保险身份骗取社会救助或社会保险的行为时有发生。之所以如此,与我国社会救助与社会保险监督程序的不健全有着莫大关系。社会救助(保险)申领人信息真实性调查对社会救助与社会保险监督至关重要,但《暂行办法》第 11 条只对家计调查作了概括性规定,而《社会保险法》则没有相关程序。为此,可在建构社会救助(保险)申领人信息核实一体化程序的同时,借鉴"江苏省社会救助管理工作联席会议制度",建构涉及民政、人保、卫生、司法、工会、房管等多部门的一体化的信息网络平台,实现社会救助(保险)申领人信息的网络调查与追踪,以提升社会救助(保险)申领人信息核实一体化程序的实效。同时,基于社会救助与社会保险的(准)公共物品属性,在《民事诉讼法》第 55 条和《关于检察公益诉讼案件适用法律若干问题的解释》的基础上,建构公益诉讼机制,从而实现对社会救助(保险)申领人不法行为的监督。

---

① 如《深圳市居民最低生活保障办法》第 14 条规定,"街道办事处可以通过入户调查、邻里访问和信函索证等方式对申请人的家庭财产、致困原因、就业意向和实际生活水平等情况进行调查核实,必要时可组织社区居民代表进行民主评议,征求群众意见,接受群众监督";而在具体实施上,许多基层单位均构建了自己的民主评议规范,如湖南郴州市《北湖区社会救助民主评议工作规程》;也有一些地方已开始完善这一机制,如成都正式出台了《成都市民政社会救助民主评议工作规程(试行)》,明确了由乡镇(街道)民政服务管理人员或乡镇驻村干部担任民主评议组长,由村(居)民小组组织完成评议工作,并要求民主评议工作必须在申请人信息核对后 5 个工作日内完成,以使评议时间得到缩减,从而使困难群众救助得到保障。

第六章 财政政策与社会救助资金保障机制的完善

社会救助是政府为了保障公民的人格尊严通过对财政进行再配置而实施的积极的行政给付行为。“现代政府是个压力器,通过税收和权力,分配财富,任何公民都至少部分的依赖于政府分配的财富而生活,被救助主体更是如此。”①正如《中共中央关于全面深化改革若干重大问题的决定》所强调,“财政是国家治理的基础和重要支柱,科学的财税体制是优化资源配置、维护市场统一、促进社会公平、实现国家长治久安的制度保障”。财政是社会救助给付的来源和保障,财政政策直接影响着社会救助资金给付制度的建构和完善。由于我国现行财政政策的制定并未遵循中央与地方事权与支出责任相匹配的原则,导致社会救助资金给付制度的建构在中央与地方政府间社会救助支出责任与财权配置不对等,严重影响了我国社会救助效率的提高和被救助主体权利的保障。特别是在党的十九大报告提出“深入开展脱贫攻坚,保证全体人民在共建共享发展中有更多获得感,不断促进人的全面发展、全体人民共同富裕”和“决胜全面建成小康社会,开启全面建设社会主义现代化国家新征程”②的时代背景下,从财政政策与社会救助资金供给法律保障机制间的相互关系视角对以上问题予以解答更兼具理论意义与时代意义。

一、财政政策的分配功能及其目标变迁

财政乃庶政之母,财政的实质是以国家为主体、以生产方式为基础的分配关系。③ 财政政策与国家相伴相生,分配功能是财政政策的本质功能,唯一不同的就在于不同历史类型国家财政政策分配功能所承载的目标不同。“财政的历史能使人们洞悉社会存在和社会变化的规律,洞悉国家

---

① Charles A. Reich, *The New Property*, 73 The Yale Law Journal 733(1964).

② 习近平:《决胜全面建成小康社会 夺取新时代中国特色社会主义伟大胜利——在中国共产党第十九次全国代表大会上的报告》,载中华人民共和国政府网,http://www.gov.cn/zhuanti/2017-10/27/content_5234876.htm,2017年10月28日最后访问。

③ 参见曹立瀛:《西方财政理论与政策》,中国财政经济出版社1995年版,第1页。

命运的推动力量"①,而财政政策是对特定财政价值或内在精神的承载,通过对财政政策分配功能及其目标变迁的历史轨迹的认知,不仅能合理把握财政政策的本质,也能认识国家变迁和社会转型的真谛。

(一)财政政策的政治分配功能及其目标

财政政策作为治国安邦的重器,如何选择可能涉及政治、经济、伦理和行政管理等各个层面,但从根本上而言,政治层面的考量具有决定性作用。② 财政政策在政治上的分配功能不仅表现为财政是属于君主还是公众,还涉及不同层级行政主体与不同阶层主体权力(利)的配置与维护。在现代国家诞生之前,民众不具有独立的政治权力,民众独立的财产权亦未受到尊重,财政政策往往是君主或特定统治阶层财政的组织形式,是为了君主"私财"和"家天下"统治需要而存在的。而现代国家诞生的历史(国家摆脱封建政权的依赖与束缚的历史)可以说就是现代财政政策的制定史。③ 现代西方财政政策是在与王权斗争、立宪政治、民主发展相关的政治演化中逐步确立。④ 随着现代西方财政政策的发展,封建王权被推翻,公民获得独立的主体地位,个人财产权受到尊重,封建君主专政财政向公共民主财政转化。在"税收国家"⑤或"夜警察国家"⑥下,财政政策不再是君主"私财"的组织工具,而是以实现国家征税权与民众私人财产权、中央政府与地方政府间财权以及多元主体间国家治理权的合理配置与保障为目标。

---

① R. A. Musgrave, *Schumpeter' s Crisis of the Tax State: An Essay in Fiscal Sociology*, 2 Journal of Evolutionary Economics 89 (1992).

② 参见[美]B.盖伊·彼得斯:《税收政治学:一种比较的视角》,郭为桂、黄宁莺译,江苏人民出版社2008年版,第24页。

③ 参见[日]井手文雄:《日本现代财政学》,陈秉良译,中国财政经济出版社1990年版,第173页。

④ 如英国经过1215年《大宪章》到1688年《权利法案》400多年的斗争,君主立宪政体得以确立,公民财权得到尊重,君主财权被限制并逐步退出历史舞台,国家财政权逐步为议会所掌控,在政治上议会甚至为了控制国王对皇室经费滥用的行为,通过1782年的经济改革法案,将国王世袭的私人财务都归于议会控制之下,对王室规定了明确的开支方针和受托责任。参见[美]玛格利特·利瓦伊:《统治与岁入》,周军华译,格致出版社、上海人民出版社2010年版,第100~139页。

⑤ "税收国家"下,公民的私人财产权受到尊重,纳税人的经营基本权活动受到宪法保护。国家征税权不能侵害私人财产权,以维持最低限度的政府征税权。参见葛克昌:《国家学与国家法——社会国、租税国与法治国理念》,台北,月旦出版社股份有限公司1996年版,第178页。

⑥ "夜警察国家"一般具有国家安全、司法以及极少的公共职能。具体正如亚当·斯密所言,国家的义务"首在保护本国社会的安全,使之不受其他独立社会的暴行与侵犯";"第二个义务,为保护人民不使社会中任何人受其他人的欺辱或压迫,换言之,就是设立一个严正的司法行政机构";"君主或国家的第三个义务就是建立并维持某些公共机关和公共工程"。[英]亚当·斯密:《国民财富的性质和原因的研究》(下卷),郭大力、王亚南译,商务印书馆2011年版,第263、280、293页。

（二）财政政策的经济分配功能及其目标

斯密在自利的“理性经济人”和“完全竞争市场”[①]的假设下，认为市场主体在追求自身利益的同时可以自动实现社会公共利益，单一市场可以实现有限资源配置的帕累托最优，正如其论证中所举例“我们每天所需要的食物和饮料，不是出自屠户、酿酒家或烙面师的恩惠，而是出于他们自利的打算”[②]。虽然古典经济学自由竞争理论极大地推动了资本主义经济的发展，[③]但“在现实经济生活中，完全竞争市场只是理想化的，可谓可望而不可及”，[④]尤其是在垄断出现后，单一的市场不仅不能实现有限资源配置的帕累托最优，而且会出现公共物品供给的失灵、福利净损[⑤]以及不同市场主体间经济权利与经济权力配置的失衡[⑥]。面对因市场对垄断者与其他

---

① 完全竞争的假设条件包括四个基本条件：（1）市场上存在大量的买者和卖者，并且他们都不能独自影响市场价格，而只能是一个市场价格的接受者；（2）市场上的商品是同质的，即在同一市场上所有的生产者都提供完全一样的商品，从而使消费者对购买哪一个生产者的商品不存在偏好，影响消费选购的唯一因素是商品的价格；（3）企业进入或退出一个行业是完全自由的，即企业进出一个行业不存在任何的障碍，所有的资源都可以在个行业间自由流动；（4）信息是公开的，买卖双方都能得到全部的市场信息，除了供求以外，其他因素不影响商品价格和市场竞争。

② ［英］亚当·斯密：《国民财富的性质和原因的研究》（上卷），郭大力、王亚南译，商务印书馆2011年版，第12页。

③ 亚当·斯密认为“一种事业若对社会有益，即应当任其自由，广其竞争。竞争愈自由，愈普遍，那事业愈亦就愈有利于社会”。［英］亚当·斯密：《国民财富的性质和原因的研究》（上卷），郭大力、王亚南译，商务印书馆2011年版，第311页。

④ ［美］保罗·萨缪尔森、威廉·诺德豪斯：《经济学》（第17版），萧琛译，人民邮电出版社2007年版，第143页。

⑤ 福利通常是由社会总剩余给出的，即消费者剩余加生产者剩余。单个消费者剩余是消费者对产品的支付意愿与支付价格之间的差额。单个生产者的剩余等于企业销售特定商品所获的利润。当产品市场价格等于生产的边际成本时，消费者剩余和生产者剩余都实现最大化。传统理论认为，交易之所以发生是因为需要进行资源配置。在竞争中经过双方讨价还价自愿达成的交易，使得消费者以他认为最合理的代价换取了资源，并得到最多的消费者剩余。卖者卖出了商品的实用价值，而得到了价值，使资源得到合理配置。但在垄断存在的情况下，垄断者只希望用最少的投入获取垄断利润，限制产量提高价格，从而使商品中消费者剩余减少，甚至为零。在没有垄断的条件下，消费者可在不同的产品间比较选择，得到消费者剩余最多的产品。在垄断存在后，由于消费者必须支付高于正常价格的代价才能得到所需的资源，故有一部分消费者剩余转移给了垄断者，而垄断者并不是最需要得到这部分消费者剩余的人。垄断者利用资源获得垄断利润时，所得到的产品总价值远远少于合理利用该资源所产生的总价值。两者的差额就是垄断造成的福利净损额，又被称为资源配置无效率。

⑥ 富兰克林·D. 罗斯福认为：“权力集中已经是历史上曾经是自己企业的独立所有者的大多数公民无助地依赖少数人的恩惠才能挣得他们日常需要的面包。这些少数人通过诸如控股公司之类的手段，已经为他们自己攫取了未经授权的经济权力。”［美］马克·J. 洛：《强管理者·强所有者》，郑文通等译，上海远东出版社2000年版，第52～53页。同时，随着垄断的发展，放任的市场中会出现“自由权力取消了自由权利”的现象。参见［德］瓦尔特·欧根：《经济政策的原则》，李道斌译，上海人民出版社2001年版，第57页。

一般市场主体间经济利益分配失衡困境而导致的经济危机，凯恩斯从宏观经济学视角提出并证成了财政政策等政府干预措施对多方市场主体间的利益配置的有效性。① 但过度地强调国家财政政策对经济的干预，也会导致资源配置的无效性、多元市场主体间利益分配的不公平以及公权力对私权利的侵害。为此，之后系列经济学家，如萨缪尔森、托宾、罗宾逊、斯蒂格雷茨、布坎南等对此予以了修正，认为应在发挥市场对资源配置起决定性作用的基础上，发挥财政政策经济分配功能。因为财政政策的经济分配功能在于解决"非政府经济不能解决的，因复杂的经济相互依赖所产生的问题"②。财政政策经济分配功能的合理发挥本质应是在实质公平导向下，以实现不同市场经济主体间权利、公权力主体与市场私主体间权利（力）以及个体利益与社会公共利益间配置的平衡为最终目标。

（三）财政政策的社会分配功能及其目标

任何规范的订立或出台都建立在特定社会的发展之上，而社会的发展则是随着不同主体及其所处特定社会关系的变化而向前推进。③ 财政政策的功能及其目标选择深嵌于不同主体所处的社会关系和社会结构的变迁之中，财政政策的社会分配功能及其目标是由特定社会结构决定的，即财政政策社会分配功能及其目标只有在特定类型的社会中才会出现，并发挥作用。财政政策社会分配功能及其目标是在社会由"夜警察国家""税收国家"发展为"财政国家"④"福利国家"的进程中逐步出现的。⑤ 随着经济的发展，20 世纪 30 年代的经济危机让欧洲惊醒，社会结构已发生了质的巨变——社会断裂、贫富差距巨大、社会冲突尖锐，许多的社会主体已被甩到了社会体制之外，必须要在制度上对整个社会利益的分配作出调整。而此时公民权理论的发展——公民权应包括公民权利、政治权利和社会权

---

① 参见［英］凯恩斯：《就业利息和货币通论》，徐毓枬译，商务印书馆 1997 年版，第 24 页以下。

② ［美］詹姆斯·布坎南：《公共财政》，赵锡军等译，中国财政经济出版社 1991 年版，第 13 ~ 15 页。

③ 参见［奥地利］欧根·埃利希：《法社会学原理》，舒国滢译，中国大百科全书出版社 2009 年版，第 436 页。

④ "财政国家"系从国家财政功能视角审视国家实际需求特征，而作为宪法之团体。参见黄俊杰：《财政宪法》，台北，翰芦图书出版有限公司 2005 年版，第 91 页。

⑤ 无论是欧洲早期还是我国封建专制社会通过特定财政政策对社会弱势群体予以救助，都带有恩赐性质，并且更多地表现为维护政治统治或经济秩序的工具性功能。英日两国此阶段特定社会结构所决定的财政政策功能对此作出了合理诠释。如在 1945 年之前，日本通过特定财政政策对弱势群体予以救助的目的"在于维护治安和保障公共卫生，而绝不是承认生活贫困者的生活保障请求权"，而 15 ~ 16 世纪，英国则对于那些因"圈地运动"成为乞丐的人不但不给予救济而且强迫接受雇佣，甚至于到 19 世纪末 20 世纪初，对弱势群体的救助还带有贬低被救助主体人格的性质。参见［日］大须贺明：《生存权论》，林浩译，法律出版社 2001 年版，第 16 页；丁建定：《西方国家社会保障制度史》，高等教育出版社 2010 年版，第 37、121、122 页。

利，则为财政政策社会分配功能及其特定目标的出现提供了理论证成。欧洲国家先后宣布进入福利资本主义社会，利用特定国家财政制度（社会福利财政制度）来调整利益分配、调节社会结构的平衡，保障公民社会权利①。“福利国家”下，财政政策“不仅要保障国家参与社会产品的分配，还要通过宏观调控，发挥再分配的功能，保障经济公平和社会公平”②，进而在保障公民社会权利目标下“填补不堪社会整合之重负的社会秩序功能的缺口”③，实现多元价值目标的社会整合④。

（四）中国财政政策的分配功能及其目标变迁

财政政策通过对收入分配、公共产品供给以及宏观经济干预（稳定职能）等方式实现其分配功能。⑤ 而财政政策的分配功能作用域则经历了由单纯政治领域到经济领域、社会领域再到整合所有领域的过程。中国财政政策的分配功能及其目标变迁拥有自身特点的同时，同样聚焦于政治、经济以及社会等不同领域的分配功能（具体情况参见表3）。财政政策分配功能能否合理实现，直接影响着公共产品供给、社会实质公平维护、弱势群体权利保障以及多元价值目标整合的实现。

表3　财税政策功能变迁

时间	财税政策功能的具体表述	文件
1949年	“国家应在……财政政策、金融政策等方面……使各种社会经济成分在国营经济领导之下，分工合作，各得其所，以促进整个社会经济的发展。”	《中国人民政治协商会议共同纲领》
1951年	“在继续保证国家财政经济工作统一领导、计划和管理的原则下，把财政经济工作中一部分适宜于由地方政府管理的职权交给地方政府。”	《关于划分中央与地方在财政经济工作上管理职权的决定》

① 如20世纪中期以来各国社会救助法先后转型，先后成为真正的权利型立法。欧洲国家社会救助立法成为权利型立法一般都在其宣布成为福利性国家之后，而美国则在“戈德伯格诉凯利案”（Goldberg v. Kelly，397 U.S. 254（1970）.）后，日本则在1947年《日本宪法》制定后。随着各国社会救助法等社会法的颁布，对公民社会权利的保护成为国家的法定职责，财政政策的实施则成为国家履行职责的具体表现形式。

② 张守文：《分配结构的财税法调整》，载《中国法学》2011年第5期。

③ ［德］哈贝马斯：《在事实与规范之间：关于法律和民主法治国的商谈理论》，童世骏译，生活·读书·新知三联书店2003年版，第53页。

④ 社会整合包括利益整合、力量整合、秩序整合，即合理地建构利益分配格局、安排各种社会力量、维护社会秩序，使得利益分配合理、各社会力量相生相容、社会秩序和谐有序。参见单飞跃：《社会整合：经济法与社会法的功能配合》，载《法学》2004年第5期。

⑤ 参见［美］理查德·A. 马斯格雷夫、佩吉·B. 马斯格雷夫：《财政理论与实践》（第5版），邓子基、邓力平译，中国财政经济出版社2003年版，第6～12页。

续表

时间	财税政策功能的具体表述	文件
1993年	“运用货币政策与财政政策，调节社会总需求与总供给的基本平衡。”“积极推进财税体制改革。”	《中共中央关于建立社会主义市场经济体制若干问题的决定》
	“理顺中央与地方的财政分配关系，更好地发挥国家财政的职能作用，增强中央的宏观调控能力，促进社会主义市场经济体制的建立和国民经济持续、快速、健康的发展。”	《国务院关于实行分税制财政管理体制的决定》
1998年	“积极创造条件，逐步建立公共财政基本框架。”	李岚清在1998年12月15日全国工作会议上的讲话
2003年	“健全公共财政体制。”“进一步健全国家计划和财政政策、货币政策等相互配合的宏观调控体系。”	《中共中央关于完善社会主义市场经济体制若干问题的决定》
2007年	“深化财税、金融等体制改革，完善宏观调控体系。”	《高举中国特色社会主义伟大旗帜 为夺取全面建设小康社会新胜利而奋斗——在中国共产党第十七次全国代表大会上的报告》
2013年	“财政是国家治理的基础和重要支柱，科学的财税体制是优化资源配置、维护市场统一、促进社会公平、实现国家长治久安的制度保障。”	《中共中央关于全面深化改革若干问题的决定》
	“财税体制在治国安邦中始终发挥着基础性、制度性、保障性作用。”	《深化财税体制改革总体方案》
2014年	“加强重点领域立法……加强市场法律制度建设，编纂民法典，制定和完善……财政税收、金融等方面法律法规。”	《中共中央关于全面推进依法治国若干重大问题的决定》
2016年	“建立企业、金融机构、地方政府、商协会等共同参与的统筹协调和对接机制。完善财税、金融、保险、投融资平台、风险评估等服务支撑体系。”	《中华人民共和国国民经济和社会发展第十三个五年规划纲要》
2017年	“创新和完善宏观调控，发挥国家发展规划的战略导向作用，健全财政、货币、产业、区域等经济政策协调机制。”	《决胜全面建成小康社会 夺取新时代中国特色社会主义伟大胜利——在中国共产党第十九次全国代表大会上的报告》

续表

时间	财税政策功能的具体表述	文件
2018 年	“科学界定中央与地方权责……规范中央与地方支出责任分担方式,加大基本公共服务投入,加快推进基本公共服务均等化,织密扎牢民生保障网,不断满足人民日益增长的美好生活需要。”	《基本公共服务领域中央与地方共同财政事权和支出责任划分改革方案》

注:表 3 中内容从《中国人民政治协商会议共同纲领》《关于划分中央与地方在财政经济工作上管理职权的决定》等文件中摘录而得,并且其中部分内容参见刘剑文:《财税法功能的定位及其当代变迁》,载《中国法学》2015 年第 4 期。

在计划经济时代(1950 ~ 1978 年),“财政不是一般的分配,而是在国家集中分配过程中形成的以国家为主体的分配关系”①。在此时,我国推行统分统支的财政体制,财政政策主导了社会资源的分配,“充当了国家全面干预和直接控制国民经济的重要工具”②。

向公共财政过渡时期(1978 ~ 1998 年),通过“放权让利”改变传统统收统支的分配模式,通过对企业利润、税收优惠、利改税、价格补贴等方式发挥财政政策对经济直接干预与间接干预的双重作用,通过分税制改革合理配置中央和地方间的财权与事权。此时财政政策不仅是国家干预经济和分配社会资源的工具,更是国家与公民、市场主体与国家以及中央与地方间权利(力)配置的规范。

公共财政时期(1998 年至今),在“以‘财政公共化’匹配‘经济市场化’”,“以‘财政现代化’匹配‘国家治理现代化’”的进程中,通过“费改税”、农业税等系列税制改革、财政向基本民生倾斜、加大转移支付、推进地区间基本公共服务均等化以及全口径预算改革等措施,推进公共财政发展。③ 现代财政政策的改革以财税体制改革和收入分配制度改革为突破口,以建立结构优化、社会公平的财税制度为目标。④ 此时财税政策不仅是国家宏观调控的工具,更是国家优化分配制度、合理供给公共物品、保障社会公平的制度机制。特别是随着人权入宪、市场经济体制逐步确立以及社会分配价值由“效率优先兼顾公平”向“更加注重社会公平”的转化,财政政策由传统组织国家财政或调控经济秩序的工具性功能转向为现代调

① 陈共:《社会主义财政的本质和范围问题》,载《经济研究》1965 年第 8 期。

② 吕冰洋:《中国财政政策的需求与供给管理:历史比较分析》,载《财政研究》2017 年第 4 期。

③ 高培勇:《中国财税改革 40 年:基本轨迹、基本经验和基本规律》,载《经济研究》2018 年第 3 期。

④ 参见王桦宇:《论现代财政制度的法治逻辑——以面向社会公平的分配正义为中心》,载《法学论坛》2014 年第 3 期。

节利益分配、调和社会力量、维护整体秩序动态平衡的社会整合性功能,成为推进国家治理现代化的治理机制。财税政策是否合理直接关系着社会公共产品的合理供给、公民社会权利的保障以及多元主体间利益的公平配置与调和。

二、财政政策对社会救助资金保障机制的消极影响

在社会救助的财政资金供给保障职权配置上,中央政府与地方政府因为在财政政策中的地位和资源不同而各自具有不同的供给特征。以中央政府为主的社会救助财政供给结构,能够充分发挥中央政府所掌握的全国性财政信息优势,其财政资金支出方式在统筹性财政政策影响下将十分注重控制社会救助财政供给行为的外部性,并且不容易形成救助移民。① 但是由于中央政府并不能够同地方政府一样准确地掌握地方具体的社会救助信息,从而导致中央政府的财政政策无法准确回应地方具体社会救助资金需求,从而容易造成信息脱节和资金使用效益不高。相比之下,地方政府对于全国范围内的横向财政结构及其自身级别以上的纵向财政信息均不能完全掌握,其在社会救助财政资金供给中的信息优势表现在其辖区内的社会救助工作之中,这就使地方政府在社会救助财政供给结构中具有区域性社会救助信息优势。② 在西方普选制国家,地方政府的社会救助信息优势主要源于两点:一是地方政府由当地民众普选产生,当地民众可以通过直接选举激励地方政府全面回应选民的各类社会救助需求,从而提升地方政府的社会救助财政供给行为的精确性与充分性;二是在普选制下,当地选民对于本地的社会救助治理具有广泛的参与权,这就为地方政府优化其社会救助财政资金供给方式提供了丰富的信息资源。③ 就我国实际情况而言,由于实行单一制的政府组织结构,中央政府与地方政府间存在高度的"职责同构"特征,地方政府的社会救助财政供给行为受到中央政府的财政政策影响更大。④ 此外,我国地方政府的社会救助行政尚不具备充分的公民参与以及社会监督,故以地方政府为主的社会救助财政供给结构

---

① See Charles M. Tiebout, *A Pure Theory of Local Expenditures*, 64 Journal of Political Economy 416 (1956).

② See W. Tresch Rechard, *Public Finance: a Normative Theory*, Business Publication, 1981, p. 574 – 576.

③ See Wallace E. Oates, *An Essay on Fiscal Federalism*, 37 Journal of Economic Literature 1120 (1999).

④ 参见朱光磊、张志红:《"职责同构"批判》,载《北京大学学报(哲学社会科学版)》2005 年第 1 期。

在我国尚难以发挥出其应有的信息优势。[①] 因此,无论是从保障全国社会救助供给之稳定性与公平性的角度,还是从改善中央与地方政府社会救助供给中信息不对称的角度来看,中央政府和地方政府共同负担社会救助供给责任是一条较为合理的路径。

社会救助作为现代政府依据宪法规定必须向其人民所提供的公共服务之一,是对一国人民最基本的生存权与发展权的兜底保障。宪法要求现代政府必须在社会救助服务的供给中保持内部组织结构的积极性与灵活性,并且其相关的行政行为也应当接受正当法律程序的规范与制约,以保证其社会救助资金供给行为能够恰当地回应公共利益之需求。[②] 首先,保持政府内部组织结构的积极性与灵活性,需要在中央政府与地方政府之间建立协同型财政合作机制。一方面,地方政府应当积极提升自身对当地社会救助财政信息的收集、甄别、分析以及应用能力,以保证相关信息可以即时全面准确地反馈到中央政府社会救助财政供给部门,这是维系协同机制灵活性的基础;另一方面,中央政府与地方政府可以通过协同行政与混合型财政供给方案来提升政府内部对社会救助财政供给工作的参与程度,以高度的参与性释放政府整体的积极性。[③] 对单一制结构的政府而言,协同型财政合作机制的建立,就是要消除中央政府与地方政府之间刚性的命令式行政关系,代之以分权式的合作性行政关系,从而实现社会救助资金供给的精准度与全面性,优化社会救助公共资源配置结构。其次,要激发地方政府和中央政府各自的社会救助信息优势,从根源上保障政府内部财政供给协同的效率性。协同式的社会救助财政供给模式并不意味着中央政府与地方政府需要保持高度的行政一致性,相反,只有充分激发出二者在社会救助财政供给行政工作中的不同信息优势,相辅相成,才能保证社会救助整体财政供给措施能够精准满足人民的生存与发展需求。这就要求地方政府应当建立多元化信息渠道,充分保证公民对社会救助财政资源分配过程的参与权,通过提高公民参与来提升自身的信息优势。中央政府应当对地方政府的社会救助信息行为进行程序性约束及责任性规范,以督促地方政府的信息资源得以全面及时反馈到中央政府。最后,中央政府与地方政府间的协同型社会救助财政资金供给关系应当遵循正当的法律程序。

---

① 参见蒋悟真:《从兰考火灾事故辨析国家与社会的救助责任》,载《法学》2013 年第 5 期。

② See Graver Straling, *Managing the Public Sector*, The Dorsey Press, 1986, p. 115 – 125.

③ 参见谢庆奎、杨宏山:《府际关系的理论与实践》,天津教育出版社 2007 年版,第 15 页。

在单一制政府组织中建立纵向协同型财政供给机制，应当十分注重层级制政府关系、因为职责同构而对地方政府造成的刚性压力，以及地方政府之间因为争夺上级资源而形成的竞争关系。社会救助法上的协同型政府合作机制需要保持行政权能分配的中立与公正，这就需要通过合理正当的协同型资金供给程序来调整各级政府间的社会救助资金使用责任的重叠和缝隙，通过严格的程序性规范来摒除单一制政府刚性行政命令的干扰和各级政府因为自利经济人角色而产生的资源竞争。合理构建支出责任协调程序意味着理顺上下级政府间的事权与财权分配关系，通过科学合理的财政转移支付程序降低政府行为的负外部性，保证社会救助资源的配置效率与公平。

我国财税规范主要表现为财政政策，财税立法稀少。① 即使是财税立法也往往是对财税政策所确立的基本原则的追认和细化，使财税政策不在财税法体系之内却有着高于任何财税法规范的约束力。② 我国现行财税体制是在 1994 年分税制基础上建立的中央与地方财税分权体制，其所突显的行政主导性、分权的有限性与不周延、事权与支出责任厘定不清等问题，不仅未得到之后财税立法的纠正，而且被财税立法所遵循，深深地影响着我国财税立法的建构。③ 社会救助资金供给法制作为财税法制的子系

① 我国财税规范除了《预算法》、《审计法》、《会计法》、《政府采购法》、《税收征收管理法》、《企业所得税法》、《个人所得税法》、《车船税法》以及《环境税法》等外，主要是表现为行政法规、部门规章和数量庞大的财税细则、公告、通知等政策性文件。

② 参见叶姗：《税权集中的形成及其强化——考察近 20 年的税收规范性文件》，载《中外法学》2012 年第 4 期。

③ 在此突出强调我国财政政策中"中央与地方间事权与支出责任"问题，一方面是因为中央与地方事权与支出责任的明确是我国财政政策建构的基础；另一方面是因为建立事权与支出责任相适应的制度，保持中央与地方财力格局的总体稳定是我国现阶段建构现代财政制度最急需解决的问题。虽然 1993 年《国务院关于实行分税制财政管理体制的决定》首次提出事权与支出责任相结合原则；2007 年《高举中国特色社会主义伟大旗帜　为夺取全面建设小康社会新胜利而奋斗——在中国共产党第十七次全国代表大会上的报告》提出"健全中央与地方财力与事权相匹配体系"；2011 年《国民经济和社会发展第十二个五年规划纲要》提出"按照财力与事权相匹配要求，在合理界定事权的基础上，进一步理顺各级政府间财政分配关系"，但由于这些时间段我国财政政策改革的侧重点并不是事权与支出责任相适应问题，如 1993 年财税改革的目标依然在"放权让利"改变传统统收统支的分配模式，加强中央财政收入和宏观调控能力；而 2007 年和 2011 年财税改革侧重于通过税制和财政支出改革建构和完善公共财政体系。2013 年《中共中央关于全面深化改革若干重大问题的决定》颁布，建构现代财政体制成为我国财税改革的现实需求，"建立事权与支出责任相适应的制度"成为亟须解决的关键性问题。2016 年《国民经济和社会发展第十三个五年规划纲要》和 2018 年《基本公共服务领域中央与地方共同财政事权和支出责任划分改革方案》对中央与地方事权与支出责任合理配置问题予以了进一步的强调和细化。

统同样深受财税政策的影响，使我国社会救助财政供给分配关系呈现“纵向错位”的特征：一方面，《暂行办法》作为一项行政法规对社会救助财政支出责任的规范受到行政层级制的影响，导致以事权为表现形式的财政支出责任主要由地方政府及其社会救助管理部门承担，省级政府和中央政府几乎完全不参与地方政府的社会救助具体事务（见表4）；另一方面，现行分税体制赋予中央社会救助管理部门以充分的财政资金储备，然而，地方政府及其社会救助管理部门却因事权过多而难以独自承担相应的财政负担，致使地方社会救助财政供给更加依赖中央财政的支持。从社会救助法所调整的政府主体关系来看，在层级制政府体系中，社会救助财政支出权向下集中与财政决策权向上集中形成财政供给权配置的错位结构。我国现行财税政策给我国社会救助资金供给法律保障机制带来了巨大的负面影响。

表4　《暂行办法》事权分配

<table>
<tr><th>层级</th><th colspan="2">行政主体</th><th>专属/项</th><th>非专属/项</th></tr>
<tr><td rowspan="13">地方政府及其社会救助管理部门</td><td colspan="2">乡镇人民政府、街道办事处</td><td>12</td><td>0</td></tr>
<tr><td rowspan="5">县级人民政府社会救助管理部门</td><td>县级人民政府民政部门</td><td>12</td><td>1</td></tr>
<tr><td>县级人民政府住房保障部门</td><td>3</td><td>0</td></tr>
<tr><td>县级人民政府社会救助管理部门</td><td>1</td><td>5</td></tr>
<tr><td>县级以上人民政府财政部门、审计机关</td><td>0</td><td>1</td></tr>
<tr><td>其他机构</td><td>4</td><td>2</td></tr>
<tr><td colspan="2">县级人民政府</td><td>1</td><td>0</td></tr>
<tr><td rowspan="2">县级以上地方人民政府</td><td>县级以上地方人民政府</td><td>0</td><td>6</td></tr>
<tr><td>省、自治区、直辖市或者设区的市级人民政府</td><td>3</td><td>0</td></tr>
<tr><td rowspan="3">受灾地区人民政府及其灾害救助管理部门</td><td>受灾地区人民政府；自然灾害多发、易发地区的县级人民政府</td><td>2</td><td>1</td></tr>
<tr><td>受灾地区人民政府民政等部门；人民政府的自然灾害救助应急综合协调机构</td><td>1</td><td>1</td></tr>
<tr><td>受灾地区县级以上人民政府</td><td>0</td><td>1</td></tr>
<tr><td colspan="2">合计</td><td>39</td><td>18</td></tr>
<tr><td rowspan="4">重叠部分</td><td colspan="2">县级以上人民政府</td><td>0</td><td>8</td></tr>
<tr><td colspan="2">各级人民政府</td><td>0</td><td>1</td></tr>
<tr><td colspan="2">设区的市级以上人民政府</td><td>0</td><td>1</td></tr>
<tr><td colspan="2">合计</td><td>0</td><td>10</td></tr>
</table>

续表

层级	行政主体	专属/项	非专属/项
国务院及其社会救助管理部门	国务院民政部门	1	0
	合计	1	0

注：以上表中数据依据《暂行办法》对社会救助管理有关行政主体及其具体职能的规定统计而成。

第一，财政供给事权向下集中使得社会救助资金供给存在结构性信息不对称。在社会救助财政资金供给保障职权配置上，因为中央政府与地方政府在财政供给中的地位和资源不同而各自具有不同的供给特征：以中央政府为主的社会救助财政供给结构，能够充分发挥中央政府所掌握的全国性财政信息优势，其财政资金支出方式在统筹性财政政策影响下将十分注重控制社会救助财政供给行为的外部性；地方政府在社会救助财政供给结构中则具有明显的区域性社会救助信息优势，能更好地回应地方的具体需求。由于我国财政政策的影响，社会救助事权不断向地方政府集中，而财权却不断向中央集中，使中央政府掌握财权但无法同地方政府一样准确掌握地方社会救助信息从而无法准确回应地方具体社会救助资金需求，而地方政府准确掌握地方救助信息却由于财权的缺乏也无法作出回应。我国现阶段社会救助行政供给主体有两大类：国务院及其社会救助管理部门与地方人民政府及其社会救助管理部门。依据《暂行办法》第 3 条和第 4 条规定，国务院社会救助管理部门包括“国务院民政、应急管理、卫生健康、教育、住房城乡建设、人力资源社会保障、医疗保障等部门”，而地方社会救助管理部门不仅包括“县级以上地方人民政府民政、应急管理、卫生健康、教育、住房城乡建设、人力资源社会保障、医疗保障等部门”，还包括“乡镇人民政府、街道办事处”。同时，《暂行办法》第 5 条虽以“政府领导、民政部门牵头、有关部门配合、社会力量参与”为社会救助职责的分配原则，但对国务院及其社会救助管理部门的职责却没有规定。总体而言，社会救助行政供给主体的救助权责的分配呈现向下集中的状态，地方人民政府及其社会救助管理部门承担了绝大多数社会救助事权（如表 4 所示），地方政府在执行大量社会救助事务的过程中获得相对的信息优势，而中央政府由于其自身的法定职责缺位而无法与地方政府共享这些救助信息，使社会救助在信息资源的分配上出现结构性不对称。

第二,现行分税制与财政转移支付机制使得供给主体间救助事权与支出责任不平衡、社会救助资金供给无法得到稳定保障。社会救助是财产再分配体系的重要一环,社会救助行政供给主体具体职责的实现需要明确的财政给付作为保障。但我国一方面分配给地方政府,特别是县乡级政府沉重的社会救助职责;另一方面又没有通过收入分配或有效的政府间转移支付系统支持地方政府提供履行这些职责时所需的支出。[①] 例如,2013 年我国地方政府在其财政能力范围内所能承担的社会服务(含社会救助)经费额度约为 2126.8 万亿元人民币,但是全国当年社会服务(含社会救助)所需财政经费为 4276.5 万亿元人民币,存在五成以上的财政缺口,这显然与以地方政府为主的社会救助职能分配体系不相符。[②] 现行分税制使得社会救助支出责任的分配无法直接与社会救助职能分配保持一致,故需要通过转移支付这一间接手段来维系事权与支出责任的平衡。然而,尽管《预算法》《预算法实施条例》《中央对地方专项转移支付管理办法》对转移支付作出了规定,但整体规范依然存在不足,如专项转移支付资金分配不规范、支付程序不合理、监督力度不够等,这不仅无法保障社会救助资金的有效供给,还存在着可能引发社会救助资金供给主体道德风险的问题。同时,横向转移支付法律规定的缺乏使得同级行政主体间横向救助资金转移无法得到稳定保障。虽然国家于 2008 年出台《汶川地震灾后恢复重建对口支援方案》通过兄弟省份无偿援助被救助群体使被救助主体生存权、发展权得到保障,但这一政策只是暂时性的,兄弟省份间援助也是基于行政命令或道德考量,缺乏长期稳定的保障。

第三,地方财政收益权不足导致地方政府在社会救助事权与支出责任错位结构中严重缺乏自主性。分税制下,地方政府税收收益权严重不足,而这种不足又在事权与支出责任的错位中被放大。首先,地方人大税收立法权缺失,使得地方政府可征税收稀少、财政自主权缺失。“中国的分税制度并不是一种严格意义上的财政分权,而实际上是一种中央对地方的授权”。[③] 依据《国务院关于实行分税制财政管理体制的决定》《立法法》《税

---

① 参见[美]劳伦·勃兰特、托马斯·罗斯基:《伟大的中国经济转型》,方颖、赵扬译,格致出版社、上海人民出版社 2009 年版,第 389 页。

② 参见中华人民共和国国家统计局编:《中国统计年鉴 2014》,中国统计出版社 2014 年版,第 190 页。

③ 刘剑文、熊伟:《税法基础理论》,北京大学出版社 2004 年版,第 47 页。

收征收管理法》可知，当前我国采取集中的税收立法权划分模式，①税收立法权集中于中央甚至中央财税主管部门，②而地方立法权缺失。现行税收法律制度对于地方人大税收立法权采取了严格限制的态度，使地方政府只能在日益缩小的范围内获得税收收益，导致地方财政收益权有限、自身的财力被束缚。其次，地方政府缺乏可征主体税种。我国分税制改革的过程实质上是中央政府根据特定利益需求而调整地方税权和支出责任的过程。随着分税制的推进，中央财政收入、宏观调控能力都得到巨大提升，但使地方政府可征主体税种缺乏、税收收益减少，出现事权与支出责任日益不对等的现象。虽然地方享有我国现行大部分税种的征收权，但主要都是小税种和共享税，地方政府税收收益主要依靠营业税、城市维护建设税、契税和共享税，特别是随着营改增实施，地方主体税种日益缺失，地方财政收益越来越依赖于中央财政支持。当然，面对事权与支出责任日益不对等的窘境，一方面，地方政府为扩大税收收益会在力所能及的范围内强化特定领域的税收收益权，但会造成地方税权的非理性发展，给地方经济社会发展带来负面影响；③另一方面，地方政府为了获得更多的财政资源以更好地履行其职责，会积极获取中央财政的支持，产生“跑部钱进”的现象就不足为怪了。但以上均非解决地方政府事权与支出责任不对等的长久之计。在当前社会救助的财税权分配体系下，要解决事权与支出责任错位导致的地方政府社会救助供给的不足，不仅要强化中央政府对地方政府的社会救助财政资金转移支付，更要在一定程度上放开地方政府自筹资金的权限，为社会救助资金使用管理的稳定建立双重保障机制。

三、社会救助财政资金法律保障机制的完善

社会救助资金法律保障机制的完善不仅是实现财税法由管制型、工具主义向治理型、人本主义转化的客观要求，更为克服财政政策弊端、整合不同财政政策目的冲突、提升财政政策价值品格提供了理论和制度支持，是

---

① 《国务院关于实行分税制财政管理体制的决定》第 3 项明确提出“中央税、共享税以及地方税的立法权都要集中在中央，以保证中央政令统一”。《立法法》第 8 条规定“以下事项只能制定法律：……（六）税种的设立、税率的确定和税收征收管理等税收基本制度”。《税收征收管理法》第 3 条规定“税收的开征、停征以及减税、免税、退税、补税，依照法律的规定执行；法律授权国务院规定的，依照国务院制定的行政法规的规定执行”。

② 实际上根据 1984 年和 1985 年全国人大的授权文件，我国税收立法主要由国务院行使，国务院依据授权制定了一系列的税收政策文件。

③ 例如，在地方有限的实际税权资源中，土地出让金占据了相当大的比重，而随着地方政府事权的增长，其就更加倾向于通过大量圈占土地来弥补支出增长的亏空。参见周飞舟：《生财有道：土地开发和转让中的政府和农民》，载《社会学研究》2007 年第 1 期。

保障财政政策合法性和实现财政政策现代化的内在要求。法治社会公众所认同的是国家制定的法律,法律的完善和评价是维护财政政策制度尊严并使其得到公众认可的保障。[①] 当前我国社会救助资金供给法律保障机制存在的事权与支出责任错位现象,既使地方政府社会救助信息优势无法正常发挥,也使中央政府社会救助资金管理监督与指导功能处于失序状态。完善社会救助资金供给法律保障机制的关键在于,在事权与支出责任相对等原则导向下重塑中央与地方政府的社会救助资金供给关系,合理配置各级政府社会救助资金供给责任,完善社会救助转移支付机制并合理放开地方税权,以此实现我国社会救助资金的合理供给和被救助主体权利的保障。

(一)政府社会救助资金供给责任的合理配置

1. 明确各级政府社会救助资金供给责任

"现代社会保障制度的确立与发展表明,慈悲已经升华为正义与平等,而正义与平等已经成为制度化的公理",[②]政府社会救助资金供给责任已成为其自身合法性的来源和不得不承担的法定责任。然而,当前我国社会救助立法对于各级政府间资金供给责任的规定十分模糊,《暂行办法》第5条亦只是笼统规定各级政府应当将社会救助所需财政资金纳入到本级政府预算中加以管理,但对于各级政府之间的支出责任具体内容、资金分配比例以及违反支出责任的救济机制等均未能明确规定。各级政府间社会救助资金供给责任的不明确直接影响到各级政府具体救助给付行为的实施。同时,由于各地方政府财力不足,往往导致公民的社会救助权利无法获得充分实现。为此,明确各级政府的社会救助资金供给责任,不仅是各级政府合理履行社会救助给付职责的前提,也是减少社会救助资金供给中缺位、错位以及不平衡现象的制度基础。针对我国各级政府社会救助资金供给责任不明确的现实,应当充分发挥各级人大及其常委会在确认本级政府社会救助财政供给责任中的基础性作用,加强其在立法、预算审议等方面的重要监督功能,对特定时期各级政府社会救助财政供给责任予以界定,设定相应的汇报、听证以及授权性程序,从而既可以通过多主体的参与和民主协商来弥补中央政府与地方政府间社会救助信息不对称的不足,又可以通过正当的法律程序赋予地方政府具体救助资金供给责任以完整的法律制约。同时,鉴于层级制地方政府的单一化领导体制,应当将具体负

---

① 参见[美]戴维·波普尔:《社会学》(下),刘云德译,辽宁人民出版社1998年版,第411页。

② 王显勇:《社会保障国家:法治国家的新蓝图》,载《现代法学》2011年第1期。

责社会救助资金管理事务的机构或直接责任人作为相应的资金供给行政责任的承担者,并且对于符合特定条件、具有重大社会影响的救助资金供给行为,适当引入终身责任制予以制约,以最大限度地降低社会救助供给责任不明确带来的救助不充分风险。

2. 合理理顺社会救助资金供给责任分配结构

社会救助资金供给责任是政府社会救助职能与财政职能的有机结合,是政府对社会救助承担责任的财力基础和基础形式。① 现阶段我国社会救助资金主要依赖于财政供给,公民的社会救助权利实现亦依赖于政府社会救助资金供给保障机制的完善,政府在社会救助领域的分配价值取向、信息决策方式以及供给责任的内部分配结构都将对社会救助具体权利的实现产生重要的影响。② 现阶段供给责任规范的不合理、中央与地方间资金供给结构的错位以及各级地方政府财政负担能力的差异,导致横向间被救助主体救助权利的实现水平和各地社会救助工作的落实情况参差不齐。这显然有违社会救助的公平性要求,应予以进一步完善。首先,应在总体上对中央与地方政府间社会救助资金供给比例予以明确划分。我国现行财政体制决定了地方政府无力单独承担全部的社会救助资金供给责任,而中央政府所具有的公共资源平衡配置职责与财政资源优势也赋予其更高的财政供给责任。世界上不同国家依据各自财政情况在中央与地方社会救助资金供给上采取不同的承担比率,如荷兰中央承担 90%,地方承担 10%;德国中央承担 75%,地方承担 25% 等。③ 对于我国中央与地方政府社会救助供给资金的承担比率可以总体上依据各地不同的经济发展水平和财政负担能力,划定相应不同的区间——中央承担 60% ~90%,地方承担 10% ~40%,再依据当年各地方的具体情况划定相应的承担比率,以保证各地方的社会救助财政都能获得符合地方条件的资金支持,避免因为"一刀切"导致结构性资金供给的差异。④ 其次,要在省级以下政府间建立相应的财政分担机制。各省级政府应根据各自行政区划内不同市县级政府财政能力、救助规模等,合理地确定各级政府的社会救助财政给付责任。同时,依据本省各级政府每年的经济发展情况和被救助主体的规模采取新

---

① 参见王全兴:《经济法基础理论专题研究》,中国检察出版社 2002 年版,第 192 页。

② 参见姚国建:《社会权保障视野下的我国公共财政制度转型》,载《政法论坛》2013 年第 4 期。

③ 参见江树革、[美]比约恩·古斯塔夫森:《国外社会救助的经验和中国社会救助的未来发展》,载《经济社会体制比较》2007 年第 4 期。

④ 参见杨红燕:《中央与地方政府间社会救助支出责任划分——理论基础、国际经验与改革思路》,载《中国软科学》2011 年第 1 期。

的财政分担机制。再次,强化中央政府对地方政府救助财政使用行为的规范、管理与监督。中央政府对于社会救助参与的必要性不仅表现在其承担的财政责任上,也反映在对社会救助国家标准及体系的设立与规范上。① 中央政府可以通过统一社会救助项目的最低使用标准,为地方政府的资金使用划定范围与限度,并建立救助标准、制定与修改规范以防止地方政府在社会救助中滥用自由裁量权。最后,各级政府的财政供给责任在不同救助时序、不同救助类型上也应当有所区分。具体而言,对于生存能力丧失型的社会救助,其对应的救助方式应以"输血型"为主,而对于发展机会缺少型的社会救助,则应以"造血型"救助方式为主。② 前种社会救助类型的资金供给标准主要依据地方经济发展水平和居民生活水平来确定,故供给较为稳定,受政府的资金保障力度影响较大;而后种社会救助类型的供给标准则受到具体个体的生存能力丧失原因的影响,其供给存在波动性,受政府的信息完善程度影响较大。因此,我国社会救助财政供给保障机制可以通过建立阶段性的财政分担机制,有针对性地供给不同类型的社会救助项目。对于"造血型"救助项目应以具有信息优势的地方政府为主体,以充分回应发展机会丧失型的救助对象之具体需求;而对于"输血型"救助项目,则应适用于具有财政优势的中央政府为主的财政资金供给结构,以集中财政资源充分保障那些已经丧失基本生存能力的救助对象的基本的生存条件和尊严。③

(二)社会救助财政转移支付机制的规范化

明确各级政府的社会救助资金供给责任,只是完善我国当前社会救助资金供给法律保障机制的第一步,旨在解决各级政府间资金供给责任的静态配置问题。要扭转因社会救助事权的下移,尤其是执行性事权下移带来的中央政府与地方政府间事权与支出责任不对等的现实,建立规范的社会救助转移支付法律机制是关键。因为"政府不仅通过转移支付来保障各级政府政权运转所需经费,更通过转移支付来实现地方的分权自治,促进地

---

① See S. Guhan, *Social Expenditures in the Union Budget*: 1991 – 1996, 30 Economic and Political Weekly 1095(1995).

② 参见蒋悟真:《我国社会救助立法理念及其维度——兼评〈社会救助(征求意见稿)〉的完善》,载《法学家》2013 年第 6 期。

③ 卢森堡的社会救助法抓住"造血型"救助项目经过期间较短而"输血型"救助项目经过期间较长的特征,规定自被确定为救助对象开始到第一年结束,其救助开支由地方财政承担,而自此以后至救助对象不再满足救助条件为止,其救助开支转由中央财政承担。这样的制度设计,科学合理地分配了中央与地方的事权与支出责任,值得我国借鉴。See Suan Kuivalainer, *A Comparison on Social Assistance Schemes in Europe with the Nation of Welfare Production and the Concept of Social Rights*, University of Turku Press, 2004, p. 12.

区均衡发展,增强国家凝聚力,促进社会整体公平正义,追求社会和谐发展"①。

第一,我国社会救助财政转移支付立法位阶、模式以及价值导向的合理选择。合理的转移支付法律机制对于社会救助资金供给的合理实现和地区间社会救助供给资金的均衡配置具有着不可替代的作用。我国现行社会救助转移支付机制在立法位阶、模式选择以及价值导向上存在的缺陷,严重影响着社会救助资金供给的合理保障,应予以完善。首先,提升转移支付立法位阶。现行转移支付机制要么零散分布于《预算法》中,要么就是处于位阶较低的《中央对地方专项转移支付管理办法》或相关政策文件中,专门性财政转移支付法的缺失导致政府社会救助转移支付的权威性、稳定性不足,从而难以维护弱势群体的稳定预期和被救助权利。提升社会救助转移支付立法位阶,出台《财政转移支付法》,将是实现社会救助资金供给均等化、平等保护被救助主体生存权与发展权的重要举措。② 其次,合理转移支付模式的选择。我国现行转移支付规范中只有专项转移支付与纵向转移支付规范,横向转移支付规范则处于空白状态。横向转移支付法律规范的阙如,不仅使得同级政府间抑或不具有隶属关系的不同级政府、部门间的社会救助资金转移支付无法得到法律的确认和保护,更对这些主体间为获取社会救助资金而发生的不良竞争缺乏合理规制。为此,建构同德国相似的"纵横均衡"的财政转移支付模式就成为实现我国社会救助资金合理供给的适宜选择。同时,我国已有的《发达省(市)对口支援四川云南甘肃省藏区经济社会发展工作方案》、《汶川地震灾后恢复重建对口支援方案》以及《上海市对口支援与合作交流专项资金管理办法》等政策文件也为横向财政转移支付法律制度的完善提供了现实可行的基础。最后,社会救助财政转移支付法律规范的完善应以内涵激励机制的"奖优"规则与事后救助的"扶弱"规则的统一为导向。③ 在传统的社会救助财政转移支付规范的设计中往往都以事后救助的"扶弱"规则为常态,然而单纯的"扶弱"规则极易使财政基础较好的省份为了获得中央更多的社会救助财政转移支付而故意减少本地社会救助财政支出,从而导致社会救助

① 徐阳光:《财政转移支付制度的法学解析》,北京大学出版社2009年版,第2~3页。

② 参见陈云良、何聪聪:《基本医疗服务财政转移支付法律规制研究》,载《法商研究》2014年第6期。

③ "根据转移支付对地方支出行为的激励效应,我们抽象出两种分配规则:第一种是中央补助基本公共服务水平较差的地区,即'扶弱'规则;第二种是中央补助基本公共服务投入较多或者说财政努力程度较高的地区,即'奖优'规则。"尹振东、汤玉刚:《专项转移支付与地方财政支出行为——以农村义务教育补助为例》,载《经济研究》2016年第4期。

资金供给的低效率。因此,为了实现社会救助有限资金的合理供给,在我国社会救助财政转移支付实施过程中,针对财政条件较好的地方政府或部门应积极推行"奖励"规则;针对财政困难的地方政府或部门应积极推行"扶弱"规则;针对财政条件中等的地方政府或部门则应依据具体情况采取不同规则。

第二,转移支付的资金使用硬性制度约束机制的缺乏及其完善。地方政府在转移支付资金的使用方式、期限、财务管理以及相关预算调整等程序方面的行为,缺少应有的硬性规范。资金使用程序缺乏刚性会增加政府部门社会救助资金供给的自由裁量,导致资金使用的随意性,特别容易滋生基层的腐败。① 社会救助转移支付机制除了针对特定事项赋予政府自由裁量权外,只有"通过对事实构成作出详细规定以及明确特定的规整意旨以及一般的裁量界限等手段"②才能提升制度刚性,克服社会救助资金使用的随意性。这种硬性制度约束应贯穿于社会救助财政资金转移支付的全过程,要将中央政府的财政转移支付行为和地方政府的转移支付资金使用行为都纳入到规范体系之中。例如,美国预算法就针对社会救助中转移支付项目对政府行为进行专门的约束,一方面,要求地方政府在进行相关项目申请时必须符合严格的资质要求;另一方面,也要求联邦政府在项目审批、资金拨付以及对地方政府资金使用监督上必须严格遵守预算法与社会救助法的规定。③ 为完善我国社会救助转移支付的资金使用硬性制度约束机制:一是可以借鉴美国相关管理规定,健全我国政府社会救助转移支付资金使用与管理规则,严格约束政府转移支付行为。二是要加大各级人大及其常委会对政府转移支付行为的监督,如 2018 年 3 月 6 日中共中央办公厅印发的《关于人大预算审查监督重点向支出预算和政策拓展的指导意见》就强化人大对政府转移支付的监督,将监督转移支付预算执行和政策实施情况作为重点监督内容。同时,为更好发挥人大专门委员会的专业特点和优势,人大相关的专门委员会可以对有关转移支付资金和政策开展调查研究。此外,地方政府在预算法治化建设中,应将转移支付资金的使用情况作为人大预算监督

① 例如,湖北省枣阳市社会救助管理站原站长吴某等人通过伪造 12 人的虚假社会救助档案资料,骗取社会救助专项资金 5.6 万元人民币。参见刘志月等:《救助站长伪造档案骗国家专项资金》,载《法制日报》2013 年 5 月 13 日,第 8 版。

② [德]齐佩利乌斯:《法学方法论》,金振豹译,法律出版社 2009 年版,第 150 页。

③ 参见童之伟:《国家结构形式论》,武汉大学出版社 1997 年版,第 306 ~ 308 页。

的重点内容。[①] 三是要完善转移支付信息公开机制，各级政府社会救助转移支付行为的依据、额度、程序以及执行情况，都应当通过相应的公开程序接受公众的监督，听取公众建议，通过信息公开倒逼行政机关社会救助转移支付能力的提升。[②]

第三，特殊转移支付程序的建构。现行社会救助资金通过转移支付从中央政府到具体执行社会救助项目的县级政府需要经过省级财政和地市级财政两个中间环节，资金流转的环节过多，加上各级财政审批与发放程序又有所差异，转移支付资金到位效率明显过低。特别是面对亟须资金供给的灾害救助、临时救助等特殊救助项目，过于烦琐的资金转移流程与过低的资金到位效率，显然无法保证地方政府及时展开救助活动，难以合理保障被救助主体权益。转移支付中间流程"一刀切"导致部分特殊项目亟需的救助资金面临得不到及时供给的困境，特别是面对洪灾、地震等自然灾害或环境污染、"非典"、新冠肺炎等突发性公共安全事件所导致的急难性救助，困难主体生存权救助需同时间赛跑，资金供给效率就显得尤为重要。如新冠肺炎疫情发生之初，虽然国家给予了紧急财政拨款，但地方依然存在资金与物质缺乏情况，从影响了疫情救助的效率。对此，澳大利亚社会救助法规定中的"直接给予地方政府"的特殊程序值得我们借鉴——在满足特定条件时可以直接由中央政府向基层政府或社会救助管理部门进行财政转移支付，从而减少中间环节，提升社会救助转移支付的效率。[③]当前，我国也在探索建立特定领域的特殊转移支付机制，如李克强总理在2020年政府工作报告中就明确提出要"建立特殊转移支付机制，资金直达市县基层、直接惠企利民，主要用于保就业、保基本民生、保市场主体"，[④]随后，在国务院新闻办公室于2020年6月12日召开的建立特殊转移支付机制国务院政策例行吹风会上，财政部副部长许宏才从明确资金范围、细

① 详见《陕西省预算审查监督条例》(陕西省人民代表大会常务委员会公告〔十三届〕第35号)、《广东省预算审批监督条例》(广东省第十三届人民代表大会常务委员会公告第47号)、《四川省预算审查监督条例》(四川省第十三届人民代表大会常务委员会公告第29号)等。

② 如2016年12月23日财政部部长肖捷在第十二届全国人民代表大会常务委员会第二十五次会议上所作的《国务院关于深化财政转移支付制度改革情况的报告》就曾提出要"继续做好转移支付预算公开，进一步细化公开内容，完善集中公开平台，以信息公开倒逼转移支付管理水平提高。"

③ See Peter B. Dixon, *Efficiency Effects of Inter-government Financial Transfer in Australia*, 35 Australian Economic Review 304 (2002).

④ 参见李克强：《政府工作报告——2020年5月22日在第十三届全国人民代表大会第三次会议上》，载中华人民共和国中央人民政府网，http://www.gov.cn/premier/2020-05/29/content_5516072.htm，2020年7月23日最后访问。

化分配流程、实施台账监控、压实地方责任、加强监督问责五个方面介绍了建立特殊转移支付机制的主要内容。① 为加强对特殊转移支付资金的监督与管理,财政部于2020年6月16日印发《中央财政实行特殊转移支付机制资金监督管理办法》(财预〔2020〕56号),实现了特殊转移支付制度的规范化运行。我国在对临时救助、灾难救助、特定贫困救助等项目进行社会救助资金转移支付时,可以参考澳大利亚经验,完善特殊转移支付机制,减少省级或者地市级财政的干预,在符合法定条件的情形下,通过完善社会救助资金监管系统、建立直达资金定期报告制度、推动直达信息公开等程序,实现从中央到县级政府或特定地区财政的直接转移,从而在确保社会救助资金及时供给的同时,提升财政转移支付的效率。

第四,社会救助转移支付绩效评估标准的合理化。强化对社会救助转移支付的绩效评估是提升救助资金使用效率的重要途径,早在2014年《国务院关于改革和完善中央对地方转移支付制度的意见》(国发〔2014〕71号)就明确提出要"完善转移支付绩效评价制度,科学设置绩效评价机制,合理确定绩效目标,有效开展绩效评价,提高绩效评价结果的可信度,并将绩效评价结果同预算安排有机结合。逐步创造条件向社会公开绩效评价结果。"但我国当前转移支付绩效评估仍然仅以各地财政具体水平为依据,以至于转移支付整体上向财政水平较低的中西部倾斜。然而,"一般性财政转移支付应以全国人均财政支出数和各地的总人口数计算标准财政支出,其实质是在财政转移支付制度层面实现公共财政资源的平均(不是绝对平均)分配"②。单一化的转移支付绩效评估体系最终带来的是中央的社会救助财政资金配置结构无法正确反映区域性社会救助资金的需求差异。同时,单一标准亦导致中央财政对于地方社会救助财政绩效的评估形成量化考核的趋势,致使中西部地方政府产生降低财政指标与社会救助标准以人为拉大区域财政差异的倾向,而东部地区由于无法获得充足的转移支付资金支持则倾向于通过提高救助对象认定门槛来减少财政负担。③

① 参见财政部新闻办公室:《建立特殊转移支付机制国务院政策例行吹风会文字实录》,载财政部网,http://www.mof.gov.cn/zhengwuxinxi/caizhengxinwen/202006/t20200612_3531190.htm,2020年7月23日最后访问。

② 许安平:《财政转移支付制度及其对改革发展成果公平分享有何意义》,载《现代法学》2008年第5期。

③ 有学者以转移支付比重与低保参保率的关系为对象进行分析,得出的结论是二者呈正相关发展趋势。由于转移支付偏向中西部地区,导致东部地区在地方政府财政压力过高的情形下取得较低的参保率。参见杨红燕:《财政转移支付的公平增进效果研究——以城市低保制度为例》,载《中央财经大学学报》2014年第9期。

社会救助转移支付绩效评估标准是在现行财政体制下对社会救助公共资源的实际分配和使用效率进行评估所应遵循的法律规则，其评估结果对中央政府的社会救助财政资源后续分配方式具有决定性。故该评估标准应当严谨、科学、符合公共理性。因此，要杜绝地方政府在社会救助认定标准上的不合理行为，提高地方政府保障社会救助财政资金合理使用的积极性与参与性，应当摒弃传统上对中西部的倾斜理念，建立综合性的绩效评价体系，以保证地方政府与中央政府在社会救助财政转移支付上的统一性。

为实现社会救助转移支付资金绩效评估的规范化、合理化：一是要合理界定转移支付绩效评估标准，我国当前的社会救助转移支付以“均等化为目标、以标准财政收支差为依据”①，过于侧重不同地区经济发展水平的差异性，而忽略了各地方政府社会救助事权与支出责任之间的匹配性，由此导致转移支付效果不佳。为转变当前以财政收入水平为主的转移支付制度设计，在考虑地方政府财政收入水平差距的基础上，更应考虑转移支付目标的实现情况，根据不同地方政府社会救助事权与支出责任的具体状况合理确定评估标准，②如 2018 年 9 月 1 日《中共中央、国务院关于全面实施预算绩效管理的意见》已明确提出“转移支付预算绩效管理要符合财政事权和支出责任划分规定，重点关注促进地区间财力协调和区域均衡发展”。二是要强化社会救助转移支付绩效评估的激励与约束机制，《中共中央、国务院关于全面实施预算绩效管理的意见》已提出要强化绩效管理的激励约束机制，将部门预算运行综合绩效与转移支付分配挂钩，优先保障绩效评估好的项目和政策，督促和改进绩效评价一般的项目，而对于绩效评估较差的项目则削减资金甚至取消。社会救助转移支付绩效评价应遵循该理念，在保障困难群众基本生活水平的基础上，提升资金配置的科学性与合理性。③ 三是完善社会救助转移支付绩效评估监督机制，为提升转移支付绩效评估结果的约束性，强化支出主体的的责任意识，应在充分考虑运行成本最小化的基础上，形成社会救助转移支付资金使用的监督机制，通过有效的监督机制提升社会救助资金绩效评价水平。

---

① 伏润民、常斌、缪小林：《我国省对县（市）一般性转移支付的绩效评价——基于 DEA 二次相对效益模型的研究》，载《经济研究》2008 年第 11 期。

② 参见王卫昆、常斌、缪小林：《我国规范的省对县（市）均衡性转移支付制度研究》，载《经济学（季刊）》2012 年第 1 期。

③ 如《河北省社会救助实施办法》（〔2015〕第 7 号）第 7 条第 2 款规定：“省人民政府财政部门对保障任务重、财政困难以及工作绩效突出的地区加大社会救助资金转移支付力度”，将绩效评价结果作为转移支付的主要参考指标。除此之外，《湖北省社会救助实施办法》（湖北省人民政府令第 374 号）第 42 条也有类似的规定。

(三)强化地方财政自主性以扩大社会救助资金的来源

“所有社会价值——自由和机会、收入和财富、自尊的基础——都要平等地分配,除非对其中的一种价值或所有价值的一种不平等分配合乎每一个人的利益。”①所有社会价值的公正分配意味着,一国范围内不同区域的社会成员,对基本公共产品和公共服务的享受与体验应是一种无差别的待遇。而基本公共服务的均等化供给源于地方财政支出的均衡化,只有维护地方政府相对独立的法律人格,保障地方税权的适度自治②,才能确保地方政府因地制宜地提供居民期待的公共产品与服务。在社会救助财政资金供给结构中,除了建立合理的自上而下的保障机制,还应通过适当地赋予地方税收立法权与合理划分税收收益权等,充实地方政府的社会救助资金供给。

第一,合理赋予地方税收立法权。税收立法权是税收收益权的基础和保障,更是地方社会救助资金来源的基础。但我国税收立法权集于中央,地方没有税收立法权,这不仅使地方无法依据本地实际建构符合本地特色的税法制度、开辟具有本地特色的税源,更使地方财政缺乏独立性、自主性而难以合理地满足地方财政需求。无论是基于公共物品理论、财政分权理论,抑或是财政民主思想,赋予地方税收适当的立法权将能更好地实现地方财政的正当性、合理性,提高公共产品供给的有效性。所以,“只有改变高度集中的税收立法体制,赋予地方相应的税收立法权,使其拥有相对完整的税权和财政自主权,才能为地方提供有保障、可持续的税收收入,并建立起科学合理、稳定规范的财政收入增长机制,从而最终实现地方财力与支出责任相匹配和建构起良性互动的央地财政关系”,③进而保障地方政府社会救助资金供给的合理性、充足性和稳定性。当然,地方税收立法权的划分应符合税收中性原则,既要提高税权的稳定性,兼顾中央和地方的税收利益,又要降低税权的运行成本,增强运用税权的效率。要保障地方政府社会救助资金的合理供给应在遵循宪法相关规定精神的前提下,④适度地赋予省级地方限定性的税收立法权:一方面授权立法的主体只能是省

① [美]约翰·罗尔斯:《正义论》,何怀宏、何包钢、廖申白译,中国社会科学出版社2009年版,第48页。

② 我国正在完成由自产国家(国家拥有庞大国有资产,能够自我维持的一种财政国家类型)向税收国家(国家收入主要是向国民的私有财产征税)的转变。参见马骏:《治国与理财——公共预算与国家建设》,生活·读书·新知三联书店2011年版,第38页。因此,税权成为了各级政府财政权主要组成部分,保障地方税权适当自治成为提高地方财政自主性与独立性的关键,亦是地方政府合理提供社会救助服务的保障。

③ 苗连营:《税收法定视域中的地方税收立法权》,载《中国法学》2016年第4期。

④ 《宪法》第100条规定:“省、直辖市的人民代表大会和它们的常务委员会,在不同宪法、法律、行政法规相抵触的前提下,可以制定地方性法规,报全国人民代表大会常务委员会备案”。

级人大及其常委会，而非省级人民政府。但在我国当前的税收立法实践中，授权立法的主体均为省级人民政府，而非人大。① 虽然授权省级人民政府立法有利于发挥行政机关的专业优势，提升税收征管效率，但在我国当前"政府职能尚未根本转变的情况下，行政立法甚至可能成为推行行政意图、强化行政权威、谋取行政利益的工具"②。为充分落实税收法定基本原则，同时发挥行政机关的专业优势，可以借鉴《环境保护税法》的立法模式，即由省级人民政府根据本行政区域内经济社会发展需要，提出相关立法建议，最终由省级人大常委会决定，并报全国人民代表大会常务委员会和国务院备案。③ 另一方面对授权立法程序的限制，在合理赋予地方税收立法权的同时，还应建构相应的程序机制制约地方税收立法权：一是应完善税收立法专家咨询制度，通过建立健全立法听证程序、民主参与程序来规范地方税收立法权的运行，税收立法具有极强的专业性、系统性以及复杂性等特征，绝非依靠省级人大及其常委会即可实现，需充分发挥相关领域专家学者的意见与建议。为此，通过邀请专家学者、社会公众以及税收相关主体参与集体讨论、论证，以提升税收立法的科学性，同时还要完善专家选聘的标准、参与制度的规则，为该制度的顺利运行提供制度保障。二是要强化对地方人大税收立法权的宪法规制与监督，通过完善立法备案、审查、改变及撤销等制度，强化全国人大对地方各省级人大税收立法权的审查与监督，当地方税收立法同宪法、法律相抵触时，及时责令其修改甚至撤销相关立法，实现地方税收立法的规范化、民主化运行，确保地方税收立法的有序运转。三是要加强社会团体和公众对地方税收立法权的外部监督，通过完善信息公开制度等，提高地方税收立法过程的透明度。

第二，合理地扩大地方税收收益权。税收收益权是地方政府财权的重要组成部分，直接关乎地方政府财政收入的获得方式与数额等问题。随着我国分税制改革的推进，中央税比重不断扩大，地方税收收益权的范围日益缩小，特别是随着"营改增"的进行，如何保障地方政府的税收收益权成为必须予以解决的问题。为此，近年来党中央、国务院先后出台多项改革措施，通过

---

① 详见《车船税法》第 2 条、《房产税暂行条例》第 3 条、第 6 条与第 7 条以及《契税暂行条例》第 5 条等。

② 苗连营：《税收法定视域中的地方税收立法权》，载《中国法学》2016 年第 4 期。

③ 如《环境保护税法》第 6 条第 2 款规定："应税大气污染物和水污染物的具体适用税额的确定和调整，由省、自治区、直辖市人民政府统筹考虑本地区环境承载能力、污染物排放现状和经济社会生态发展目标要求，在本法所附《环境保护税税目税额表》规定的税额幅度内提出，报同级人民代表大会常务委员会决定，并报全国人民代表大会常务委员会和国务院备案。"

完善地方税收体系、培育地方税税源等方式，增强地方政府税收收益能力。①通过对地方税收体系的完善，扩大地方税收收益权，实现地方政府事权与支出责任相对等，从而为社会救助资金供给提供合理保障成为可供选择的进路。首先，针对“营改增”导致地方失去营业税额的现实，在保证增值税中央与地方各占50%的情况下，突破商品税和个人所得税不能作为地方税的分配格局。对于商品税而言，可借鉴整合性增值税模式，在商品进入销售前，征收全额归中央的增值税，在商品进入销售后，按商品价格征收全额归地方的零售税。② 同时，由于现阶段个人所得税的宏观调控功能微弱，而地方政府又具有特定的成本和信息优势，将个人所得税改为地方税亦具有可行性。其次，完善资源税、房产税税收制度，进一步扩大地方税收收益权。对于资源税而言，应进一步推进从量计征到从价计征的变革，扩大其对地方税收的贡献。房产税作为一种典型的地方性税种，其征收虽不以财政功能为核心制度定位，但不可否认的是，在一定程度上征收房产税有助于增加地方政府财政收入，缓解地方政府的社会救助支出压力。为此，应在对上海、重庆房产税改革试点经验予以总结的基础上继续推进，从而发挥房产税作为地方主力税种的作用。③ 最后，通过调整和完善地方税税制，培育其他以小税种为主的地方税税源，如契税、车船税、印花税、资源税、耕地占用税等，通过赋予省级人大及其常委会自主调整相关税收征管的权限，不断扩大地方税收收益权，充实社会救助的资金供给。④

当然，“公民权利性支出是通过立法过程产生的法律义务，要求将救助金支付给任何符合法律要求的个人或政府部门”。⑤ 在财政政策与社会救

---

① 2019年9月26日，国务院印发《实施更大规模减税降费后调整中央与地方收入划分改革推进方案》，明确提出要“稳步推进健全地方税体系改革”，“适时调整完善地方税税制，培育壮大地方税税源，将部分条件成熟的中央税种作为地方收入”，“在征管可控的前提下，将部分在生产（进口）环节征收的现行消费税品目逐步后移至批发或零售环节征收，拓展地方收入来源，引导地方改善消费环境”。随后，中共中央、国务院于2020年5月11日印发的《关于新时代加快完善社会主义市场经济体制的意见》提出要“健全地方税体系，调整完善地方税税制，培育壮大地方税税源，稳步扩大地方税管理权”。

② 参见陈少英：《可持续的地方税体系之构建——以税权配置为视角》，载《清华法学》2014年第5期。

③ 根据2018年9月7日十三届全国人大常委会公布的立法规划，房产税法被列为亟待解决的一类立法项目，并进入当年立法工作计划的预备项目。

④ 如2019年新通过的《资源税法》第3条就规定“具体计征方式由省、自治区、直辖市人民政府提出，报同级人民代表大会常务委员会决定”，有助于省级政府根据本省经济社会发展的实际情况，合理确定征收方式，一定程度上有助于扩大地方政府的财政收益权。此外，2019年修订的《车船税法》第2条与2018年出台的《耕地占用税法》第4条等均有类似的规定。

⑤ ［美］阿伦·威尔达夫斯基、内奥米·凯顿：《预算过程中的新政治学》（第4版），邓淑莲、魏陆译，上海财经大学出版社2006年版，第224页。

助资金供给立法互动逻辑下探寻社会救助法律保障机制的完善，实质是在财税法治化与社会救助法治化的双向互动中，实现事权与支出责任的合理配置和被救助主体生存权与发展权保护的过程。“财政权在本质上属立法权”，财政权的合理配置，“不单纯是财政政策论的问题，而是涉及宪法中的自治体财政权的问题”。[①] 我国现行财税治理中政策过多法律稀少问题所带来的法律工具主义趋势和法律虚化问题，正是我国财政政策背景下社会救助资金供给法律保障机制完善不得不予以解决的问题。社会救助资金供给法律保障机制的完善不仅是财税法治化、财税体制正当性保障以及社会救助资金供给现实的要求，更是实现我国财政政策多元目标合理整合、提升财政政策价值品格、推动财政政策现代化的应有之义，影响着我国财税法治进程与财政政策变革的走向。同时，“法治是国家治理的基本方式”，[②]法治化是社会救助资金供给立法不得不置身的大环境。一方面，财税法治与社会救助法治是社会主义法治体系的组成部分，社会救助资金供给法律保障机制的真正完善离不开社会主义法治体系功能的全面发挥；另一方面，财税法治与社会救助法治是国家治理法治化不可或缺的部分，国家治理现代化的实现进展影响着社会救助资金供给法律保障机制的完善程度。只是社会救助资金供给法律保障机制的全面完善并非一蹴而就，将伴随着我国法治化进程的推进而逐步实现。

---

① [日]北野弘久：《日本税法学原论》，郭美松、陈刚译，中国检察出版社2008年版，第252页。

② 张文显：《法治与国家治理现代化》，《中国法学》2014年第4期。

结　　语

“在发达的现代性中，财富的社会生产系统地伴随着风险的社会生产”，[①]经济快速增长随着社会的分层，弱势群体被甩出社会结构之外，弱势群体的生存权和发展权的维护依然是个世界性难题。“法律的制定是为了保障公民的福祉、国家的繁昌和人们的安宁而幸福的生活”，[②]作为以保障公民生存权和发展权为理想追寻的社会救助立法必须对此作出回应。经历了20多年的艰难立法历程，社会救助立法最终以《暂行办法》形式出台，这无疑是我国社会救助法治化进程中的重要注脚，是对维护人民福祉针对性的回应，但也反映出我国社会救助立法背后的重重阻力与制度困境——我国社会救助立法在主体责任的合理配置、城乡一体化救助建构、造血型救助方式的变革、社会救助资金的保障以及与其他相关法律的协调与衔接等方面均存在着影响社会救助立法功能合理发挥的、亟须解决的问题。在社会救助的供给过程中，国家承担着首要的、基础性的、不可替代的根本性责任，但现实中对自身承担的救助使命仍存在某种程度的“忧虑”，不仅表现在《暂行办法》的颁布相比一般西方国家对公民社会权利保护采取宪法或“法”形式而言立法位阶低，而且一直存在着对政府供给责任和能力诸多方面的保守而审慎的考量[③]。社会组织功能的发挥也是如此：尽管《暂行办法》和《慈善法》均作出了积极性的尝试，但社会组织在社会救助中尚未发挥应有作用。同时，社会救助立法依然从单一的、被动的个体权利视角界定国家的福利供给责任，被救助主体的自我主动救助的积极性未得到充分的考虑和发挥。然而，“在一个生活方式更加开放的社会，权利通常也包含着义务——那些必须在法律中详细阐明和认可的义务”，[④]公民在享受被救助权利的同时，国家应通过激励或惩罚措施引导被救助主体

---

① [德]乌尔里希·贝克：《风险社会》，何博闻译，译林出版社2003年版，第15页。

② [古罗马]西塞罗：《论共和国　论法律》，王焕生译，中国政法大学出版社1997年版，第219页。

③ 在2019年我国GDP达到99.0865万亿元的大背景下，国家已经具备了提供社会救助的能力。当然，国家在社会救助供给中实现社会救助水平与经济发展水平相适应不仅无可厚非，更是科学、理性的表现。

④ [英]安东尼·吉登斯：《全球时代的欧洲》，潘华凌译，上海译文出版社2015年版，第91页。

积极作为,社会救助方式亟须从输血型向造血型转化。再者,虽然《暂行办法》从形式上对城乡被救助主体权利未作区分,但在社会救助法律规范的实际运行中,依然是城乡二元化,进城务工相关人员的救助问题依然未得到合理解决。另外,社会救助立法不仅未实现自身内部法律机制的有机整合,而且与社会保险法、侵权责任法等外在法律机制间依然存在相互冲突的现象,从而使社会救助立法宗旨难以得到真正贯彻。

之所以出现以上现象,问题在于社会救助立法未合理地立足于我国特有的法治语境和场景。我国社会救助立法"不能仅满足于以西方理论框架、概念、范畴和命题来研究中国,因为这样弄不好只会把中国人的经验装进西方的概念体系中,从而把中国问题研究变成一种文化殖民的工具"①。我国社会救助立法(法治化)唯有置身中国特定的法治场境、处境和意境,而非西方的法治语境,中国法治规律方可显现,社会救助立法(法治化)才具有现实意义和实现的可能。② 为此,立基于法律与政策的基本理论,通过对人口计生政策、户籍政策、就业政策、社会保险政策以及财政政策与社会救助立法间互动的内在关系予以考量,探寻出我国社会救助立法制约的特定背景或原因,从而有针对性地结合《暂行办法》提出我国社会救助立法完善的建议应是可供选择的路径。

在以上路径下,结合我国特有法治场域与背景,针对《暂行办法》的规定,我国未来"社会救助法"的出台必须对"多元供给模式下多主体权利义务的合理配置"、"城乡一体公民社会救助权平等保护"、"造血型社会救助方式的变革"、"社会救助资金给付的合理保障"以及"社会救助法与其他法律间的衔接"等问题作出明确的回应。

第一,社会救助法应对多元供给模式下多主体社会救助供给法律机制予以合理建构。首先,对国家作为社会救助的法定主体及其财政给付责任、制度给付责任以及监督引导责任作出明确规定,并从内部监督和外部监督方面制定相应的政府社会救助供给监督规则对政府供给行为予以规制,特别是被救助主体权利救济机制的完善;其次,从统一家庭救助部门的建构、老年人(儿童)家庭照顾补贴以及特定家庭照顾优惠政策等方面作出相应规定,从而规范、鼓励家庭救助的发展;最后,从社会组织登记机制、社会组织促进机制(如税收优惠、财政补贴、社会服务购买等)以及社会组织监管机制方面完善社会组织救助供给规定。

---

① 苏力:《法治及其本土资源》(第3版),中国政法大学出版社2015年版,第230页。

② 参见江国华:《法治的场境、处境和意境》,载《法学研究》2012年第6期。

第二,社会救助法应在实质公平、工具理性与价值理性相统一的理念导向下,对城乡一体化社会救助法律机制予以建构。首先,针对现行社会救助管理"九龙不治水"的现象,应建构劳动与社会保障部、省(市)劳动与社会保障厅、街道(社区)社保站(社保所)不同层级垂直管理的专门化社会救助管理机构;其次,应从社会救助启动程序、审查程序、公众参与程序方面建构合理的城乡一体化社会救助程序机制;最后,应从以居住证为标准的进城务工人员社会救助资格认定机制、城乡社会救助信息管理系统的建构等方面对进城务工人员及其相关人员(如子女教育)社会救助权的平等保护作出明确规定。

第三,面对输血型社会救助的困境,社会救助法应在责任伦理与激励理论的导向下对造血型社会救助方式的变革作出积极的回应。首先,应按救助对象的不同,对儿童、老年人以及残疾人等推行类型化救助,如对于老年人可依据不同的家庭结构、年龄、工作能力(时间)和特定情况(空巢)等予以类型化而采取不同的救助标准和救助方法;其次,应从避免福利依赖和激活就业两方面建构合理就业救助规范,如实现就业救助与最低生活保制度的脱钩、推行工作与救助相捆绑、完善被救助者就业激励机制、合理建构多元化职业培训机制等;最后,从教育救助范围的扩大(对幼儿、高中、继续教育以及职业教育者推行救助)、代偿机制的实施、教育券制度的推行、助学贷款制度的完善以及公益的鼓励方面健全教育救助规范。

第四,财政资金是推行社会救助的物质保障,社会救助法应在财权与支出责任相对等的原则下对社会救助资金保障机制的完善予以回应。首先,应从社会救助项目最低救助标准的制定、中央与地方政府间财政分担比率的合理划分以及地方政府财政分担机制的完善方面对各级政府社会救助资金给付责任合理配置;其次,应从针对特定贫困地区的跨行政区域的特殊转移支付机制、针对进城务工人员等流动人口的横向财政转移支付机制以及针对灾难救助的专项财政转移支付机制方面对社会救助财政转移支付机制作出规定;最后,应从地方税收立法权的适当赋予、地方税收收益权的合理扩大方面作出应有的规定,以保障地方政府财政资金的来源。

第五,社会救助法应注意与其他法律间的衔接问题,特别是与社会保险法的衔接问题。一是应从农村医疗救助与新型农村合作医疗的衔接、社会保险基金与社会救助基金的调适以及社会保险与社会救助救济程序的共建等具体衔接机制方面对社会保险法与社会救助法的衔接机制作出合理的规定;二是应对社会救助法与侵权责任法、保险法、合同法等其他法律的衔接机制作出总括性规定。

当然，要推进我国社会救助法治化进程，除了对社会救助立法自身予以合理建构以实现形式理性与价值理性的统一外，对以上影响社会救助立法的政策的适时完善与合理发展亦必须予以关注。人口安全理念导向下人口计生政策的调整、户籍政策及其相关政策的改革、输血与造血相统一的实现和供给与需求相平衡导向下的积极就业政策的优化以及财权与事权相匹配的财政政策的完善均是实现我国社会救助法治化不可或缺的外部条件，而法治理念的全面树立、服务型政府的建构、协商民主及其实现形式的完善、公民话语权的提升以及经济的发展都是不得不重点予以考量的因素。这些问题仍有待于日后进一步的深入研究。当然由于研究视域的限制，本书更多的是立基于社会政策（社会政策与社会救助立法间的互动关系）的视角对我国社会救助立法进行研究。特别是在全球化的今天，在众多第三世界国家将移植“西方法律理想图景”作为推进本国法治化进程的背景下，立基于政策与社会救助立法间的互动关系，对我国社会救助立法的政策进行考量并不在于为我国当前社会救助立法进行全方位的阐释，只在于为实现中国社会救助法治化的理想图景探寻一条可供选择的路径，从而避免“沦为只信奉‘西方法律理想图景’之权威的‘不思’的一大堆”①。

---

① 邓正来：《中国法学向何处去——建构“中国法律理想图景”时代的论纲》（第2版），商务印书馆2011年版，第270页。

参考文献

一、中文文献

(一)中文著作

[1]毕天云:《大福利视阈下的中国社会福利体系整合研究》,中国社会科学出版社2016年版。

[2]蔡秀卿:《现代国家与行政法》,台北,学林文化事业有限公司2003年版。

[3]曹艳春:《我国城乡社会救助系统建设研究》,上海世纪出版集团2009年版。

[4]曹立瀛:《西方财政理论与政策》,中国财政经济出版社1995年版。

[5]陈惠湘:《联想为什么?》,经济日报出版社2008年版。

[6]陈连升:《中国反失业政策研究》,社会科学文献出版社2002年版。

[7]陈振明:《政策科学》,中国人民大学出版社1998年版。

[8]邓大松、刘昌平等:《中国社会保障改革与发展报告2012》,北京大学出版社2013年版。

[9]邓正来:《中国法学向何处去——建构"中国法律理想图景"时代的论纲》(第2版),商务印书馆2011年版。

[10]丁建定:《瑞典社会保障制度发展》,中国劳动社会保障出版社2004年版。

[11]丁建定:《西方国家社会保障制度史》,高等教育出版社2010年版。

[12]杜健荣:《卢曼法社会学理论研究》,法律出版社2012年版。

[13]费孝通:《乡土中国　生育制度》,北京大学出版社1998年版。

[14]丰霏:《法律制度的激励功能研究》,法律出版社2015年版。

[15]付子堂:《法律功能论》,中国政法大学出版社1999年版。

[16]高鸿钧:《现代法治的出路》,清华大学出版社2003年版。

[17]葛克昌:《国家学与国家法——社会国、租税国与法治国理念》,

台北,月旦出版社股份有限公司1996年版。

[18]顾昕:《中国社会安全网的制度建设》,浙江大学出版社2008年版。

[19]郭道晖:《社会权力与公民社会》,译林出版社2009年版。

[20]何平:《公民社会救助权研究》,北京大学出版社2016年版。

[21]何勤华主编:《西方法律思想史》,复旦大学出版社2005年版。

[22]贺来:《"主体性"的当代哲学视域》,北京师范大学出版社2013年版。

[23]胡光志:《人性经济法论》,法律出版社2010年版。

[24]胡薇:《国家回归:社会福利责任结构的再平衡》,知识产权出版社2012年版。

[25]胡旭晟、蒋先福:《法理学》,湖南人民出版社、湖南大学出版社2002年版。

[26]胡玉鸿:《个人的法哲学叙述》,山东大学出版社2008年版。

[27]黄俊杰:《财政宪法》,台北,翰芦图书出版有限公司2005年版。

[28]季卫东:《法律程序的意义》,中国法制出版社2004年版。

[29]季卫东:《正义思考的轨迹》,法律出版社2007年版。

[30]蒋悟真:《论竞争法的基本精神》,上海三联书店2008年版。

[31]蒋悟真:《我国社会救助立法理念研究》,北京大学出版社2015年版。

[32]景天魁、毕天云、高和荣等:《当代中国社会福利思想与制度——从小福利迈向大福利》,中国社会出版社2011年版。

[33]景天魁:《底线公平:和谐社会的基础》,北京师范大学出版社2009年版。

[34]景天魁等:《普遍整合的福利体系》,中国社会科学出版社2014年版。

[35]李传军:《管理主义的终结——服务型政府兴起的历史与逻辑》,中国人民大学出版社2007年版。

[36]李磊:《社会保障法律问题研究——基于社会保障权视角》,中国民主法制出版社2011年版。

[37]梁治平编:《法治在中国:制度、话语与实践》,中国政法大学出版社2002年版。

[38]林嘉:《社会保障法的理念、实践与创新》,中国人民大学出版社2002年版。

[39]林莉红、孔繁华:《社会救助法研究》,法律出版社 2008 年版。

[40]林闽钢、刘喜堂主编:《当代中国社会救助制度完善与创新》,人民出版社 2012 年版。

[41]林尚立:《国内政府间关系》,浙江人民出版社 1998 年版。

[42]林毓铭:《社会保障可持续发展论纲》,华龄出版社 2005 年版。

[43]刘剑文、熊伟:《税法基础理论》,北京大学出版社 2004 年版。

[44]刘祖云主编:《香港社会的弱势群体及其社会支持》,北京大学出版社 2009 年版。

[45]陆益龙:《户籍制度——控制与社会差别》,商务印书馆 2003 年版。

[46]罗豪才主编:《软法的理论与实践》,北京大学出版社 2010 年版。

[47]吕世伦:《法理念探索》,法律出版社 2002 年版。

[48]吕振宇:《公共物品供给与竞争嵌入》,经济科学出版社 2010 年版。

[49]马长山:《国家、市民社会与法治》,商务印书馆 2002 年版。

[50]马福云:《户籍制度研究:权益化及其变革》,中国社会出版社 2013 年版。

[51]马骏:《治国与理财——公共预算与国家建设》,生活·读书·新知三联书店 2011 年版。

[52]马志刚、刘建生:《新加坡的社会管理》,群众出版社 1993 年版。

[53]莫纪宏:《现代宪法的逻辑基础》,法律出版社 2001 年版。

[54]莫荣等:《中国积极就业政策形成、发展和完善》,社会科学文献出版社 2015 年版。

[55]彭华民:《从沉寂到创新:中国社会福利构建》,中国社会科学出版社 2012 年版。

[56]彭华民主编:《东亚福利:福利责任与福利提供》,中国社会科学出版社 2014 年版。

[57]彭华民等:《西方社会福利理论前沿:论国家、社会、体制与政策》,中国社会出版社 2009 年版。

[58]彭佩云主编:《中国计划生育全书》,中国人口出版社 1997 年版。

[59]任淑艳等:《城乡一体化发展视域下的公共产品公平供给》,中共党史出版社 2013 年版。

[60]中华人民共和国国家统计局编:《中国统计年鉴 2014》,中国统计出版社 2014 年版。

[61]史际春、邓峰:《经济法总论》(第2版),法律出版社2008年版。

[62]史卫民:《“政策主导型”的渐进式改革》,中国社会科学出版社2011年版。

[63]苏力:《法治及其本土资源》(第3版),北京大学出版社2015年版。

[64]舒国滢主编:《法理学导论》,北京大学出版社2006年版。

[65]宋健、[韩]金益基:《人口政策与国情——中韩比较研究》,光明日报出版社2009年版。

[66]粟芳、魏陆等编著:《瑞典社会保障制度》,上海人民出版社2010年版。

[67]孙薇薇:《亲人的力量:中国城市亲属关系与精神健康研究》,中国社会科学出版社2014年版。

[68]谭兵:《香港、澳门、内地社会援助比较研究》,北京大学出版社2009年版。

[69]唐灿、张建主编:《家庭问题与政府责任:促进家庭发展的国内外比较研究》,社会科学文献出版社2013年版。

[70]童星:《社会转型与社会保障》,中国劳动社会保障出版社2007年版。

[71]童之伟:《国家结构形式论》,武汉大学出版社1997年版。

[72]王全兴:《经济法基础理论专题研究》,中国检察出版社2002年版。

[73]王志伟编著:《现代西方经济学主要思潮及流派》,高等教育出版社2004年版。

[74]卫兴华、张宇主编:《公平与效率的新选择》,经济科学出版社2008年版。

[75]伍启元:《公共政策》,商务印书馆(香港)公司1989年版。

[76]向运华:《台港澳地区社会福利体系研究》,社会科学文献出版社2010年版。

[77]谢庆奎、杨宏山:《府际关系的理论与实践》,天津教育出版社2007年版。

[78]中华人民共和国民政部编:《中国民政统计年鉴2014》,中国统计出版社2014年版。

[79]徐孟洲:《耦合经济法论》,中国人民大学出版社2010年版。

[80]徐阳光:《财政转移支付制度的法学解析》,北京大学出版社2009

年版。

[81]徐延辉:《教育救助与社会流动》,厦门大学出版社 2012 年版。

[82]许振洲编著:《法国议会》,华夏出版社 2002 年版。

[83]杨华:《中国城乡一体化进程中的社会保障法律制度研究》,中国劳动社会保障出版社 2008 年版。

[84]杨魁孚、梁济民、张凡编写:《中国人口与计划生育大事要览》,中国人口出版社 2001 年版。

[85]杨立雄、[日]于洋、[韩]金炳彻:《中日韩生活保护制度研究》,中国经济出版社 2012 年版。

[86]杨莲秀主编:《社会保障法学》,北京大学出版社 2011 年版。

[87]杨思斌:《中国社会救助立法研究》,中国工人出版社 2009 年版。

[88]杨团、毕云天、杨刚:《21 世纪中国农民的社会保障之路》,社会科学文献出版社 2010 年版。

[89]杨伟民:《论公民福利权利之基础》,北京大学出版社 2017 年版。

[90]姚建平:《中美社会救助制度比较》,中国社会出版社 2007 年版。

[91]叶世清:《我国农村社会保障法制建设研究》,法律出版社 2011 年版。

[92]于学军:《中国人口发展评论:回顾与展望》,人民出版社 2000 年版。

[93]俞德鹏:《城乡社会:从隔离走向开放——中国户籍制度与户籍法研究》,山东人民出版社 2002 年版。

[94]俞文钊:《现代激励理论与应用》,东北财经大学出版社 2006 年版。

[95]张维迎:《信息、信任与法律》(第 2 版),生活 · 读书 · 新知三联书店 2006 年版。

[96]张文显主编:《法理学》,高等教育出版社、北京大学出版社 2007 年版。

[97]张文显:《法哲学范畴研究》,中国政法大学出版社 2001 年版。

[98]章亮明、钟刚:《社会保障法》,中国政法大学出版社 2007 年版。

[99]郑成良主编:《法理学》,清华大学出版社 2008 年版。

[100]郑功成:《论中国特色的社会保障道路》,武汉大学出版社 2002 年版。

[101]郑功成等:《中国社会保障 30 年》,人民出版社 2008 年版。

[102]郑功成:《中国社会保障改革与发展战略——理念、目标与行动

方案》,人民出版社2008年版。

[103]郑功成等:《中国社会保障制度的变迁与评估》,中国人民大学出版社2002年版。

[104]周沛:《社会福利体系研究》,中国劳动社会保障出版社2007年版。

[105]朱德云:《我国贫困群体社会救助的经济学分析》,上海三联书店2009年版。

[106]卓泽渊:《法的价值论》(第2版),法律出版社2006年版。

(二)中文译著

[1][奥地利]欧根·埃利希:《法社会学原理》,舒国滢译,中国大百科全书出版社2009年版。

[2][奥地利]凯尔森:《法与国家的一般理论》,沈宗灵译,中国大百科全书出版社1996年版。

[3][澳大利亚]休·史卓顿、莱昂内尔·奥查德:《公共物品、公共企业和公共选择:对政府功能的批评与反批评的理论纷争》,费昭辉等译,经济科学出版社2000年版。

[4][丹麦]安德森:《福利资本主义的三个世界》,郑秉文译,法律出版社2003年版。

[5][德]阿图尔·考夫曼、温弗里德·哈斯默尔主编:《当代法哲学和法律理论导论》,郑永流译,法律出版社2002年版。

[6][德]厄斯特·福斯托夫:《作为服务主体的行政》,陈新民译,载陈新民:《公法学杂记》,中国政法大学出版社2001年版。

[7][德]弗兰茨-克萨维尔·考夫曼:《社会福利国家面临的挑战》,王学东译,商务印书馆2004年版。

[8][德]黑格尔:《小逻辑》,贺麟译,商务印书馆1980年版。

[9][德]卡尔·拉伦茨:《法学方法论》,陈爱娥译,商务印书馆2003年版。

[10][德]柯武刚、史漫飞:《制度经济学——社会秩序与公共政策》,韩朝华译,商务印书馆2000年版。

[11][德]拉普:《技术哲学导论》,刘武等译,辽宁科学技术出版社1986年版。

[12][德]卢曼:《社会的法律》,郑伊倩译,人民出版社2009年版。

[13][德]路德维希·艾哈德:《来自竞争的繁荣》,祝世康、穆家骥译,商务印书馆1983年版。

[14]《马克思恩格斯全集》(第1卷),中共中央马克思恩格斯列宁斯大林著作编译局编译,人民出版社1956年版。

[15]《马克思恩格斯文集》(第4卷),中共中央马克思恩格斯列宁斯大林著作编译局编译,人民出版社2009年版。

[16][德]马克斯·韦伯:《经济与社会》(第1卷),阎克文译,上海人民出版社2010年版。

[17][德]马克斯·韦伯:《社会科学方法论》,韩水法、莫茜译,中央编译出版社2005年版。

[18][德]马克斯·韦伯:《学术与政治:韦伯的两篇演说》,冯克利译,生活·读书·新知三联书店1998年版。

[19][德]齐佩利乌斯:《法学方法论》,金振豹译,法律出版社2009年版。

[20][德]施塔姆勒:《正义法的理论》,夏彦才译,商务印书馆2012年版。

[21][德]U. 伯姆:《思想的盛宴——与西方著名思想家伽达默尔等对话》,王彤译,浙江人民出版社2001年版。

[22][德]威廉·冯·洪堡:《论国家的作用》,林荣远、冯兴元译,中国社会科学出版社1998年版。

[23][德]瓦尔特·欧根:《经济政策的原则》,李道斌译,上海人民出版社2001年版。

[24][德]乌尔里希·贝克:《风险社会》,何博闻译,译林出版社2004年版。

[25][德]亚历山德拉·茹科夫斯基:《家庭中世代间的照顾:关于过去和将来的老人》,董璐译,黑龙江教育出版社2015年版。

[26][德]亚图·考夫曼:《类推与"事物本质"——兼论类型理论》,吴从周译,学林文化事业有限公司1999年版。

[27][德]尤尔根·哈贝马斯:《重建历史唯物主义》,郭官义译,社会科学文献出版社2000年版。

[28][德]尤尔根·哈贝马斯:《在事实与规范之间:关于法律和民主法治国的商谈理论》,童世骏译,生活·读书·新知三联书店2003年版。

[29][法]邦雅曼·贡斯当:《古代人的自由与现代人的自由》,阎克文、刘满贵译,世纪出版集团、上海人民出版社2005年版。

[30][法]孟德斯鸠:《论法的精神》(上),张雁深译,商务印书馆1995年版。

[31][法]E. 迪尔凯姆:《社会学方法的规则》,胡伟译,华夏出版社1999年版。

[32][法]佛朗索瓦·德·桑格利:《当代家庭社会学》,房萱译,天津人民出版社2012年版。

[33][法]卡特琳·米尔丝:《社会保障经济学》,郑秉文译,法律出版社2003年版。

[34][法]马布利:《马布利选集》,何清新译,商务印书馆2010年版。

[35][法]萨伊:《政治经济学概论》,陈福生、陈振骅译,商务印书馆1963年版。

[36][法]托克维尔:《论美国的民主》,董果良译,商务印书馆1995年版。

[37][古罗马]西塞罗:《论共和国　论法律》,王焕生译,中国政法大学出版社1997年版。

[38][古希腊]亚里士多德:《尼各马科伦理学》,苗力田译,中国人民大学出版社2003年版。

[39][荷兰]M. 爱纳汉德等:《欧洲七国失业救济与社会援助制度》,陈绵水译,中国财政经济出版社1999年版。

[40][加拿大]R. 米什拉:《资本主义社会的福利国家》,郑秉文译,法律出版社2003年版。

[41][美]E. 博登海默:《法理学:法律哲学与法律方法》,邓正来译,中国政法大学出版社2004年版。

[42][美]P. 诺内特、P. 塞尔兹尼克:《转变中的法律与社会:迈向回应型法》,张志铭译,中国政法大学出版社2004年版。

[43][美]阿尔温·托夫勒:《未来的冲击》,孟广均等译,中国对外翻译出版社1985年版。

[44][美]阿伦·威尔达夫斯基、内奥米·凯顿:《预算过程中的新政治学》(第4版),邓淑莲、魏陆译,上海财经大学出版社2006年版。

[45][美]阿瑟·奥肯:《平等与效率:重大的抉择》,陈涛译,中国社会科学出版社2013年版。

[46][美]安格斯·迪顿:《逃离不平等:健康、财富及不平等的起源》,崔传刚译,中信出版社2014年版。

[47][美]奥斯丁·萨拉特:《布莱克维尔法律与社会指南》,高鸿钧、刘毅、危文高等译,北京大学出版社2011年版。

[48][美]B. 盖伊·彼得斯:《税收政治学:一种比较的视角》,郭为

桂、黄宁莺译,江苏人民出版社 2008 年版。

[49][美]保罗·萨缪尔森、威廉·诺德豪斯:《经济学》(第 17 版),萧琛译,人民邮电出版社 2007 年版。

[50][美]布坎南:《民主财政论》,穆怀朋译,商务印书馆 1993 年版。

[51][美]布莱恩·比克斯:《法律、语言和法律的确定性》,邱昭继译,法律出版社 2007 年版。

[52][美]布赖恩·Z. 塔玛纳哈:《法律工具主义对法治的危害》,陈虎、杨洁译,北京大学出版社 2016 年版。

[53][美]戴安娜·M. 迪尼托:《社会福利:政治与公共政策》(第 5 版),何敬译,中国人民大学出版社 2007 年版。

[54][美]戴维·波普尔:《社会学》(下),刘云德译,辽宁人民出版社 1998 年版。

[55][美]戴维·伊斯顿:《政治体系——政治学状况研究》,马清槐译,商务印书馆 1993 年版。

[56][美]丹尼尔·W. 布罗姆利:《经济利益与经济制度:公共政策的理论基础》,陈郁、郭宇峰、汪春译,格致出版社、上海三联书店、上海人民出版社 2012 年版。

[57][美]富勒:《法律的道德性》,郑戈译,商务印书馆 2007 年版。

[58][美]哈罗德·D. 拉斯韦尔、迈尔斯·S. 麦克道格尔:《自由社会之法学理论:法律、科学和政策的研究》,王贵国、关文伟、王楠等译,法律出版社 2013 年版。

[59][美]赫伯特·马尔库塞:《单向度的人:发达工业社会意识形态研究》,刘继译,上海译文出版社 2008 年版。

[60][美]杰克·奈特:《制度与社会冲突》,周伟林译,上海人民出版社 2009 年版。

[61][美]本杰明·N. 卡多佐:《法律的成长:法律科学的悖论》,董炯、彭冰译,中国法制出版社 2002 年版。

[62][美]凯斯·R. 桑斯坦:《权利革命之后:重塑规制国》,钟瑞华译,中国人民大学出版社 2008 年版。

[63][美]理查德·A. 马斯格雷夫、佩吉·B. 马斯格雷夫:《财政理论与实践》(第 5 版),邓子基、邓力平译,中国财政经济出版社 2003 年版。

[64][美]劳伦·勃兰特、托马斯·罗斯基:《伟大的中国经济转型》,方颖、赵扬译,格致出版社、上海人民出版社 2009 年版。

[65][美]罗兰·斯特龙伯格:《西方现代思想史》,刘北城、赵国新译,

金城出版社 2012 年版。

[66][美]罗兰德·斯哥、克里斯提那·伯仁特:《地球村的社会保障:全球化和社会保障面临的挑战》,华迎放译,中国劳动社会保障出版社 2004 年版。

[67][美]罗纳德·德沃金:《法律帝国》,李常清译,中国大百科全书出版社 1996 年版。

[68][美]罗纳德·德沃金:《认真对待权利》,信春鹰、吴玉章译,中国大百科全书出版社 1998 年版。

[69][美]罗纳德·德沃金:《原则问题》,张国清译,江苏人民出版社 2005 年版。

[70][美]罗斯科·庞德:《法律史解释》,邓正来译,中国法制出版社 2002 年版。

[71][美]马丁·P. 戈尔丁:《法律哲学》,齐海滨译,三联书店 1987 年版。

[72][美]玛格利特·利瓦伊:《统治与岁入》,周军华译,格致出版社、上海人民出版社 2010 年版。

[73][美]马克·J. 洛:《强管理者·强所有者》,郑文通等译,上海远东出版社 2000 年版。

[74][美]迈克尔·D. 贝勒斯:《程序正义——向个人的分配》,邓海平译,高等教育出版社 2005 年版。

[75][美]迈克尔·麦金尼斯:《多中心体制与地方公共经济》,毛寿龙译,上海三联书店 2000 年版。

[76][美]迈克尔·增伯格:《经济学大师的人生哲学》,侯玲等译,商务印书馆 2001 年版。

[77][美]曼纽尔·卡斯特:《认同的力量》(第 2 版),曹荣湘译,社会科学文献出版社 2006 年版。

[78][美]尼尔·吉尔伯特:《激活失业者——工作导向型福利政策跨国比较研究》,王金龙等译,中国劳动社会保障出版社 2004 年版。

[79][美]尼尔·吉尔伯特:《社会福利的目标定位——全球发展趋势与展望》,郑秉文等译,中国劳动社会保障出版社 2004 年版。

[80][美]乔治·弗雷德里克森:《公共行政的精神》,张成福等译,中国人民大学出版社 2003 年版。

[81][美]托马斯·R. 戴伊:《理解公共政策》,彭勃等译,华夏出版社 2004 年版。

[82][美]威廉姆·H.怀特科等:《当今世界的社会福利》,解俊杰译,法律出版社2003年版。

[83][美]约翰·罗尔斯:《正义论》,何怀宏、何包钢、廖申白译,中国社会科学出版社2009年版。

[84][美]詹姆斯·安德森:《公共决策》,唐亮译,华夏出版社1990年版。

[85][美]詹姆斯·布坎南:《公共财政》,赵锡军等译,中国财政经济出版社1991年版。

[86][美]詹姆斯·布坎南、戈登塔洛克:《同意的计算——立宪民主的逻辑基础》,陈光金译,中国社会科学出版社2000年版。

[87][日]北野弘久:《日本税法学原论》,郭美松、陈刚译,中国检察出版社2008年版。

[88][日]川岛武宜:《现代化与法》,王志安等译,中国政法大学出版社1994年版。

[89][日]大须贺明:《生存权论》,林浩译,法律出版社2001年版。

[90][日]谷口安平:《程序的正义与诉讼》,王亚新等译,中国政法大学出版社2002年版。

[91][日]井手文雄:《日本现代财政学》,陈秉良译,中国财政经济出版社1990年版。

[92][意大利]托马斯·阿奎那:《阿奎那政治著作选》,马清槐译,商务印书馆1963年版。

[93]吴逊、[澳大利亚]饶墨士、[加拿大]迈克尔·豪利特、[美]斯科特·A.弗里曾:《公共政策过程制定、实施与管理》,叶林等译,格致出版社、上海人民出版社2015年版。

[94][英]安东尼·吉登斯:《全球时代的欧洲》,潘华凌译,上海译文出版社2015年版。

[95][英]格里·斯托克:《作为理论的治理:五个论点》,华夏风译,载俞可平:《治理与善治》,社会科学文献出版社2004年版。

[96][英]J. M. 凯恩斯:《就业、利息和货币通论》,徐毓丹译,商务印书馆1981年版。

[97][英]彼得·斯坦、约翰·香德:《西方社会的法律价值》,王献平译,中国法制出版社2004年版。

[98][英]边沁:《道德与立法原理导论》,时殷弘译,商务印书馆2002年版。

[99][英]戴维·赫尔德:《民主的模式》,燕继荣等译,中央编译出版社1998年版。

[100][英]戈登·葛拉姆:《当代社会哲学》,黄藿译,桂冠图书股份有限公司1998年版。

[101][英]哈特:《法律的概念》(第2版),许家馨、李冠宜译,法律出版社2011年版。

[102][英]哈特利·迪安:《社会政策学十讲》(第2版),岳经纶、庄文嘉、温卓毅译,格致出版社、上海人民出版社2015年版。

[103][英]加雷斯·迈尔斯:《公共经济学》,匡小平译,中国人民大学出版社2011年版。

[104][英]卡洛尔·哈洛、[英]理查德·罗林斯:《法律与行政》(下卷),杨伟东等译,商务印书馆2004年版。

[105][英]科林·斯科特:《规制、治理与法律:前沿问题研究》,安永康译,清华大学出版社2018年版。

[106][英]洛克:《政府论》(下),叶启芳、瞿菊农译,商务印书馆2010年版。

[107][英]梅因:《古代法》,沈景一译,商务印书馆2011年版。

[108][英]诺曼·巴里:《福利》,储建国译,吉林人民出版社2005年版。

[109][英]亚瑟·赛斯尔·庇谷:《福利经济学》,何玉长、丁晓钦译,上海财经大学出版社2009年版。

[110][英]亚当·斯密:《国民财富的性质和原因的研究》,郭大力、王亚南译,商务印书馆2011年版。

[111][英]约瑟夫·拉兹:《法律的权威——法律与道德论文集》,朱峰译,法律出版社2005年版。

(三)中文期刊

[1][印度]阿玛蒂亚·森:《论社会排斥》,王燕燕摘译,载《经济社会体制比较》2015年第3期。

[2][英]哈拉兰博斯、希德尔:《家庭——功能主义的观点》,费涓洪译,载《现代外国哲学社会科学文摘》1988年第10期。

[3]薄存旭:《论精准助学贫困大学生:贫困生成机理及助学行动导向》,载《高等教育研究》2018年第6期。

[4]蔡玉卿:《网格化管理视角下社会监督的逻辑、困境与超越》,载《行政论坛》2018年第4期。

[5]曹延汹:《从纵向权力架构到横向权力架构:关于“权力制衡”的深度思考》,载《理论月刊》2011 年第 5 期。

[6]陈放:《乡村振兴进程中农村金融体系改革面临的问题与制度构建》,载《探索》2018 年第 3 期。

[7]陈共:《社会主义财政的本质和范围问题》,载《经济研究》1965 年第 8 期。

[8]陈奇星:《中国公共行政监督机制现状分析与对策思考》,载《国家行政学院学报》2003 年第 3 期。

[9]陈瑞华:《司法权的性质——以刑事司法为范例的分析》,载《法学研究》2000 年第 5 期。

[10]陈少英:《可持续的地方税体系之构建——以税权配置为视角》,载《清华法学》2014 年第 5 期。

[11]陈喜梅:《“城乡统筹”的社会保障制度一体化战略初探》,载《人口与经济》2010 年第 4 期。

[12]陈友华、苗国:《意料之外与情理之中:单独二孩政策为何遇冷》,载《探索与争鸣》2015 年第 2 期。

[13]陈云良、何聪聪:《基本医疗服务财政转移支付法律规制研究》,载《法商研究》2014 年第 6 期。

[14]邓新华、袁伦渠:《国外社会救助制度简述》,载《中国劳动》2007 年第 12 期。

[15]丁建定:《居家养老服务:认识误区、理性原则及完善对策》,载《中国人民大学学报》2013 年第 2 期。

[16]都阳、Albert Park:《中国的城市贫困:社会救助及其效应》,载《经济研究》2007 年第 12 期。

[17]丰霏:《法律激励的理想形态》,载《法制与社会发展》2011 年第 1 期。

[18]冯彦君、汤闳淼:《社会法领域适用公益诉讼之证成》,载《社会科学战线》2016 年第 7 期。

[19]付子堂:《法律的行为激励功能论析》,载《法律科学(西北政法学院学报)》1999 年第 6 期。

[20]甘绍平:《忧那思等人的新伦理究竟新在哪里?》,载《哲学研究》2000 年第 12 期。

[21]江树革、[瑞典]比约恩·古斯塔夫森:《国外社会救助的经验和中国社会救助的未来发展》,载《经济社会体制比较》2007 年第 4 期。

[22]高培勇:《中国财税改革40年:基本轨迹、基本经验和基本规律》,载《经济研究》2018年第3期。

[23]关信平:《完善我国综合性社会救助体系的基本原则和主要议题》,载《中国人民大学学报》2010年第5期。

[24]关信平、郑飞北、肖萌:《社会救助筹资及经费管理模式的国际比较》,载《社会保障研究》2009年第1期。

[25]郭明霞:《社会救助的国际比较及其经验借鉴》,载《兰州大学学报》2010年第3期。

[26]华国庆:《试论民生支出优先的财政法保障》,载《法学论坛》2013年第5期。

[27]何文炯:《中国社会保障发展与展望》,载《社会保障研究》2013年第1期。

[28]贺来:《现代人的价值处境与"责任伦理"的自觉》,载《江海学刊》2004年第4期。

[29]胡玉鸿:《试论法律位阶划分的标准——兼及行政法规与地方性法规之间的位阶问题》,载《中国法学》2004年第3期。

[30]胡湛、彭希哲:《家庭变迁背景下的中国家庭政策》,载《人口研究》2012年第2期。

[31]江伟:《市场经济与民事诉讼法学的使命》,载《现代法学》1996年第3期。

[32]蒋来用:《实现"高效"目标:打造国家监察体制改革"升级版"》,载《河南社会科学》2018年第7期。

[33]蒋悟真:《从兰考火灾事故辨析国家与社会的救助责任》,载《法学》2013年第5期。

[34]蒋悟真:《市场监管法治的法哲学省察》,载《法学》2013年第10期。

[35]蒋悟真:《我国社会救助立法理念及其维度——兼评〈社会救助法(征求意见稿)〉的完善》,载《法学家》2013年第6期。

[36]蒋悟真:《政府主导精准脱贫责任的法律解释》,载《政治与法律》2017年第7期。

[37]蒋悟真:《中国预算法实施的现实路径》,载《中国社会科学》2014年第9期。

[38]蒋悟真、马媛:《我国社会救助造血机制及其立法完善》,载《社会保障研究》2013年第4期。

[39]蒋悟真、汪湖泉:《社会救助法的程序价值及其法律机制完善——兼论社会救助法〈征求意见稿〉程序规定之不足》,载《首都师范大学学报(社会科学版)》2013 年第 2 期。

[40]蒋悟真、尹迪:《社会救助法与社会保险法的衔接与调适》,载《法学》2014 年第 4 期。

[41]蒋悟真、杨娣:《我国教育救助法律困境及其制度完善》,载《湘潭大学学报》2015 年第 5 期。

[42]蒋悟真、詹国旗:《公共物品视角下社会救助的法律解释》,载《比较法研究》2016 年第 1 期。

[43]蒋悟真、詹国旗:《"结构—功能"视角下社会救助法的救济功能》,载《社会科学研究》2013 年第 5 期。

[44]蒋悟真、詹国旗:《社会救助立法的近代转型及其启示》,载《江西财大学报》2012 年第 6 期。

[45]蒋玉:《公益性社会组织的道德自律机制研究》,载《伦理学研究》2020 年第 3 期。

[46]姜晓星:《论社会政策的传统模式及其转变》,载《社会学研究》1992 年第 1 期。

[47]黎建飞:《社会保险立法的时机、模式与难点》,载《中国法学》2009 年第 6 期。

[48]李秉文:《社会救助:"全民就业"式优于"全民低保"式》,载《经济学家》2010 年第 11 期。

[49]李步云:《法的人本主义》,载《法学家》2010 年第 1 期。

[50]李建民:《生育理性和生育决策与我国低生育水平稳定机制的转变》,载《人口研究》2004 年第 6 期。

[51]李建伟、周灵灵:《中国人口政策与人口结构及其未来发展趋势》,载《经济学动态》2018 年第 12 期。

[52]李乐为、王丽华:《就业激励和援助:贫困救助制度演进和优化的基本取向》,载《甘肃社会科学》2011 年第 3 期。

[53]李青武:《论我国道路交通事故社会救助基金制度之重构——以补偿制度为重点》,载《法商研究》2018 年第 1 期。

[54]李莹、韩克庆:《我国困境儿童托底性保障制度的建构》,载《江淮论坛》2015 年第 5 期。

[55]李振刚:《我国农村最低生活保障制度目标定位机制的反思——从家计调查到类别身份》,载《广东社会科学》2016 年第 2 期。

[56]梁上上:《制度利益衡量的逻辑》,载《中国法学》2012 年第 4 期。

[57]林嘉、陈文涛:《论社会救助法的价值功能及其制度构建》,载《江西社会科学》2013 年第 2 期。

[58]林义:《关于东亚社会保障模式的理论思考》,载《中国人民大学学报》2012 年第 2 期。

[59]刘家强等:《论 21 世纪中国人口发展与人口研究》,载《人口研究》2018 年第 1 期。

[60]刘剑文:《财税法功能的定位及其当代变迁》,载《中国法学》2015 年第 4 期。

[61]刘建徽等:《包容性发展背景下中国地方税体系构建研究》,载《宏观经济研究》2014 年第 6 期。

[62]刘琳:《社会救助:现代社会的国家责任》,载《公法研究》2011 年第 2 期。

[63]刘娜:《断裂型社会排斥:农民工社会福祉融入的制度、区域与阶层困境》,载《山东社会科学》2019 年第 4 期。

[64]刘涛:《联邦德国的老年防贫体系:社会救助制度的动态扩展与增量扩容》,载《社会保障评论》2017 年第 2 期。

[65]刘喜堂、武增锋:《以家庭为核心构筑福利救助体系——法国、匈牙利社会救助制度及其启示》,载《中国民政》2012 年第 2 期。

[66]柳清瑞、穆怀中:《中国有无土地和有无子女两序列农民养老模式及水平分析》,载《人口与经济》2014 年第 4 期。

[67]罗桂芬:《欧盟一体化框架下北欧社会政策及福利模式的重新定向》,载《国外社会科学》2001 年第 6 期。

[68]吕冰洋:《中国财政政策的需求与供给管理:历史比较分析》,载《财政研究》2017 年第 4 期。

[69]马怀德:《论听证程序的适用范围》,载《中外法学》1998 年第 2 期。

[70]马长山:《NGO 的民间治理与转型期的法治秩序》,载《法学研究》2005 年第 4 期。

[71]苗连营:《税收法定视域中的地方税收立法权》,载《中国法学》2016 年第 4 期。

[72]祁春轶:《我国社会组织的能力培育及其制度完善——以功能分析为视角》,载《法学》2020 年第 5 期。

[73]秦前红、刘怡达:《国家监察体制改革的法学关照:回顾与展望》,载《比较法研究》2019 年第 3 期。

[74]秦睿、乔东平:《儿童贫困问题研究综述》,载《中国青年政治学院学报》2012 年第 4 期。

[75]人口研究编辑部:《发展老龄产业:应对人口老龄化的一项重要战略》,载《人口研究》2001 年第 2 期。

[76]任喜荣:《“社会宪法”及其制度性保障功能》,载《法学评论》2013 年第 1 期。

[77]舒国滢:《战后德国法哲学的发展路向》,载《比较法研究》1995 年第 4 期。

[78]单飞跃:《社会整合:经济法与社会法的功能配合》,载《法学》2004 年第 5 期。

[79]沈岿:《社会信用体系建设的法治之道》,载《中国法学》2019 年第 5 期。

[80]宋健、张洋、王璟峰:《稳态与失稳:家庭结构类型与家庭幸福的一项实证研究》,载《人口研究》2014 年第 5 期。

[81]宋智敏、李云霖:《人大质询制度的反思与完善》,载《政治与法律》2012 年第 9 期。

[82]孙晓锦:《农村医疗救助与新型农村合作医疗制度有效衔接研究》,载《西北农林科技大学学报》2011 年第 6 期。

[83]谭世贵:《我国人大监督制度的改革和重构》,载《海南大学学报(社会科学版)》1999 年第 1 期。

[84]汤兆云、张憬玄:《新生代农民工的社会网络和社会融合》,载《江苏社会科学》2017 年第 5 期。

[85]万俊人:《“和谐社会”及其道德基础》,载《马克思主义与现实》2015 年第 1 期。

[86]王广州、王军:《中国人口发展的新趋势与新变化研究》,载《社会发展研究》2019 年第 1 期。

[87]王桦宇:《论财税体制改革的“两个积极性”》,载《法学》2017 年第 11 期。

[88]王桦宇:《论现代财政制度的法治逻辑——以面向社会公平的分配正义为中心》,载《法学论坛》2014 第 3 期。

[89]王军、刘军强:《在分歧中寻找共识——中国低生育水平下的人口政策研究与演进》,载《社会学研究》2019 年第 2 期。

[90]王思斌:《我国适度普惠型社会福利制度的建构》,载《北京大学学报(哲学社会科学版)》2009 年第 3 期。

[91]王思斌:《转型中的中国社会救助制度之发展》,载《文史哲》2007年第1期。

[92]王显勇:《社会保障国家:法治国家的新蓝图》,载《现代法学》2011年第1期。

[93]王玉蕾、胡娟:《英国大学生资助政策效果研究:焦点、问题与启示》,载《复旦教育论坛》2017年第4期。

[94]王跃生:《当代中国家庭结构变动分析》,载《中国社会科学》2006年第1期。

[95]吴开亚、张力:《发展主义政府与城市落户门槛:关于户籍制度改革的反思》,载《社会学研究》2010年第6期。

[96]武树臣:《从"阶级本位·政策法"时代到"国、民本位·混合法"时代》,载《法学杂志》2009年第9期。

[97]邢会强:《政策增长与法律空洞化》,载《法制与社会发展》2012年第3期。

[98]谢晖:《法律工具主义评析》,载《中国法学》1994年第1期。

[99]谢增毅:《中国社会救助制度:问题、趋势与立法完善》,载《社会科学》2014年第12期。

[100]谢增毅:《二孩政策与社会法及其制度的完善》,载《北京工业大学学报》2019年第1期。

[101]辛方坤:《"三治融合"视域下城市社区公共空间的构建——基于上海D社区的探索》,载《社会科学》2018年第3期。

[102]徐丽敏:《农民工随迁子女社会融入的能力建设》,载《学术论坛》2015年第5期。

[103]徐双敏、崔丹丹:《完善社会组织第三方评估工作机制研究——基于5市调查数据的分析》,载《中南财经政法大学学报》2016年第6期。

[104]徐月宾、刘凤芹、张秀兰:《中国农村反贫困政策分析》,载《中国社会科学》2007年第3期。

[105]许安平:《财政转移支付制度及其对改革发展成果公平分享有何意义》,载《现代法学》2008年第5期。

[106]杨红燕:《财政转移支付的公平增进效果研究——以城市低保制度为例》,载《中央财经大学学报》2014年第9期。

[107]杨红燕:《中央与地方政府间社会救助支出责任划分——理论基础、国际经验与改革思路》,载《中国软科学》2011年第1期。

[108]杨立雄:《中国残疾人福利制度建构模式:从慈善到社会权利》,

载《中国人民大学学报》2013 年第 2 期。

[109]杨思斌:《社会救助的程序法治——价值、原则与制度构建》,载《山东社会科学》2012 年第 2 期。

[110]姚国建:《社会权保障视野下的我国公共财政制度转型》,载《政法论坛》2013 年第 4 期。

[111]尹振东、汤玉刚:《专项转移支付与地方财政支出行为——以农村义务教育补助为例》,载《经济研究》2016 年第 4 期。

[112]叶姗:《税权集中的形成及其强化——考察近 20 年的税收规范性文件》,载《中外法学》2012 年第 4 期。

[113]俞荣根、莫于川:《观念更新、制度创新与人大监督——关于加强人大监督工作的思考与建议》,载《政治与法律》2000 年第 3 期。

[114]郁建兴、楼苏萍:《公民社会权利在中国:回顾、现状与政策建议》,载《教学与研究》2008 年第 12 期。

[115]喻少如:《论社会救助制度中的行政给付程序》,载《法学评论》2011 年第 4 期。

[116]张邦辉、李丹姣、蒋杰:《政府向社会组织购买公共服务中的公众需求表达机制探究》,载《改革》2020 年第 5 期。

[117]张浩淼:《中国社会救助制度改革的新思考——基于发展型模式的视角》,载《黑龙江社会科学》2011 年第 4 期。

[118]张健一:《法社会学视野下高校学生资助政策的公平性研究》,载《海峡法学》2016 年第 2 期。

[119]张莉:《国外救助与就业激励政策及其启示》,载《国外社会科学》2010 年第 2 期。

[120]张莉:《英、法、德、美四国社会性弱势群体救助安排比较研究》,载《国外社会科学》2009 年第 3 期。

[121]张民省:《对完善我国社会救助的立法建议》,载《山西大学学报》2010 年第 4 期。

[122]张瑞书、李宏:《河北省农民工权益保障机制研究》,载《河北学刊》2010 年第 3 期。

[123]张守文:《经济法的政策分析初探》,载《法商研究》2003 年第 5 期。

[124]张守文:《分配结构的财税法调整》,载《中国法学》2011 年第 5 期。

[125]张文显:《法治与国家治理现代化》,载《中国法学》2014 年第

4 期。

[126]张秀兰、朱勋克:《对〈中华人民共和国社会救助法(征求意见稿)〉的修改建议——兼论社会救助法的基本特征及定位》,载《社会保障研究》2009 年第 1 期。

[127]翟振武、张现苓、靳永爱:《立即全面放开二胎政策的人口学后果分析》,载《人口研究》2014 年第 2 期。

[128]赵军洁、范毅:《改革开放以来户籍制度改革的历史考察和现实关照》,载《经济学家》2019 年第 3 期。

[129]赵文洪:《市场经济与社会本位价值观》,载《哲学研究》1996 年第 12 期。

[130]赵迅:《弱势群体保护的社会契约分析》,载《政法论坛》2007 年第 4 期。

[131]赵迅:《弱势群体保护的社会契约基础》,载《河北法学》2011 年第 11 期。

[132]郑秉文:《经济理论中的福利国家》,载《中国社会科学》2003 年第 1 期。

[133]郑秉文:《社会权利:现代福利国家模式的起源与诠释》,载《山东大学学报(哲学社会科学版)》2005 年第 2 期。

[134]郑航生、李迎生:《全面建设小康社会与弱势群体的社会救助》,载《中国人民大学学报》2003 年第 1 期。

[135]郑尚元:《社会法的存在与社会法理论探索》,载《法律科学(西北政法学院学报)》2003 年第 3 期。

[136]郑贤君:《社会权利的司法救济》,载《法制与社会发展》2003 年第 2 期。

[137]周沛、陈静:《新型社会救助体系研究》,载《南京大学学报(哲学·人文科学·社会科学版)》2010 年第 4 期。

[138]周伟、米红:《中国失独家庭规模估计及扶助标准探讨》,载《中国人口科学》2013 年第 5 期。

[139]周飞舟:《生财有道:土地开发和转让中的政府和农民》,载《社会学研究》2007 年第 1 期。

[140]朱光磊、张志红:《"职责同构"批判》,载《北京大学学报(哲学社会科学版)》2005 年第 1 期。

[141]朱俊生:《对我国农村合作医疗变迁的制度经济学解释——制度的均衡、非均衡、变革与制度供给》,载《人口与经济》2009 年第 5 期。

[142]朱勋克:《我国社会救助正当程序之实践及修正》,载《社会保障研究》2011 年第 6 期。

[143]周佑勇:《对监督权的再监督——地方人大监督地方监察委员会的法治路径》,载《中外法学》2020 年第 2 期。

[144]邹海贵:《社会救助制度政府责任的正当性及其限度》,载《吉首大学学报》2011 年第 1 期。

[145]邹一南:《户籍制度改革的内生逻辑与政策选择》,载《经济学家》2015 年第 4 期。

[146]邹一南:《户籍改革的路径误区与政策选择》,载《经济学家》2018 年第 9 期。

二、外文文献

(一)外文著作

[1]Brain Z. Tamanaha, *Law as a Means to an End: Threat to the Rule of Law*, Cambridge University Press, 2006.

[2] Charles Taylor, *Modern Social Imaginaries*, Duke University Press, 2004.

[3]D. Easton, *The Political System*, Kropf, 1953.

[4]D. Robbins, *Social Europe toward a Europe of Solidarity: Combating Social Exclusion*, European Community, 1994.

[5] Evers, T. Olk, *Wohlfahrtsplural-ismus: Vom Wohlfahrtsstaat Zur Wohlfahrtsgesellschaft*, Westdeutscher Verlag, 1996.

[6]Franz-Xaver Kaufman, *Herausforderungen des Sozialstaates*, Suhrkamp Verlag, 1997.

[7]Graver Straling, *Managing the Public Sector*, The Dorsey Press, 1986.

[8] Gunther Teubner, *Autopotic Law: A New approach to Law and Society*, Walter de Gruyter, 1987.

[9] Hannah Arendt, *The Human Condition*, The University of Chicago Press, 1998.

[10] H. D. Lasswell and A. Kaplan, *Power and Society*, Yale University Press, 1970.

[11] H. L. A. Hart, *The Concept of Law*, Oxford University Press, 1961.

[12]Hans Jonas, *The Imperative of Responsibility: In Search of an Ethic for the Technological Age*, University of Chicago Press, 1985.

[13]Jorge M. Valadez, *Deliberative Democracy, Political Legitimacy, and Self-Democracy in Multicultural Societies*, USA Westview Press, 2001.

[14]Lester F. Ward, *Applied Sociology*, Boston, 1906.

[15]Mark Selden, *The Political Economy of Chinese Socialism*, New York, 1988.

[16]Neil Gilbert and Rebecca A. Van Voorhis, *Activating the Unemployed: A Comparative Appraisal of Work-Oriented Policies*, New Bruswick, 2004.

[17]Niklas Luhmann, *Law as a Social System*, Oxford University Press, 2004.

[18]Niklas Luhmann, *Social System*, Stanford University Press, 1995.

[19]Niklas Luhmann, *The Unity of Legal System, In Gunther Teubner, Autopoietic: A New Approach to Law and Society*, Walter de Gruyter, 1987.

[20]N. Wilding and P. Laundy, *An Encyclopaedia of Parliament*, Cassel & Company Ltd., 1971.

[21]P. Steiner, *The Public Interest and the Public Sector*, in H. Robert and Julius Margolis, *Public Expenditures and Policy Analysis*, Rand McNally, 1977.

[22]R. A. Duff, *Trial and Punishment*, Cambridge University Press, 1986.

[23]R. Dworkin, *Taking Rights Seriously*, Harvard University Press, 1978.

[24]Robert E. Goodin, *Protecting the Vulnerable: A reanalysis of Our Social Responsibilities*, University of Chicago Press, 1985.

[25]Rose, *Common Goals but Different Roles: the State's Contribution to the Welfare Mix*, in R. Rose and R. Shiratori, *The Welfare State East and West*, Oxford University Press, 1986.

[26]Suan Kuivalainer, *A Comparison on Social Assistance Schemes in Europe with the Nation of Welfare Production and the Concept of Social Rights*, University of Turku Press, 2004.

[27]T. H. Marshall, *Citizenship and Social Class and Other Essays*, Cambridge University Press, 1950.

[28] Thomas Janoski, *Citizenship and Civil Society: A Framework of Rights and Obligations in Liberal, Traditional and Social Democratic Regimes*, Cambridge University Press, 1998.

[29] Talcott Parsons, Neil J. Smelser, *Economy and Society*, Free Press, 1956.

[30] Talcott Parsons, *Action Theory and the Human Condition*, Free Press, 1978.

[31] Thomas R. Dye, *Understanding Public Policy*, Englewood Cliffs, Prentice-Hall, 1987.

[32] W. Tresch Rechard, *Public Finance: a Normative Theory*, Business Publication, 1981.

[33] William Beveridge, *Social Insurance and Allied Services Report*, London: HMSO, 1995.

(二)外文期刊

[1] Charles A. Reich, *The New Property*, 73 The Yale Law Journal 733 (1964).

[2] Gerald J. Postema, *The Principle of Unility and the Law of Procedure: Bentham's Theory of Adjudication*, 11 Georgia Law Review 1393 (1977).

[3] Gerhard Colm, *Comments on Samuelson's Theory of Public Finance*, 38 The Review of Economics end Statistics 408 (1956).

[4] H. Demsetz, *The Private Production of Public Goods*, 13 Journal of Law and Economics 293 (1970).

[5] Harold D. Lasswell & Myres S. McDougal, *Legal Education and Public Policy: Professional Training in the Public Interest*, 52 The Yale Law Journal 203 (1943).

[6] John E. Roemer, *Equality of Opportunity: A Progress Report*, 19 Social Choice and Welfare 621 (2002).

[7] Laura B. Rawlings, *A New Approach to Social Assistance: Latin America's Experience with Conditional Cash Transfer Programs*, 58 International Social Security Review 133 (2005).

[8] Louis H. Kauffman, *Self-reference and Recursive Forms*, 10 Journal of Social and Biological Structures 53 (1987).

[9] Lon L. Fuller, Kenneth I. Winston, *The Form and Limits of*

Adjudication,92 Harvard Law Review 353(1978).

[10] Martin Ravallion, *Are the Poor Protected from Budget Cuts? Evidence for Argentita*,5 Jounal of Applied Economics 95(2002).

[11] Niklas Luhmann, *Law as a Social System*, 1 & 2 Northwestern University Law Review 136 (1988 – 1989).

[12] Paul A. Samuelson, *Pure Theory of Public Expenditure*,36 Review of Economics and Statistics 387 (1954).

[13] Peter B. Dixon, *Efficiency Effects of Inter-government Financial Transfer in Australia*,35 Australian Economic Review 304 (2002)

[14] R. A. Musgrave, *Schumpeter's Crisis of the Tax State: An Essay in Fiscal Sociology*,2 Journal of Evolutionary Economics 89 (1992).

[15] Robert S. Summers, *Evaluating and Improving Legal Processes-A Plea for process Values*,60 Cornell Law Review 1(1974).

[16] Samuel R. Bagenstos, *The Future of Disability Law*,114 The Yale Law Journal 1 (2004).

[17] S Guhan, *Social Expenditures in the Union Budget*: 1991 – 96,30 Economic and Political Weekly 1095(1995).

[18] T. Burchardt, J. Le Grand & D. Piachaud, *Social Exclusion in Britain* 1991 – 1995,33 Social Polity & Administration 227 (1999).

[19] W. Shaun, M. Gabrielle, H. Kerstin, *The social Division of Welfare Knowledge: Policy Stratification and Perceptions of Welfare Reform in Australia*, 40 Policy & Politics 323 (2012).

[20] Wallace E. Oates, *An Essay on Fiscal Federalism*,37 Journal of Economic Literature 1120(1999).

后　　记

本书是在我博士论文的基础上修改、补充而成的。修改过程中,3年充满挑战而充实的博士生涯亦不时闪现,更深感庆幸能以《我国社会救助立法的政策考量》为主题。在这个充满了不确定性风险的社会,社会救助法为人们守住了生存、发展及人格尊严保障的底线,为劳动力再生产、经济的平稳发展和社会的和谐提供了制度保障。自2012年跟随恩师蒋悟真教授从事社会救助立法问题的研究,已过8载,期间亦在《比较法研究》《法学》等刊物发表相关主题论文,但在今天书稿付梓之际,心中依然惶恐。恐负选题之厚重、先生的谆谆教诲、前辈的关爱、同仁的帮助和家人的期盼。在此唯有感谢!

首先,我要特别感谢恩师蒋悟真教授。感谢先生在学习、生活及工作上给予的悉心指导、无私关爱与帮助,感谢先生的循循善诱与言传身教。先生科学严谨的治学态度、孜孜不倦的求知精神、宽宏大度的处世之风、积极理性的生活态度一直是我追寻的目标和榜样,尽管很难。也正是先生的耳提面命、谆谆教导和倾心扶携,才使本书得以如期完成。

其次,我要真诚地感谢刘大洪教授、邓辉教授、蒋岩波教授、杨峰教授、熊进光教授、王自力教授等,在百忙之中抽出宝贵的时间参加我博士论文的开题、预答辩和答辩,并提出了许多宝贵的建设性意见,使我能更好地驾驭论文主题,完成书稿。

再次,真诚地感谢江西财经大学法学院和老师们的培养。感谢为我们创造良好学习环境所付出的努力,感谢为提高我们学术素养而广请名师所付出的艰辛,感谢在日常学习生活中事无巨细的帮助。你们的关心与爱护将激励着学生在学习道路上不断前行。

复次,感谢我同门的师兄、师姐、师弟、师妹们,与你们家人般的情谊使我在求学路上充满了快乐,并对你们在书稿完成过程中所提供的帮助致以诚挚的谢意。

最后,衷心感谢关爱、鼓励、支持和包容我的领导、前辈、同仁、朋友和家人。衷心感谢广东金融学院法学院领导的关爱、鼓励,感谢你们提供的良好工作环境;衷心感谢法律出版社的邓颖君编辑及其同仁为本书出版所付出的辛劳；感谢国家社科基金后期资助项目给予的资助，感谢项目评审专家对书稿给予中肯的修改建议；感谢我的家人，是你们包容我的一切，承担着巨大的压力为我创造了学习和工作的环境，你们的关爱、鼓励、支持与殷切期盼是我不断超越自我的不竭动力。

相对贫困时代，社会救助法治化问题依然任重道远，我将带着大家的关爱、扶携和期盼，怀着进取之心、感恩之心和敬畏之心，砥砺前行，为社会救助法治化贡献自己的微薄之力。

詹国旗

2021 年 4 月 28 日